從上而下
的改革

習近平時期中共幹部監督與動員

張執中｜著　　五南圖書出版公司 印行

獻給

摯愛的家人

推薦序

　　在習近平的帶領下，中國大陸成為與美國爭雄的超級大國，面對新冠狀病毒的襲擾，中國堅持清零，2,500 床位的方舟醫院，從興建到開始接受病人，十天完成，中國模式的效率令人驚艷，但封城所付出的經濟和社會代價，也一樣沉重。本書對習近平所刻劃的中國模式分析深刻，從習集中權力於一身的制度設計，包括習近平路線和中央領導小組的頂層設計，到對這個龐大權力機制的制度防範，譬如反腐動員、中央巡視制度、以及問責，中國模式是否可以迴避權力集中造成腐敗的政治鐵律，本書提供了答案。

趙建民
文化大學講座教授、社科院院長

推薦序

　　我的專業是國際關係理論與中共外交，因此我是懷著學習的態度，仔細研讀這本書後寫推薦文。

　　中共建政後的決策設計是依據「民主集中制」原則，以實現積極參與和集體領導的目標，但是在實踐過程中經常會產生「民主」與「集中」的平衡問題。毛澤東搞個人崇拜，缺乏民主、權力過度集中，鄧小平掌權之後，為了防範過度「集中」的偏差，推行集體領導和個人分工負責相結合的制度，伴隨改革開放形成的經濟與社會多元化，高層權力逐漸分散，集體領導因缺乏「集中」，領導權力式微。

　　2012 年底，習近平出任中共中央總書記，面對的是一個高度經濟發展與政治腐敗的黨國體系。他的前任胡錦濤執政時期，二十多年來改革開放的經濟成果顯著，從 2005 年國內生產總值超越法國成為世界第五大經濟體之後，有如邁向「超英趕美」之路，2006 年超越英國、2007 年超越德國、2010 年超越日本，成為世界第二。

　　但是也正是這個經濟飛躍的時代，黨的集體領導制，因為缺乏「核心」與監督，產生形式主義、官僚主義等作風與腐敗問題，如果解決不好就會對黨造成致命傷害，甚至亡黨亡國。習近平上臺之後，勢必要朝向權力再集中的道路。

　　本書的目的在探討習近平時期的改革目標與策略，作者首先檢視了中共研究相關的理論，包括意識形態與威權政治，作為分析評估的依據。其次是改革的實證分析，系統與完整地包含黨的組織與路線改造、整風反腐、動員與治理、巡視制度與幹部問責等議題。本書透過理論與實踐的結合，系統化地客觀與深入地分析，為習近平時期中共政治發展提供了更高的解釋力。

　　正如作者所言，習近平改革的方式是「由上而下」推動，並且有效地要求地方與基層由「由下而上」跟進，形成他口中的「全國一盤棋」。「由上而下」一向是中共決策的特色，但是習近平最大的改變就是提出「頂層設計」的總體規劃，藉由「小組政治」掌控全黨的決策機制，同時在意識形態陣線，以學習與動員將習近平的路線轉為黨的共同意志。而中央與地方的上下連結與監督關係，則是依賴中央巡視組定期與全面覆蓋的緊迫盯人方式，糾正政策偏離。要維持權力的集中，這些必不可缺。

　　中共將在年底召開「二十大」，在「百年未有之大變局」的形勢下，中共仍需要一個強而有力的領導，習近平繼續執政應無懸念，他的權力是否會更加「集中」？能否實現「治理的現代化」？這些都是我們應當關注的問題，它對世界和我們都會產生重大的影響，只有對習近平治下的黨國體制運作有足夠的理解，才能妥為因應，細讀本書必有更深的理解。

邱坤玄
政治大學東亞所名譽教授

推薦序

　　執中和我是二十年的朋友。兩人因研究專長同屬中國政治，經常同時參與學術研討會和參訪活動。從撰寫博士論文開始，他的研究重點就一直以中共政治體制和政治發展為主。他受過政治學的專業訓練，因此他的作品除了具有區域研究與厚資料的長處之外，同時能運用政治學理論解釋現象。本書也反映出他長期以來的研究特色，既有理論基礎，又有詳盡的經驗資料，因此是一本值得珍藏的作品。

　　2012 年習近平上臺時，中國大陸的綜合國力和國際影響力已經較 2002 年胡錦濤上臺時大幅攀升，但中共政權正面臨許多國內外挑戰，其中包括美國對中政策出現戰略轉移、經濟成長下滑、嚴重政爭和幹部腐敗等。透過整治腐敗幹部、重建紀律監管體制與其他多種作為，習近平改造了整個中共黨國體制與國家社會關係，並集中權力於一身。綜觀來說，習近平時代的中共政治有三大特徵：「強人政治」（權力集中於習近平，拉開他和其他領導人之間的權力差距）、「黨委擴權」（權力集中於黨委，減弱政府和總理在社會經濟議題的決策權），以及「強國家弱社會」（國家高度控制社會和干預市場，遏止公民社會的萌芽）。

　　本書一方面梳理習近平對中共黨國體制的改革，詳細分析過去十年中共如何進行幹部監督與動員；另一方面提供「強人政治」、「黨委擴權」兩種特徵的經驗性證據。在周永康案、新冠肺炎防疫、巡視制度與運作、幹部問責制等各章中，執中都檢視中央領導人如何透過代理人選擇、巡邏、警報器等作法，減緩代理問題。本書並未直接涉及美中競逐、新疆問題、兩岸關係、香港反送中等事件，但有助於了解新的黨國體制面對重大挑戰時如何進行政治動員與監管幹部。

習近平的改革是以「權力集中」的方式去解決過去「權力分享」的弊端。然而，「權力集中」並非沒有弊端。首先，由於缺乏公民社會對國家的溝通與議價，民眾權益容易在國家追求集體目標之下受到不合理的侵犯。2022 年上海封城以後出現的問題，恰好透露出這種經濟與社會成本，其中包括對民眾個人權益與財產的損害。其次，由於權力向上集中，課責向下傳遞，地方幹部的創新誘因與自由裁量權受到削弱，他們的積極性受到壓抑。執中在本書結論中也有著墨新黨國體制對幹部積極性的影響。

寇健文

政大政治系暨東亞所特聘教授兼國關中心主任

自　序

　　距離上一本書已經十年，兩本書正好對比中共在胡錦濤與習近平時期的改革，並提供對「威權韌性」與黨內「權力平衡」之觀察。本書標題「由上而下」，意指中共在「黨的領導」與「因地制宜」間的鐘擺，當確立「兩個維護」原則時，保證幹部的一致性就成了首要目標，「監督」與「動員」也成為主要手段。

　　對中共而言，雖然「旗幟」與「道路」鮮明，但領導人更替本身就可能帶來政策更替，既要處理前任的政治遺產；也要建立個人的政治路線。因此從毛澤東到習近平，就在權力的收放之間不斷變動，連帶也影響了黨內生態與國家社會關係。其中政治動員與整風運動，在不同時期重複出現；制度化與反制度化的作法，也常與「法治」目標相違。相較於只關注習近平的「再毛化」，更應該關注每一代領導人與領導集體如何界定「現狀」與「經驗」，否則很難解釋前一代的主要政策為何會「急轉彎」。比如前一本書在討論胡錦濤推動「黨內民主」、「公推直選」與「集體領導」，到了習近平時期反而變成「頂層設計」、「政治標準」與「兩個維護」。這也說明要理解這個龐大黨國體制的運作，必須更精確掌握內部的組織與規範、唯物辯證法以及解讀「文件」展現的權力關係與政治風向，加上更多經驗資料的蒐集，以期為中共的政治發展提供更高的解釋力。

　　本書是筆者整理了從胡錦濤到習近平時期的資料，包括歷年科技部計畫、大陸田野訪談與文獻的蒐集，主要介紹習近平接班以來的改革與實踐，包括中央決策體系、整風反腐、巡視制度與幹部問責。雖然許多制度是延續並改造自胡錦濤時期，但是對大陸各級幹部而言，這股來自中央的壓力從 2013 年至今並未停歇。而且每一時段總有不同督導組或巡視組來敲門，以這樣「緊迫盯人」的態勢

延續到「二十大」後，能否實現習近平「治理現代化」的目標？值得深思，也讓人回想起 Karl Popper 的《開放社會及其敵人》。很期待出版此書分享我的這十年來的觀察，也請學術界先進不吝指正。

出版這本書，筆者要感謝五南圖書公司的支持，還有法政編輯室劉靜芬主編的協助，同時也感謝多年來科技部（國科會）的研究計畫補助，以及《展望與探索》與《中共研究》雜誌社對筆者文字使用的授權。在研究的路上，感謝提攜我的所有老師、學長與學友，三十年來和老師與研究夥伴們，長年來往大陸，相互勉勵與買桃吃桃的重大歷史經驗，必須記錄下來。開南大學與公管系提供我一個優質的研究環境，在此表示感謝之意。

家人的陪伴一直是我人生的動力，感謝我的牽手—詩婷，還有兒子女兒每天開心的過生活。本書資料的累積歷程，正好也伴隨著女兒的出生與成長，在我打新冠疫苗前，女兒貼心做的護身符，讓「原力」與我同在。另以這本作品，感謝臺中家人給我的鼓勵與溫暖，在疫情肆虐的年代，讓人更珍惜與家人團聚的每一刻。

張執中 2022 年

目 次

圖　次

表 次

第一章
緒論

　　回顧 2021 年，東亞區域在美中競逐架構下，一方面透過高層與元首對話築起美方所謂「護欄」（guardrails）或中共所謂「建設性管控」，但在兩造衝突的議題（如人權、南海、科技、貿易、民主、臺灣）針鋒相對，尋求結盟力量與國際組織展現各自堅持的價值。美國也將習近平治下的中國視為「唯一有能力整合其經濟、外交、軍事與科技能力，在現存國際秩序下持續挑戰美國的競爭對手」。[1] 另一方面，中共正逢建黨百年，也是「十四五」[2] 開局之年。習近平在百年黨慶講話中，提出中共第一個百年目標是全面小康，解決絕對貧困，下個百年目標在全面建成社會主義現代化強國。[3] 在當前全球正觀察民主是否「退潮」時，[4] 習近平正積極向外推廣「中國模式」，對內更強調社會主義核心價值觀，推展道路、理論、制度與文化「四個自信」，抵制西方所設定「崩潰／轉型」、「極權／民主」的有限選項。

　　中共自改革開放後，以「中國特色社會主義」的混合制度與價值體系，為政治與社會變革提供合法性。意識形態的淡化（dilution）也讓黨國對經濟與社會的控制，由排他性（exclusionary）轉為更具包容性（inclusionary）。從江澤民到胡錦

---

[1] "Interim National Security Strategic Guidance," *The White House*, Mar. 3, 2021, https://www.whitehouse.gov/wp-content/uploads/2021/03/NSC-1v2.pdf.

[2] 指「國民經濟和社會發展第十四個五年規劃」，請參考「中華人民共和國國民經濟和社會發展第十四個五年規劃和 2035 年遠景目標綱要」，**中國政府網**，2021 年 3 月 13 日，http://www.gov.cn/xinwen/2021-03/13/content_5592681.htm。

[3] 請參閱習近平，「在慶祝中國共產黨成立 100 周年大會上的講話」，新華網，2021 年 7 月 1 日，http://www.xinhuanet.com/politics/leaders/2021-07/15/c_1127658385.htm。

[4] Marc F. Plattner, "Is Democracy in Decline?" *Journal of Democracy*, Vol. 26, Iss.1(Jan. 2015), pp. 5-10; Larry Diamond, "Facing Up to the Democratic Recession," *Journal of Democracy*, Vol. 26, Iss.1(Jan. 2015), pp. 141-155; Kurt Weyland, "Autocratic Diffusion and Cooperation: the impact of interests vs. ideology," *Democratization*, Vol. 24, Iss. 7(Apr. 2017), pp. 1235-1252.

濤時期，這種擴大遴選團體（selectorate）與籠絡（cooptation）的作爲，體現在包括制度化的菁英選拔、黨內民主、政企關係以及非政府組織的發展。[5]也就是藉著有限擴大政權內部的邊界，並防止政治反對的出現，除符合學界早期對列寧主義政權演化的預期，也和蘇共的瓦解有著不同的發展路徑。[6]黎安友（Andrew J. Nathan）則以「威權韌性」（authoritarian resilience），將前述之發展概念化。[7]

　　不過，2012 年底習近平接班以來，透過反腐與整風清除黨內派系，其強勢作風與集權作爲被外界封爲「全能主席」（Chairman of Everything），成爲繼毛、鄧之後的權威領導人。[8]同時在黨內與國家社會間擴大排他性，比如要求黨員幹部不得「妄議」中央、信仰

---

[5] 請參考 Bruce J. Dickson, "Cooptation and Corporatism in China: The Logic of Party Adaptation," *Political Science Quarterly*, Vol. 115, No. 4(Winter 2000-2001), pp. 517-540；張執中、王占璽、王瑞婷，「中共地方領導幹部選任機制變革：『票決制』與『公推直選』之研究」，臺灣民主季刊，第 12 卷第 3 期（2015 年 9 月），頁 135-183。

[6] Richard Lowenthal, "Development vs. Utopia in Communist Policy," in Chalmers Johnson, ed., *Change in Communist Systems* (Stanford, Cal.: Stanford University Press, 1970), pp. 104-117; Ken Jowitt, "Inclusion and Mobilization in European Leninist Regimes," *World Politics*, Vol. 28, No. 1(Oct. 1975), pp. 69-96.

[7] 如權力繼承的制度化、精英甄補的專職性、組織分工與專業化，擴大群眾政治參與和訴求管道。請參考 Andrew J. Nathan, "China's Changing of the Guard: Authoritarian Resilience," *Journal of Democracy*, Vol. 14, Iss. 1(Jan. 2013), pp. 6-17.

[8] 相關論述請參見 Geremie R Barmé, Linda Jaivin and Jeremy Goldkorn, eds., *Shared Destiny: China Story Yearbook 2014* (Canberra: ANU Press, 2015), p. xxi; Javier C. Hernández, "China's 'Chairman of Everything': Behind Xi Jinping's Many Titles," *The New York Times*, Dec. 25, 2017, https://www.nytimes.com/2017/10/25/world/asia/china-xi-jinping-titles-chairman.html?_ga=2.165763645.2017000336.1643269055-2019197225.1643269055; Graham Allison, "The Chairman of Everything: why Chinese president Xi Jinping will change history," *New Statesman*, Vol. 146, Iss. 5395(Dec. 2017), https://www.newstatesman.com/uncategorized/2017/12/chairman-everything-why-chinese-president-xi-jinping-will-change-history.

宗教；[9] 要求高教體系「七不講」等，[10] 並逐級設立「網信辦」，管控互聯網內容，權力結構逐步向「黨」、向「中央」、向「一把手」集權。

2017 年中共「十九大」，除了沒有呈現接班人選，主要在確認「習近平新時代中國特色社會主義思想」（以下簡稱「習思想」），並寫入黨章；2018 年通過修憲納入「習思想」，並將憲法第 1 條加上「中國共產黨領導是中國特色社會主義最本質的特徵」，把「一個國家、一個政黨」，上升為國家意志。更重要的是取消國家正副主席的任期，改變了鄧小平廢除領導職務終身制的規劃，滿足最高領導人「三位一體」的需求。加上十九屆三中全會的《深化黨和國家機構改革方案》，更強化黨的全面領導。[11] Kjeld Brødsgaard 認為，黨向所有領域的滲透，導致黨和國家融合的新秩序，讓「黨國」（party-state）朝「國家黨」（state-party）轉變。[12]

在中共政治運作上，這種制度化與反制度化的修正與矛盾關係，在官方說法，是「進一步完善黨和國家領導體制」；[13] 但學者

9　中共於 2015 與 2018 年兩度修改《中國共產黨紀律處分條例》，對違反政治紀律分別新增「妄議中央大政方針」（第 46 條）與「信仰宗教」（第 62 條）。請參見「『中國共產黨紀律處分條例』修訂前後對照表」，共產黨員網，2018 年 8 月 27 日，https://www.12371.cn/2018/08/27/ARTI1535329 325351544.shtml。

10　指要求高校教師不講「普世價值、新聞自由、公民社會、公民權利、黨的歷史錯誤、權貴資產階級和司法獨立」，請參見「習近平新政：七不講後又有十六條」，**BBC 中文網**，2013 年 5 月 28 日，https://www.bbc.com/zhongwen/trad/china/2013/05/130528_china_thought_control_youth。

11　見「中共中央關於深化黨和國家機構改革的決定」，新華網，2018 年 3 月 4 日，http: /www.xinhuanet.com/politics/2018-03/04/c_1122485476.htm。

12　Kjeld E. Brødsgaard, "China's political order under Xi Jinping: concepts and perspectives," *China: An International Journal*, Vol. 16, No. 3(Aug. 2018), pp. 1-17.

13　「社評：堅定支持中央修憲建議，這是理性也是信仰」，環球網，2018 年 2 月 25 日，https://opinion.huanqiu.com/article/9CaKrnK6Lbk。

則持不同看法，傅士卓（Joseph Fewsmith）認為習近平上任以來的作為，無論是修憲取消國家主席任期或利用紀檢系統清理派系的作法，可以看出中共政權的韌性不是來自制度化，而是高層權力的鞏固。[14] 李成也對「韌性威權」提出質疑，認為此一概念無法清楚看到阻礙中國轉型的矛盾趨勢，包括「強勢派系與弱勢領導」、「強勢利益集團與弱勢政府」，以及「強勢國家與弱勢共黨」。亦即在沒有民主競爭的情況下，權貴資本主義與各式裙帶關係仍主導體制運作。[15] 一種說法是在威權體制下，制度化的過程缺少社會或所謂「第三方」制約，得以保證執政者對維護菁英間權力分享的承諾；抑或獨裁者的權力渴望，利用現有制度破壞權力均衡，以致在制度化過程中「急轉彎」。[16] 另一種說法，則是在制度化的「常態政治」（normal politics）下，後強人時期的最高領導人仍是「強敵環伺」。[17] 新任總書記在中央政治局或政治局常委會中，無法避免被

---

[14] Joseph Fewsmith and Andrew J. Nathan, "Authoritarian Resilience Revisited: Joseph Fewsmith with Response from Andrew J. Nathan," *Journal of Contemporary China*, Vol. 28, Iss. 116(Mar. 2019), pp. 167-179.

[15] Cheng Li, "The End of the CCP's Resilient Authoritarianism? A Tripartite Assessment of Shifting Power in China," *The China Quarterly*, Vol. 211(Sep. 2012), pp. 595-623.

[16] Carles Boix and Milan W. Svolik, "The Foundations of Limited Authoritarian Government: Institutions, Commitment, and Power-sharing in Dictatorships," *The Journal of Politics*, Vol. 75, No. 2(Apr. 2013), pp. 300-301; Victor C. Shih, "Contentious Elites in China: New Evidence and approaches," *Journal of East Asian Studies*, Vol. 16, No. 1(Mar. 2016), pp. 1-15; Wolfgang Streek and Kathleen Thelen, "Introduction: institutional change in advanced political economies," in Wolfgang Streek and Kathleen Thelen, eds., *Beyond Continuity: Institutional Change in Advanced Political Economies* (Oxford: Oxford University Press, 2005), pp. 10-11; T. J. Pempel, *Regime Shift: Comparative Dynamics of the Japanese Political Economy* (Ithaca, N.Y.: Cornell University Press, 1998), pp. 1-3.

[17] Frederick C. Teiwes, "Normal Politics with Chinese Characteristics," *The China Journal*, No. 45(Jan. 2001), pp. 69-82; Frederick C. Teiwes, "The Paradoxical

「非盟友」包圍，除了存在「九龍治水」的困境，競爭者（如薄熙來）亦不滿因制度（如年齡、級別）劃界恐喪失上位資格，選擇對抗中央的人事安排。[18] 從鄧小平到習近平，制度化的過程最終都被權力集中所取代，也意謂這樣的模式才與革命時期遺留的動員制度相容。因此，在權力高度集中與清楚目標設定的環境下，核心領導人如何藉由正式制度監控幹部，使其符合政策與發展要求，與中央保持一致，是本書要探討的議題。

壹、後共時期的研究典範

1989 年至 1991 年蘇聯東歐共產政權瓦解後，對於共產國家的研究出現兩個發展的趨勢，吳玉山教授認為：一是往區域與國別研究發展，一是往比較威權研究發展；前者比原有的比較共產主義研究更為分殊細化，而以各國為對象，後者則更為一般化，因此是兩個方向相反的發展趨勢。[19] 在比較威權研究上，如何解釋威權主義的存續一直是學界關注的重點，包括 1989 年後共產政權的崩潰與倖存原因、轉型與後共國家陷入專制與民主之間的「灰色地帶」

Post-Mao Transition: From Obeying the Leader to 'Normal Politics'," *The China Journal*, No. 34(Jul. 1995), pp. 55-94.

[18] Joseph Fewsmith, "Balances, Norms and Institutions: Why Elite Politics in the CCP Have Not Institutionalized," *The China Quarterly*, Vol. 248(Nov. 2021), pp. 265-282; Yu-Shan Wu, "Rejuvenation of the Party-State: The Virtues and Limits of an Age-Based Political System," *Issues & Studies*, Vol. 51, No. 1(Mar. 2015), pp. 99-128.

[19] 吳玉山，「從比較共產主義看中共百年」，政治學報，第 71 期（2021 年 6 月），頁 10。

（grey zone）[20]，以及威權國家的「韌性」（resilience）與發展。[21]

在不同威權政體的比較上，Barbara Geddes 將威權主義分為個人、軍事與一黨制，三者的脆弱度與存活率如制度發展歷程的影響等，重新審視威權政權內制度的功能。[22] 相較於獨裁或軍事威權，一黨威權（one-party authoritative regime）在運作上，無論是組織對領導人的監督或掌握黨員幹部的晉升階梯與利益分配上，對內部分歧與派系紛爭都具有較大彈性。因此在足夠的利益分配下，菁英與派系間比較偏向利益分享與合作的「獵鹿賽局」（Stag hunt game），[23] 比如中共的歸口管理與集體領導便是提供派系間合作的平臺。

另從威權存續（regime survival）的觀點來看，Milan Svolik 認為威權政治的主要困境，主要是威權控制（authoritarian control）

---

[20] 所謂「灰色地帶」或「模糊地帶」（twilight zone），指轉型國家中，包括公民利益代表的缺乏、投票之外低度的政治參與、官員的違法、選舉的正當性不明確。由於公眾對體制信心不足，長期制度成效不彰，使多數國家陷於專制與民主之間。請參閱 Thomas Carothers, "The End of the Transition Paradigm," *Journal of Democracy*, Vol. 13, No. 1(Jan. 2002), pp. 5-21; Larry Diamond, *Developing Democracy: Toward Consolidation* (Baltimore: John Hopkins University Press, 1999), p. 22.

[21] David Art, "What Do We Know About Authoritarianism after Ten Years?" *Comparative Politics*, Vol. 44, No. 3(Apr. 2012), pp. 351-373; Martin K. Dimitrov, ed., *Why Communism Did Not Collapse: Understanding Authoritarian Regime Resilience in Asia and Europe* (New York: Cambridge University Press, 2013).

[22] Barbara Geddes, "What Do We Know About Democratization After Twenty Years?" *Annual Review of Political Science*, Vol. 2 (Jun. 1999), pp. 115-144.

[23] Geddes, "What Do We Know About Democratization After Twenty Years?" pp. 122-129; Shih, "Contentious Elites in China: New Evidence and approaches," pp. 6-7.

與權力分享（power-sharing）。[24] 在威權政權發展過程中也面臨權威的制度化、世代交替與政治參與需求等問題，因此需依賴制度維持政治穩定。比如透過政黨或立法制度限制領導人的獨裁傾向，以強化統治菁英間的權力分享；或者透過立法機構擴大籠絡與吸納更多對象，藉由利益分配換取內部成員忠誠與釋出資源降低社會不滿。[25] 另也關注威權政權菁英間的策略互動與制度的角色，如遴選團體、「勝利聯盟」（winning coalition）等，比如史達林的內圈（inner circle），可被視為遴選團體所形成的統治集團。因此獨裁者及其盟友未來發展，一是形成競爭性專制（contested autocracy）；二是形成建制性獨裁（established autocrats），主因是權力失衡，毛澤東的例子即是從競爭到建制獨裁，代表權力分享的衰退走向個人獨裁。只有在權力平衡的環境下，才能讓獨裁者接受制度的制約，直到權力平衡消失。[26]

而 Martin Dimitrov 從經驗與理論認為相較於其他非民主政體，共產政權間有高度相似性，除了單一政黨外，其烏托邦式的意識形態、指令經濟與政治動員的遺緒，即使在轉型過程中，其韌性也值得區別看待，包括制度的創新與調適、維繫菁英與群眾的忠誠與領袖選任的權變性，體現在意識形態調整、經濟改革成果、體制包容性與體制的課責性。[27] 吳玉山教授也認為，比較威權研究的結果通常會指出一黨式的威權主義政權具有較高的存活率，這就使得共

---

[24] Milan W. Svolik, *The Politics of Authoritarian Rule* (New York: Cambridge University Press, 2012).

[25] Boix and Svolik, "The Foundations of Limited Authoritarian Government," pp. 300-316; Jennifer Gandhi and Adam Przeworski, "Authoritarian Institutions and the Survival of Autocrat," *Comparative Political Studies*, Vol. 40, No. 11(Nov. 2007), pp. 1279-1301.

[26] Svolik, *The Politics of Authoritarian Rule*, pp. 4-8.

[27] Dimitrov, ed., *Why Communism Did Not Collapse*, pp. 12, 304-309.

黨政權（特別是中國）從大量的經驗事例中被突顯出來。顯然地，共黨政權不是一般的威權主義政權，把共黨體制僅僅視爲威權體制之一，將會遺落其重要的制度特徵，而無法深化對於此類政權，特別是共產中國的理解。延續極權主義特徵，核心變項應對應權力集中、制度化與黨國社會關係。[28]

　　由於 1960 年代，政治學行爲革命的發展讓學者以追求共通性、建立通則爲目標，並將理論建構等同於產生類型。學者試著把不同的政權形態，或政黨體系整合在單一的分析架構下；[29] 或者透過光譜（spectrum）分析，將民主與獨裁置於光譜兩端，以涵蓋所有政權形態。例如以民主相對於獨裁，比較最終決策權力的配置方式；或是極權（或威權）相對於憲政主義，比較政府權力行使範圍的界限，並反映在轉型研究的指標上。[30] 但如石之瑜教授觀點，轉型研究對人們可能產生引導的效果，使符合某一種政治主張的分析方式，獲得較多的表達機制，也使不符合的想法或情感傾向，缺乏

---

[28] 吳玉山，「從比較共產主義看中共百年」，頁 13-16。

[29] Maurice Duverger, *Political Parties: There Organization and Activity in the Modern State* (London: Lowe & Brydone, 1967); Stein Rokkan, *Citizens, Elections, Parties: Approaches to the Comparative Study of the Processes of Development* (New York: McKay, 1970); Giovanni Sartori, *Parties and Party System: A Framework for Analysis* (New York: Cambridge University Press, 1976); Samuel P. Huntington, "Social and Institutional Dynamics of One-Party Systems," in Samuel P. Huntington and Clement H. Moore, eds., *Authoritarian Politics in Modern Society: The Dynamics of Established One-Party Systems* (New York: Basic Books, 1970), pp. 32-40; Joseph Lapalombara and Myron Weiner, eds., *Political Parties and Political Development* (Princeton, N. J.: Princeton University Press, 1966); Douglas Rae, *The Political Consequence of Electoral Laws* (New Haven: Yale University Press, 1967).

[30] Stathis N. Kalyvas, "The Decay and Breakdown of Communist One-Party Systems," *Annual Review of Politics Science*, Vol. 2(Jun. 1999), pp. 323-343; Austin Ranney, *Governing: An Introduction to Political Science*, 3rd ed. (New York: Holt, Rinehart and Winston, 1982), pp. 270-288.

論述的空間，特別是轉型研究的宏觀特性，使得研究者不能照顧到轉型過程中所存在的異例。[31] 因此試圖對所有的威權政體做一般化的理解是困難的，其根本原因是威權政體是民主政體的剩餘概念（residual category），是不符合民主制度標準的各種政治制度的總和，其異質性非常高。隨著共產政權瓦解後，現存共產政權也被歸入威權政體。於是共產體系的特異性消失，而中國也僅是一個特大的威權國家。由於與其他的威權國家列入同一個範疇（而僅是在衡量民主與自由的大型資料庫中的分數有所不同），因此共黨體系的特徵便無法獲得足夠的重視，這是過度一般化所導致的問題。忽視了其區域性（現有共產政權集中於東亞區域）與貫時性（與歷史共產主義國家的可比性與理論的共通性）。[32]

對共產政權而言，國家對社會表現了高度的自主性，並強調共黨在國家的核心角色，即使從改革開放至今亦是如此。[33] 對於當前中共政權本質為何，學者提出類似的觀點，如「後極權威權政體」（post-totalitarianism authoritarian regimes）、「後全能型的權威政治」、「理性極權主義」（rational totalitarianism）、「諮詢的威權主義」（consultative authoritarianism）、「成熟列寧主義國家」（mature leninist state）、「退化的極權主義」（degenerative totalitarianism）、「韌性威權主義」（resilient authoritarianism）等，其共同點在於強調中共政權已不同於毛時代的極權體制（totalitarianism），但仍維持威權統治，另方面則接受市場引導，以發展為目標，且在意識形

---

[31] 石之瑜，「中國政經轉型的常態異例？—本土化微觀轉型議程蒭例」，問題與研究，第 39 卷第 8 期（2000 年 8 月），頁 1。

[32] 吳玉山，「從比較共產主義看中共百年」，頁 14。

[33] Michel Oksenberg, "China's Political System: Challengers of the Twenty-first Century," *The China Journal*, No. 45(Jan. 2001), pp. 21-35; Minxin Pei, *China's Trapped Transition: The Limits of Development Autocracy* (Cambridge, MA: Harvard University Press, 2006), p. 4.

態、統治能力、橫向聯繫壟斷逐漸弱化，並出現有限的多元。[34]

　　這樣的後極權政體如中國，其發展到底呈現何種特殊現象組合？David Stark 依據東歐轉型經驗，認為「轉型」的過程是現存資源的重構，也就是利用現有資源「拼湊而成」（bricolage）的一種調適過程。[35] 如結合了「後極權」的統治機制與「發展型國家」（developmental states）的經濟表現，使其到目前為止仍可以一方面維持經濟成長，另一方面牢牢地掌握政權。[36] 因此中共對改革開放的成果，有以下幾個共識：一、經濟發展是政治自由化的前提；二、漸進改革（gradualist reform）策略明顯優於激進改革（big-bang）；新權威發展型（neoauthoritarian development）國家證明是有效的。[37] 這也意味中共強烈維持現狀統治的偏好（status quo bias），試圖透過「修補」來解決問題，因此在漸進而零碎的政治改革中，

---

[34] 請參考 Zbigniew Brzezinski, *The Grand Failure: The Birth and Death of Communism in the Twentieth Century* (New York: Macmillan, 1990), p. 255; Harry Harding, "Political Development in Post-Mao China," in A. Doak Barnett and Ralph N. Clough, eds., *Moderning China: Post-Mao Reform and Development* (Boulder, Co.: Westview Press, 1986), pp. 13-37; John Burns, "The People's Republic of China at 50: National Political Reform," *The China Quarterly*, No. 159(Sep. 1999), pp. 580-586; Bruce J. Dickson, *Democratization in China and Taiwan: The Adaptability of Leninist Parties* (Oxford: Clarendon Press, 1997), p. 11; Nathan, "Authoritarian Resilience," pp. 6-17; 林佳龍、徐斯儉，「退化的極權主義與中國未來發展」，載於林佳龍主編，*未來中國—退化的極權主義*（臺北：時報文化，2004 年），頁 11-30；蕭功秦，「中國後全能型的權威政治」，*戰略與管理*（北京），第 6 期（2002 年），頁 82-88。

[35] 請參考 David Stark, "Path Dependence and Privatization Strategies in East Central Europe," *East European Politics and Societies*, Vol. 6, No. 1(Dec. 1991), pp. 17-54.

[36] 吳玉山，「宏觀中國：後極權資本主義發展國家—蘇東與東亞模式的揉合」，載於徐斯儉、吳玉山主編，*黨國蛻變：中共政權的菁英與政策*（臺北：五南圖書，2007 年），頁 309-335。

[37] Pei, *China's Trapped Transition*, p. 207.

顯現出傳統力量與變革力量之間相互拉扯的張力，所強調的是「中國特色」及「自我完善」。

就如前述權力集中、制度化與黨國社會關係作為共黨政權存續三個核心變項，對中共而言，領導階層所考量的，是不同的改革途徑對共黨獨占地位的潛在影響，尤其是改革的過程是進一步鞏固權威？還是擴大其脆弱性？對此，沈大偉（David Shambaugh）認為必須了解中共如何看待自「六四事件」至今，「蘇東波」、「顏色革命」之主因。針對前共黨國家的垮臺，中共歸納出包括經濟惡化、脫離群眾、自我否定與信仰危機、民主多元、黨內分裂與黨的腐敗以及西方國家「和平演變」的陰謀，最終使共黨喪失對社會和改革的領導地位。而在「顏色革命」方面，則著重在美國與非政府組織（NGO）之角色。[38] 習近平接班後，更是強調前述威脅的嚴重性。在這樣的認知下，維護中央權威、執政地位與提高「執政能力」就成為中共改革的主要目標。因此，對於前述傅士卓有關權力集中取代制度化的說法，黎安友並不否認習近平權力較前任更為鞏固，且習近平若二十大留任雖打破年齡與任期限制，但不代表制度的全面瓦解。而集體領導就如傅士卓所說一種均衡秩序的共識，但這種權力不確定狀態影響領導人的決策並導致腐敗。但習的固權仍是在現有黨的架構，並企圖將政治運作限制在特定渠道，即是制度化體現。[39]

然而，中共在改革開放後提出「依法治國」的目標，也逐步強

---

[38] David Shambaugh, *China's Communist Party: Atrophy and Adaptation* (Washington, D.C.: Woodrow Wilson Center Press, 2008), pp. 41-102; 另請參考中央編譯局中國現實問題研究中心課題組，「蘇共民主化改革失敗的教訓」，載於薛曉源、李惠斌主編，**中國現實問題研究前沿報告：2006-2007**（上海：華東師範大學出版社，2007 年），頁 193-210；王長江，**蘇共：一個大黨衰落的啟示**（鄭州：河南人民出版社，2002 年）。

[39] Fewsmith and Nathan, "Authoritarian Resilience Revisited," pp. 10-13.

調以憲法為根本的活動準則，亦是評估制度化一重要指標。但是法治目標最終仍須維護中共權威與領導核心，黨透過法定程序，強化統治支配力，前述修憲將中共領導寫入憲法第 1 條，鞏固中共統治地位的正當性即為一例。再者，從江澤民「十六大」續任軍委到習近平修憲取消任期制，可能推遲未來的接班安排，顯示權威者在不同時間利用不同規則或修改規則來延續權力，使得任期制最終只能取決於核心領導人的自覺，或者與執政菁英間的力量消長，仍是陷於 Svolik 與傅士卓的權力邏輯上。

貳、代理理論與制度補償

一、黨國體制的代理困境

　　代理理論（agency theory）對於委託─代理關係間存在資訊不對稱的風險與成本（見表 1-1），因此建議提出相關監督與獎懲機制以為因應。[40] 不同政體都可能因上下偏好分歧與資訊不對稱而出現代理問題（agency problem）。國家機構中，熟練和忠誠的代理人是國家權力的重要組成部分，決定了治理的有效性，進而影響公眾的福利。然而，每個代理人的動機各不相同，所以無法依賴代理人的善意來確保他們盡責。對黨國體制也是如此，黨國在壟斷政治權

---

[40] Kathleen M. Eisenhardt, "Agency Theory: An Assessment and Review," *The Academy of Management Review*, Vol. 14, No. 1(Jan. 1989), pp. 57-74; Edgar Kiser, "Comparing Varieties of Agency Theory in Economics, Political Science, and Sociology: An Illustration from State Policy Implementation," *Sociological Theory*, Vol. 17, No. 2(Jul. 1999), pp. 146-170; Gary J. Miller, "The Political Evolution of Principal-Agent models," *Annual Review of Political Science*, Vol. 8(Jun. 2005), pp. 203-225.

表 1-1　代理理論概念

面向	內容
核心論述	確立最能有效規範委託─代理關係涉及組織與資訊風險之契約
分析單元	委託人─代理人的契約
行為假設	人的自利動機、有限理性與規避風險
組織假設	組織成員間有目標衝突 以效率作為衡量組織效能的標準 委託─代理關係間有資訊不對稱的問題
資訊假設	將資訊視為可交易的商品
契約問題	委託人需承擔代理人的道德危機與逆向選擇風險

資料來源：修改自 Kathleen M. Eisenhardt, "Agency Theory: An Assessment and Review," *The Academy of Management Review*, Vol. 14, No. 1(Jan. 1989), p. 59.

力的條件下，制度建立在這些代理人的支持上，如果不受約束和紀律處分，代理人就可能具掠奪性，也削弱黨國紀律與政府的執行力。[41]

　　在組織成員間的目標衝突上，劉雅靈教授曾以毛澤東大躍進時期農村的小農經營為例，中共中央採取政治運動方式，依賴共產主義意識形態的狂熱來動員社會，並用暴力脅迫手段而非以制度化的程序與法規來推動政策，造成政策執行過度而引發民怨與災難；然而每當中共為彌補政策執行過度而放鬆政治控制時，偏離中央政策的小農經濟便悄悄恢復，這時又需要國家機器發動下一波政治運動進行整肅與打擊。相較於各省面對中央指標的理性選擇，中央為要求各省績效，也會進行一波波的政治運動展示其強制力，糾正政策的偏離，劉教授以「間歇性極權政體」（sporadic totalitrianism）稱

---

[41] Yongshun Cai, *States and Agents in China: Disciplining Government Officials* (Stanford, CA: Stanford University Press, 2015), p. 7.

之。[42]

　　即使到了胡錦濤時期，胡雖然積極推動「科學發展觀」的集體學習，但是對學習結果顯然下了不滿意的結論，並指出當前領導幹部的主要問題包括：（一）重「顯績」輕「潛績」，重當前輕長遠……甚至製造虛假政績等問題；（二）思想不夠解放、知識不足……存在搞形式主義、做表面文章、敷衍塞責等問題；（三）粗放型經濟發展方式尚未改變……存在單純追求增長速度、以犧牲資源環境爲代價換取經濟一時增長的現象；（四）決策科學化不足……幹部考核評價體系尚不健全，促進科學發展的監督體系不完善。[43] 因而在「十八大」政治報告中，提出中共面臨「四大危險」（精神懈怠的危險、能力不足的危險、脫離群眾的危險、消極腐敗的危險），挑戰黨的執政能力。[44]

　　習近平接班後，在 2013 年底指出當前組織的現狀：「形式主義、官僚主義、享樂主義和奢靡之風」等作風問題和腐敗問題解決不好，就會對黨造成致命傷害，甚至亡黨亡國，對應前述胡錦濤的呼籲。[45] 並且在2016年中共十八屆六中全會的說明中，對當時黨內

---

[42] Yia-Ling Liu, "Reform from Below: The Private Economy and Local Politics in Rural Industrialization of Wenzhou," *The China Quarterly*, No. 130(Jun.1992), pp. 293-316.

[43] 胡錦濤，「努力把貫徹落實科學發展觀提高到新水準」，求是，第 1 期（2009 年 1 月），http://www.qstheory.cn/zxdk/2009/200901/200906/t20090609_1626.htm。

[44] 請參考「胡錦濤在中國共產黨第十八次全國代表大會上的報告」，人民網，2012 年 11 月 18 日，http://cpc.people.com.cn/BIG5/n/2012/1118/c64094-19612151.html。

[45] 請參考「建立健全懲治和預防腐敗體 2013-2017 年工作規劃」，中國共產黨新聞網，2013 年 12 月 26 日，http://fanfu.people.com.cn/n/2013/1226/c64371-23947331.html。

生態困境，提出具代表性的陳述：[46]

> 在一些黨員、幹部包括高級幹部中，理想信念不堅定、
> 對黨不忠誠、紀律鬆弛、脫離群眾、獨斷專行、弄虛作
> 假、庸懶無為，個人主義、分散主義、自由主義、好人主
> 義、宗派主義、山頭主義、拜金主義不同程度存在，形式
> 主義、官僚主義、享樂主義和奢靡之風問題突出，任人唯
> 親、跑官要官、買官賣官、拉票賄選現象屢禁不止，濫
> 用權力、貪汙受賄、腐化墮落、違法亂紀等現象滋生蔓
> 延。特別是高級幹部中極少數人政治野心膨脹、權慾薰
> 心，搞陽奉陰違、結黨營私、團團夥夥、拉幫結派、謀取
> 權位等政治陰謀活動。這些問題，嚴重侵蝕黨的思想道德
> 基礎，嚴重破壞黨的團結和集中統一，嚴重損害黨內政
> 治生態和黨的形象，嚴重影響黨和人民事業發展。周永
> 康、薄熙來、郭伯雄、徐才厚、令計劃等人嚴重違紀違法
> 案件，不僅暴露出他們在經濟上存在嚴重問題，而且暴露
> 出他們在政治上也存在嚴重問題，教訓十分深刻。

　　不同政體面對「代理困境」時，比如民主政體中，McCubbins 和 Schwartz 提出國會對官僚的監督可透過巡邏隊（police patrols），主動與直接對官僚政策選擇監視樣本，觀察與糾正違法行為，但可能因時間成本較高與監視樣本過少而產生遺漏；因此更偏愛利用選民與利益團體對政策的反應所觸發的警報器（fire alarms），得以克

---

46 習近平，「關於《關於新形勢下黨內政治生活的若干準則》和《中國共產黨黨內監督條例》的說明」，新華網，2016 年 11 月 2 日，http://news.xinhuanet.com/politics/2016-11/02/c_1119838382.htm；《關於新形勢下黨內政治生活的若干準則》，新華網，2016 年 11 月 2 日，http://news.xinhuanet.com/politics/2016-11/02/c_1119838382.htm。

服立法的模糊性以及滿足選區服務需求。[47] 而威權或極權政體亦存在對菁英控制的需求，須採取某種形式的監控策略，解決代理問題。[48] 以中國大陸這樣一個龐大的黨國體制，一方面透過政治運動方式，鼓勵民眾舉發（如三反五反），類似「警報器」功能；但主要是以紀檢系統作為中央的「巡邏隊」，用以監督、考核各級幹部與中央路線的一致性。相較於上述民主國家的監督策略差異，主因在於中共的制度核心在「黨管幹部」，並非依賴議會或者公民社會扮演監控機制，而是依賴黨內既有的組織工具。

中國雖然是單一制的中央集權國家，地方政府基本上只能扮演配合中央計畫的角色。然而，經過歷次分權運動與放權讓利後，中央地方關係逐漸從強制轉為協商，兩造在不同議題上得以討價還價，學者甚至提出中央與地方領導間「相互撐持」（reciprocal accountability）的關係。[49] 大部分政府職能部門，長期以來實行「條塊結合，以塊為主，分級管理」的行政管理體制，受地方政府和上

---

[47] Mathew D. McCubbins and Thomas Schwartz, "Congressional Oversight Overlooked: Police Patrols versus Fire Alarms," *American Journal of Political Science*, Vol. 28, No. 1(Feb. 1984), pp. 166-176.

[48] Art, "What Do We Know About Authoritarianism after Ten Years?" p. 362; Pablo Policzer, *The Rise and Fall of Repression in Chile* (Notre Dame, Ind.: University of Notre Dame Press, 2009); Geddes, "What Do We Know About Democratization After Twenty Years?"; S. Philip Hsu, "Central-provincial power relations in the fiscal realm of China, 1980-2014," in John A. Donaldson, ed., *Assessing the Balance of Power in Central–Local Relations in China* (New York: Routledge, 2017), pp. 19-50.

[49] Susan L. Shirk, *The Political Logic of Economic Reform in China* (Berkeley: University of California Press, 1993), pp. 82-91; Linda C. Li, *Center and Province: China 1978-1993, Power Non-Zero-Sum* (New York: Oxford University Press, 1998), pp. 34-45; S. Philip Hsu, "Central-provincial power relations in the fiscal realm of China, 1980-2014," in John A. Donaldson, ed., *Assessing the Balance of Power in Central–Local Relations in China* (New York: Routledge, 2017), pp. 19-50.

級部門「雙重領導」，其中主管部門負責工作業務的「事權」，而地方政府管「人、財、物」。在這種體制下，地方政府利用手中掌握的「人、財、物」權影響地方職能部門，以致在中央和地方目標不一致時，職能部門容易遭權力主體俘獲（captured），被迫執行地方黨委指令。[50]

王嘉州教授以宏觀調控政策為例，觀察中央政府制定的政策損害省級利益時，省級領導在理性選擇下的首選策略，可以分為以下三類：（一）先鋒，一省「先試先行」，並領導其他省實施中央政策；（二）扈從，謹慎跟隨其他省分實行中央政策；（三）抵制，即省級政府延遲執行或改變中央政策以符合其利益。但是策略的選擇，可以從政策對地方影響程度、地方對中央行動的預測、省委書記的任期與派系等變項觀察。而面對省級的抵抗，中央則有包括和解與譴責兩種選項。但中央地方關係基本上是遵循「權力平衡模式」，而非「零和博弈」，但可結合中央的「懲戒」效用進行分析。[51] Pierre Landry 認為，作為代理人的地方領導幹部，在這種分散的制度下獲得相當的資源和權力，並可能成為中央權威的潛在挑戰者，因此中央透過黨管幹部與條塊關係的規則維繫政治凝聚力。問題是，是否垂直領導就能擺脫地方干擾？哪種體制更能激勵地方政府執行中央的政策？事實上，中共「黨管幹部」的層級選擇（如「下管一級」）來自國家在權力下放、經濟發展、監督成本、目標一致的共同考量。[52]中央對於作為代理人（agents）的部門與地方各級領

50　尹振東，「垂直管理與屬地管理：行政管理體制的選擇」，經濟研究，第 4 期（2011 年），頁 41-42。

51　Chia-Chou Wang, "Pioneering, Bandwagoning, and Resisting: the preferences and actions of Chinese provinces in the implementation of macroeconomic regulation and control policies," *Journal of Contemporary China*, Vol. 24, No. 92(2015), pp. 315-337.

52　Pierre F. Landry, *Decentralized Authoritarianism in China: The Communist Party's Control of Local Elites in the Post-Mao Era* (Cambridge, NY: Cambridge University Press, 2008), pp. 25-40.

導，不可能僅因「反腐」或「資訊不對稱」而改變既有「雙重領導」體制，仍應審慎評估其監督成本與體系均衡的問題。

二、制度變遷、互補與補償

由於在威權政體中，權威者面臨的組織壓力（organizing coercion）多來自菁英而非群眾，因此被迫有限度地採取某種形式的監控策略，解決代理問題。寇健文教授曾以資訊不對稱和利益不一致引起的代理問題分析習近平的軍隊改革，習近平以軍委主席負責制、機構更新、打擊貪腐和人事調動，使親信逐漸擔任重要軍職，而政敵則逐漸被移除。[53]

在中共的制度發展上，中央為避免陷入代理困境，可以透過可量化指標對幹部進行獎懲，也可透過異地交流、直接提名等機制，降低難以監控的風險。[54] 在這個意義上，官員流動是官僚體制中的重要控制手段，與行政指令與激勵制度相互關聯，構成人事管理制度的核心所在。[55] 因此，有必要了解中共對內部不同層級的控制方法。

在比較共黨研究中，對於後共發展有兩種分析取向，一是追溯

---

[53] Chien-wen Kou, "Xi Jinping in Command: Solving the Principal-Agent Problem in CCP-PLA Relations?" *The China Quarterly*, Vol. 232(Dec. 2017), pp. 866-885.

[54] Yasheng Huang, "Managing Chinese Bureaucrats: An Institutional Economics Perspective," *Political Studies*, Vol. 50, No. 1(Mar. 2002), pp. 63-69; Maria Edin, "State Capacity and Local Agent Control in China: CCP Cadre Management from a Township Perspective," *The China Quarterly*, Vol. 173(Mar. 2003), pp. 35-52.

[55] 周雪光、艾雲、萬建華、顧慧君、李蘭、盧清蓮、趙偉、朱靈，「中國地方政府官員的空間流動：層級分流模式與經驗證據」，社會，第 38 卷第 3 期（2003 年），頁 10。

不同制度與政策選擇的結果，所形成不同的變遷模式；[56] 另一則是強調「路徑依賴」（path-dependency）的概念。路徑依賴的研究途徑是在「唯意志論」與「歷史決定論」之間一種調適性的運用，其分析著重在特定結果、時序與制度長期的表現，對於政治變遷並不以簡單的以「新自由主義」藍圖取代舊秩序；但也不願單向地把制度遺產視為阻礙發展的負面力量，而是視其為一種可以重組的社會與制度資源。[57]

以「歷史制度主義」（historical institutionalism）研究途徑為例，其探討制度環境、制度設計和制度影響。「歷史制度主義」主張政治行為者的「有限理性」（bounded rationality），將行動者的利益與結構相互結合，並強調「過程追蹤」（process tracing）作為該途徑的核心。[58] 包括「路徑依循」，主要關注「制度」與具體歷史

---

[56] Gerald M. Easter, "Preference for Presidentialism, Postcommunist Regime Change in Russia and the NIS," *World Politics*, Vol. 49, No. 2(Jan. 1997), pp. 184-211; Terry L. Karl and Philippe C. Schmitter, "Modes of Transition in Latin America, Southern and Eastern Europe," *International Social Science Journal*, Vol. 43, No. 128(1991), pp. 269-284.

[57] Jürgen Beyer and Jan Wielgohs, "On the Limits of Path Dependency Approach for Explaining Postsocialist Institution Building: In Critical Response to David Stark," *East European Politics and Societies*, Vol. 15, No. 2(Mar. 2001), pp. 356-388; Jerzy Hausner, Bob Jessop and Klaus Nielsen, eds., *Strategic Choice and Path-Dependency in Post-Socialism: Institutional Dynamics in the Transformation Process* (Aldershot: Edward Elgar, 1995).

[58] Sven Steinmo, Kathleen Thelen and Frank Longstreth, eds., *Structuring Politics: Historical Institutionalism in Comparative Analysis* (New York: Cambridge University Press, 1992); Kathleen Thelen, "Historical Institutionalism in Comparative Politics," *Annual Review of Politics Science*, Vol. 2(1999), pp. 369-401; Colin Hay and Daniel Wincott, "Structure, Agency and Historical Institutionalism," *Political Studies*, Vol. 46, Iss. 5(Dec. 1998), pp. 951-957; Peter A. Hall and Rosemary C. R. Taylor, "The Potential of Historical Institutionalism: a Response to Hay and Wincott," *Political Studies*, Vol. 46, Iss. 5(Dec. 1998), pp. 958-962.

遺緒之聯繫，探討「關鍵點」（critical junctures）與「時序」，比如中共路線修正與法規修訂的關聯。[59] 另則關注傾斜性（bias），即政治系統對統治現狀的偏好、利用權威造成「權力不對稱」，以及政治過程不透明（opacity）等，特別在黨國體制下更具有這樣的特性。[60] 該特性易形成制度的再生產機制，或轉化成持續性的制度遺產，「鎖進」（lock-in）既有的制度模式中。

表 1-2　制度再生產與變遷的類型

	效益解釋	功能解釋	權力解釋	合法化解釋
再生產機制	透過行為者理性的成本效益評估	基於滿足體系的功能	基於菁英集團的支持	基於行為者相信其合適性或具道德上的正確性
制度潛在特性	現行制度可能比先前的可能選項更不具效率	現行制度功能性可能遜於先前的可能選項	現行制度可能比先前其他選項更能強化菁英權力	現行制度與行為者價值的一致性可能不如先前的選項
變遷機制	漸增的競爭壓力；學習過程	外在衝擊改變了系統的需求	菁英權力削弱以及其他團體權力增強	行為者價值或信念的改變

資料來源：引自 James Mahoney, "Path Dependence in Historical Sociology," *Theory and Society*, Vol. 29, No. 4(Aug. 2000), p. 517.

　　另一方面，觀察制度再生產與變遷的機制（表 1-2），可以發現路徑依循的原因可能是菁英集團的成本效益評估與支持，或者制度得以強化菁英權力、滿足體系的功能以及具有正當性。相對來說，可能因菁英集團權力削弱或信念改變，或是基於外在競爭壓力

---

[59] W. Brian Arthur, *Increasing Returns and Path Dependence in the Economy* (Ann Arbor: The University of Michigan Press, 1994), pp. 6-30.

[60] Paul Pierson, "Increasing Returns, Path Dependence, and the Study of Politics," *American Political Science Review*, Vol. 94, No. 2(Jun. 2000), pp. 258-259.

與衝擊改變系統的需求，形成制度變遷的動力。[61]

然而，Robert Boyer 則認為，制度間的結合與內部代謝都是制度結構轉化的驅動力。他提出制度互補假說（institutional complementarity hypothesis, ICH），用以解釋制度演化與結構多樣性的事實如表 1-3，其中互補性假定，來自叢集性和一致性的結合：[62]

表 1-3　制度互補假說

擬態	說明
超模態（supermodularity）	兩個要素共同作用結果優於任何其他要素組合。
互補性（complementarity）	兩個要素的共同作用優於個別要素的單獨作用
兼容性（compatibility）	兩個要素共同存在。
層級性（hierarchy）	一要素以另一要素的存在為條件，不能離開另一實體而單獨存在。
一致性（coherence）	兩制度一致，且容易並存。一制度能增進另一制度的適應性。
叢集性（clustering）	進行一些系統比較時，兩個或幾個制度常被同時觀測到。
共演化（coevolution）	兩個制度或組織並存可能是選擇和學習機制的無意識結果。

資料來源：Robert Boyer, "Coherence, Diversity, and the Evolution of Capitalisms-The Institutional Complementarity Hypothesis," *Evolutionary and Institutional Economics Review*, Vol. 2, Iss. 1(Oct. 2005), pp. 44-54.

---

[61] James Mahoney, "Path Dependence in Historical Sociology," *Theory and Society*, Vol. 29, No. 4(Aug. 2000), pp. 507-548.

[62] Robert Boyer, "Coherence, Diversity, and the Evolution of Capitalisms-The Institutional Complementarity Hypothesis," *Evolutionary and Institutional Economics Review*, Vol. 2, Iss. 1(Oct. 2005), pp. 44-54.

John Campbell 則以美國的金融危機為例，提出制度互補性（institutional complementarity）試圖解釋國民經濟表現差異的概念，而制度是指在公私部門中的正式和非正式規則及其執行機制。一般而言，制度互補是指制度對人類行為影響的互賴性（interdependence）。政治經濟學家認為，市場表現取決於制度互補性的存在，亦即制度越互補，國家的經濟表現就越好。但原因卻有兩個不同面向的解釋：[63]

一是當兩個或多個制度協調並強化對企業的激勵，從而產生經濟收益時，像自由市場經濟往往具有強化市場競爭的制度，而有限的金融監管、強硬的反托拉斯法與分散的勞動力市場，為產品創新提供動力，並提高經濟競爭力。

另一則是制度基於補償（compensation）的概念，也是制度主義者最常見的用法。比如市場經濟為激勵企業追求自身利益，但若無止境則破壞經濟。因此，環境法和勞動法等制度必須制定補償性激勵措施，以減少極端自利行為。此外，補償不僅是激勵，更普遍地指涉一個制度彌補另一個制度的不足。例如丹麥著名的彈性保障制度使雇主能夠輕易解僱工人，但同步也為工人提供福利、培訓和工作調動計畫，幫助他們提高國家經濟績效。因此市場運作良好的關鍵在制度彌補彼此缺點，而非強化彼此的激勵性。

依此來解釋中共解決代理困境的措施時，除了制度變遷的視角外，可以更進一步了解制度設計與支持的動力。比如在既有的中央地方紀檢系統下，再設立中央巡視組？中央巡視組又如何補充既有的雙重領導體制，以及結合組織與紀檢系統解決資訊不對稱的問

---

[63] John L. Campbell, "The US financial crisis: lessons for theories of institutional complementarity," *Socio-Economic Review*, Vol. 9, Iss. 2(Apr. 2011), pp. 211-213; John L. Campbell and Ove K. Pedersen, "The Varieties of Capitalism and Hybrid Success: Denmark in the Global Economy," *Comparative Political Studies*, Vol. 40, No. 3(Mar. 2007), p. 311.

題，從而了解習近平時期，透過不同制度滿足其在決策、動員與監督的需求。

參、研究設計與章節安排

在解釋中共威權韌性時，除了關注制度與組織，更必須把黨帶回來。無論是領導人特質、制度發展或內部（外部）衝突，都需要找到更多證據闡明變項與結果的關係。習近平是中國大陸繼毛、鄧之後的強勢領導人，其集權與強勢領導作風影響中國未來發展路徑，但習近平透過個人意志，透過集權、動員與監督來解決代理是否成功？仍應顧及前述監督成本與體系均衡的需求。

本書旨在探討中共在習近平時期的改革目標與策略，如何「由上而下」地推動，並且有效地要求地方與基層由「由下而上」跟進，形成習口中的「全國一盤棋」？在研究方法上，主要透過文獻分析、內容分析法，並以過去幾年赴大陸的田野訪談資料進行補充。

在文獻資料方面，除了中共黨史文獻彙編資料，還有期刊雜誌與中共官方新聞網站。[64] 而在人事資料上，除前述新華網、人民網人事資料外，還包括「中共政治菁英資料庫」[65]、中國經濟網[66]、中央紀委國家監察委及各省紀委監察委網站[67] 等人事資料庫。

---

[64] 包括新華網（http://news.cn）、人民網（http://cpc.people.com.cn）、中國新聞網（中新網）（http://www.chinanews.com.cn）、中國青年網（中青網）（http://news.youth.cn）。

[65] https://cped.nccu.edu.tw。

[66] http://district.ce.cn/zt/rwk/index.shtml。

[67] http://www.ccdi.gov.cn/special/zzjgzt。

在中共紀檢與巡視資料方面，本書主要蒐集中央紀委國家監察委網站的官方報告。對於地方各省對中央政策的回應，除了中紀委網站外，本書主要從網路蒐集並整理 31 省市省級黨報之「數字報」。[68] 其中會議新聞往往涉及國家、省內重大決策部署，就如人民日報前總編輯吳恆權所說，「對於人民日報與各省級黨報來說，做甚麼樣版面、怎樣安排版面，體現政治意識、大局意識、責任意識……版面的安排，既是形式，也是內容」。[69] 另可能因疫情資訊敏感，某些省市（如武漢、天津、山西）等取消線上閱讀或隱藏當日某些版面，因此必須輔以市級黨報（如山西「太原日報」）、重要晚報（如山東「齊魯晚報」、天津「今晚報」），或透過「中國知網」的「中國重要報紙全文數據庫」資料取代，以求資料之完整。另涉及人物誌數據（biographical data），幹部資料包含姓名、年齡、工齡、學歷、性別、省別、族群、省籍、前職、現職、級別、分口、主要資歷等。

本書在結構上，分為緒論、研究途徑與理論、經驗研究與結論四部分。除了本章緒論外，第二章「研究途徑與理論探討」主要從意識形態（路線）、威權與治理、運動與動員以及文件政治，了解中共政治運作的核心理論與變項。經驗研究則包含第三至第六章，第三章「習近平對黨的組織與路線改造」，主要整理中共「十八大」以來，習近平改造中央決策體系，走向「小組政治」，使總書記掌控議題主導權。在路線上，從「四個全面」到中共「十九大」

68　包含北京日報、天津日報（和「今晚報」）、解放日報（上海）、重慶日報、四川日報、河北日報、河南日報、湖北日報、湖南日報、新安晚報（安徽）、大眾日報（山東）、太原日報（山西）、陝西日報、甘肅日報、青海日報、貴州日報、雲南日報、內蒙古日報、廣西日報、寧夏日報、西藏日報、新疆日報、遼寧日報、吉林日報、黑龍江日報、新華日報（江蘇）、浙江日報、福建日報、江西日報、南方日報（廣東）、海南日報。

69　引自吳恆權，「序」，載於張建偉主編，省級黨報版面備要（北京：人民出版社，2013 年）。

確立「習近平新時代中國特色社會主義思想」後，又逐步將「十八大」以來的集權成果法制化，至十九屆六中全會，通過中共的第三份歷史決議，確認習近平的路線，對外象徵全黨的意志。

第四章至第六章，則是回顧習近平執政九年來如何進行幹部監督與動員。第四章從「文件政治」與「政治動員」角度，並選擇「周永康案」與新冠肺炎（COVID-19）疫情兩個不同時期與面向的個案，討論習時期中共政治動員與運動式治理。第五章則是探討中央巡視組運作下，形成的中央地方關係，用以解決代理問題並實現對各級幹部的政治控制。第六章則是介紹從胡錦濤時期建立的黨政幹部「問責制」，到習近平時期的轉變與成果，可視爲習近平在整風、動員與巡視後對幹部的「結帳」手續。總和前面的經驗研究，第七章「結論」，希望藉本書的論述與經驗證據，觀察中共政治的變與常，以及習近平強勢主導下的中共政治運作，對中國研究與威權研究的意義。

第二章
研究途徑與理論探討

　　在前章所述的非民主政權中，無論是極權、一黨或動員政體，多具有意識形態、專制政黨、魅力領袖、社會動員和媒體控制等要素，所強調的是「由上而下」的支配、政治權力的壟斷，以及國家與社會界限的消失。[1]

　　中共長期以來「集中力量辦大事」的傳統，仍然強調黨的「超凡」（charisma）之特質，使得家長制統治與「依法治國」目標之間出現困境：家長制統治激化了改革的動機，但改革卻無法離開家長制的環境。在中共建政至今的政治歷程中，一些重大現象穩定存在或重複再現。馮仕政教授曾以「革命教化政體」之概念形容中共建政以來的運動目標，由於國家對社會改造抱有強烈使命感，並把國家擁有符合社會改造需要的超凡稟賦作為執政合法性基礎。[2]因此在行為上，國家必須保證社會改造的合法性（legitimacy）和有效性（effectiveness），尤以兩個機制最為突出：一是一個嚴密有序的科層制組織制度，貫徹自上而下的行政命令和政策意圖，從而確保各級政府與中央的步調一致；二是以認同中央權力為核心的價值觀念制度，在各級黨政幹部和社會文化中建立和強化對中央的向心

---

[1] William Kornhauser, *The Politics of Mass Societies* (New York: The Free Press, 1959), p. 123. 除了極權政體外，比如 Giovanni Sartori 將一黨制區分為：1. 極權型的一黨制：有強烈意識形態，及高度強制力與動員力，不存在次級系統的自主性；2. 威權型的一黨制：意識形態強度較弱，動員與汲取能力較低，非政治性次級團體擁有某種程度的自主權；3. 實用型的一黨制（pragmatic unipartism），具有包容性和整合性的政策取向，並有法律與制度上的範圍限制。Robert Tucker 提出「一黨制革命式群眾運動政權」（the revolutionary mass-movement regime under single-party auspices），類似極權主義特徵，包括強烈意識形態基礎、群眾運動，激進、中央集權式的革命性政策。請參見 Giovanni Sartori, *Parties and Party System: A Framework for Analysis* (New York: Cambridge University Press, 1976), pp. 221-230; Robert C. Tucker, "Towards a Comparative Politics of Movement Regimes," *American Politics Science Review*, Vol. 55, No. 2(Jun. 1961), pp. 281-293.

[2] 馮仕政，「中國國家運動的形成與變異：基於政體的整體性解釋」，**開放時代**（廣州），第 1 期（2011 年），頁 78-79。

力。[3] 在此背景下，從意識形態（路線）、決策、動員機制到問責是觀察中共幹部與組織運作的重要指標。

壹、意識形態

政權特性是由「政權目標」和「組織運作原則」構成，而連結兩者的主要變項則是意識形態。意識形態是了解列寧黨國本質、改革路線與國家社會關係的重要變項，中共建政至今，意識形態一直具有目標認同、組織識別（如界定黨員和人民），與甄補判準（recruitment criteria）之功能。回顧中共意識形態的發展，對外體現不僅是一種世界觀，也是一種解釋社會現實的動態體系。依據意識形態的三個核心要素，以「願景目標」（a view of the future）作為自變項，「行動方針」（a definite plan of action）為依變項，而執政者的「現狀界定」（an assessment of status quo）作為中介變項，決定行動方針的「前進」（progressive）或「倒退」（retrogressive）。[4]核心在於中共何以能削減意識形態的部分層面，卻不會否定整體；保留哪些部分而能維繫政治體系穩定。

一、意識形態與特殊心態

意識形態具有對複雜社會環境的圖解說明功能，且能指引人們行動的方向。如 David Ingersoll 的觀點，每一種意識形態都包

3　周雪光，「權威體制與有效治理：當代中國國家治理的制度邏輯」，開放時代（廣州），第 10 期（2011 年），頁 67-70。

4　David E. Ingersoll, Richard K. Matthews and Andrew Davison, *The philosophic roots of modern ideology: liberalism, communism, fascism, Islamism*, 3rd ed. (Upper Saddle River, N.J.: Prentice Hall, 2001), pp. 2-8.

含對現狀的評述、行動方針與未來願景。[5]因此如 Lyman Sargent 或
Clifford Geertz 認爲意識形態提供信徒一種世界的圖像（picture of
the world），尤其意識形態觸及某種急迫感，在發生社會與政治
危機時，有利人們理解自身處境，並發現新的出路。[6]相對於 Juan
Linz 以「特殊心態」（distinctive mentality）與意識形態加以區別。
理由在於威權主義下作爲政策指導的意識形態成分，缺少一套完
整的、有系統的、經過深思熟慮的思想體系，作爲政權運作的依
據。帶有理想主義色彩的意識形態，有強烈的未來導向；而「心
態」則較重當前問題的解決或過去事蹟的反應，外界也以「實用」
或「務實」主義（pragmatism）來界定。[7]如 Clement Moore 從意識
形態的目標（完全改造或部分改造）與功能（宣示性或工具性），
將一黨體制分爲極權的（totalitarianism）、信徒的（chiliastic）、監
護的（tutelary）與管理的（administrative）四種類型（圖 2-1）。[8]除
極權體制外，其他三種類別都屬威權體制，也說明意識形態對政體
分類的重要性。

　　另一方面，意識形態常是具備規範性價值的信仰體系（belief
system），在這信仰體系中，透過政治權力的運作，將人的社會實
踐與社會團體的集體行動聯繫起來，並由此發展成特定的政治秩

5　Ingersoll, Matthews and Davison, *The philosophic roots of modern ideology*, pp. 2-8.

6　Lyman T. Sargent, *Contemporary political ideologies: a comparative analysis* (Homewood, IL: Dorsey Press, 1972), pp. 1-2; Clifford Greetz, *The Interpretation of Cultures* (New York: Basic Books, 1973), pp. 194-200.

7　Juan J. Linz, *Totalitarian and Authoritarian Regimes* (Boulder, Colo.: Lynne Rienner Publishers, 2000).

8　Clement H. Moore, "The Single Party as Source of Legitimacy," in Samuel P. Huntington and Clement H. Moore, eds., *Authoritarian Politics in Modern Society: The Dynamics of Established One-Party Systems* (New York: Basic Books, 1970), pp. 56-58.

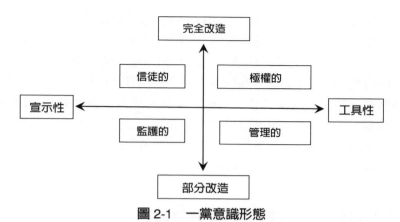

圖 2-1　一黨意識形態

資料來源：修改自 Clement H. Moore, "The Single Party as Source of Legitimacy," in Samuel P. Huntington and Clement H. Moore, eds., *Authoritarian Politics in Modern Society: The Dynamics of Established One-Party Systems* (New York: Basic Books, 1970), p. 57.

序。[9]因此 Moore 提出意識形態與組織的聯結性，即意識形態須有一賴以運作的社群（即組織），否則無由運作；而組織則必須有其信仰體系，否則難以維繫。[10]如 Franz Schurmann 在《共產中國的意識形態與組織》一書中，提出「組織意識形態」之概念（organizational ideology）。將意識形態視為「一個組織的思維模式」，而組織則是「執行任務的理性工具」，因此「組織意識形態」則是「以行動結果為導向的思想體系，用於建立或運作組織」。而 Schurmann 更將意識形態二分為「純粹」（pure）與「實踐」（practical）意識形態。前者提供一整體而明晰的世界觀，形塑組織成員的思考型態；後者則為成員的行動提供合理的工具性價值。[11]

[9]　Reo. M. Christenson, *Ideologies and modern politics* (New York: Dodd, Mead, 1971), p. 5.

[10]　Moore, "The Single Party as Source of Legitimacy," pp. 48-68.

[11]　Franz Schurmann, *Ideology and Organization in Communist China* (Berkeley:

從統治的角度，如 Antonio Gramsci 以「霸權」（hegemony）角度解釋意識形態作爲國家統治過程中的「陣地」；而 Louis Althusser 則以「意識形態國家機器」的角度，透過意識形態的感召與教化與人的主體建構相結合，成爲主體日常實踐的目標。[12] 列寧黨國的核心體制是包含一個廣泛意識形態以及對社會高度滲透的政黨，因此黨國非由統治階級（ruling class），而是由統治體制（ruling institution）所支配。黨直接控制訊息形式，或掌握對訊息的解釋權，預防觸及體系合法性。[13]

二、意識形態「解咒」與組織維繫

中共改革開放以來，在「中國特色社會主義」的脈絡下，鄧小平提出「社會主義初級階段」作爲銜接中共「核心」（馬列主義與毛思想）與「實踐」意識形態（中國特色社會主義）的中介，爲中國大陸從共產社會道路「倒退」提供理論基礎，也使中共從革命理想朝世俗理性發展。江澤民「三個代表」爲「資本家」與「私有財產」的存在，與中共在「市場經濟」環境下作爲執政黨的角色，提供修憲與合法化依據。胡錦濤則以「科學發展觀」調整發展方向，以降低經濟發展過程中的失衡問題與社會矛盾，尋求永續經營（圖

University of California Press, 1968), pp. 18-23；另請參考 A Doak Barnett, *Communist China and Asia: Challenge to American Policy* (New York: Harper & Brothers, 1960); John W. Lewis, *Leadership in Communist China* (Ithaca, N. Y.: Cornell University Press, 1963).

[12] 安東尼奧・葛蘭西著，獄中札記（臺北：谷風出版社，民國 77 年）；Louis Althusser, *Lenin and philosophy and other essays* (New York: Monthly Review Press, 1972), pp. 127-186.

[13] Barrett L. McCormick, *Political Reform in Post-Mao China: Democracy and Bureaucracy in a Leninist State* (California: University of California Press, 1990).

2-2）。這樣的變化，就如 Schurmann「純粹」與「實踐」意識形態的界定，實踐意識形態並非僵化和固定，而是一種解釋社會現實的動態體系。改革開放以來，藉由最高領導人對現狀的界定，決定意識形態的調整方向以適應社會的變化和預期，使得意識形態在調節社會對轉型的認識，發揮重要的導引作用，並形成特定議題與官方認可的政策產出，這也說明，只有在作為一種構建社會現實認識框架的意義上，意識形態才能發揮效用。[14]

1978	真理標準
1981	若干歷史問題決議
1982	憲法：公有制為主體多種所有制經濟共同發展
1987	社會主義初級階段
1988	修憲：私營經濟是社會主義公有制經濟的補充
1992	社會主義市場經濟
1993	修憲：中國特色社會主義、社會主義市場經濟
1999	修憲：鄧小平理論、非公有制經濟為重要組成
2002	三個代表
2004	修憲：三個代表、社會主義建設者、私有財產不受侵犯
2007	科學發展觀
2012	不走封閉僵化的老路、也不走改旗易幟的邪路
2012	中國夢、八項規定
2013	全面深改、國家治理體系和治理能力現代化
2014	依法治國、社會主義法治國家
2015	全面建成小康社會
2016	習核心、從嚴治黨、集體領導、黨內民主
2017	習近平新時代中國特色社會主義思想；2035-2050
2018	修憲：科學發展觀、習思想；監察委員會、取消國家主席副主席任期
2021	百年決議
2022	中共「二十大」

圖 2-2　從鄧小平到習近平時期的意識形態與政策

資料來源：筆者自製。

---

[14] 海克・霍比爾格（Heike Holbig）著，呂增奎譯，「當代中國的意識型態重構：決定因素、進展和侷限」，國外理論動態（北京），第 12 期（2009 年），頁 45-46。

在比較威權理論中，早期如 Richard Lowenthal、Juan Linz 及 Ken Jowitt 皆提到威權與排他性的政黨，將逐漸向實用與包容性的政黨轉型。主要原因一方面在於意識形態的「解咒」（disenchantment）與轉型，有利於政治上的去兩極化；另一方面，在組織上提高黨的包容性，甄補在經濟發展過程中獲益較多的新興資產階層與知識菁英入黨以外，還透過重整和成立有限的利益團體，發揮國家與社會間的溝通管道，以統合利益並抑制這些力量對黨所可能造成的威脅。也就是藉著統合而非壓制的手段，擴大政權內部的邊界，以防止政治反對的出現。不過，意識形態變遷亦可能引發菁英在路線上的衝突。正如吳國光教授的觀點：「中國的改革始於『思想解放』，在原有意識形態框架下改造並利用這種意識形態，為社會變革提供了包括政治合法性、思想資源和政策原則等一系列要素。正是在這個背景下，我們不但看到所謂『改革派』與『保守派』的鬥爭，而且看到保守派的中堅正是傳統意識形態的發言人。」[15]Michael Hannan 與 John Freeman 也認為，由於國內政治所存在的慣性，現有結構的改變將打亂政治均衡，造成不同部門間資源的重新配置，也因此導致部分部門抗拒變革，甚至藉用黨的傳統歷史與規範，為反對提供合法的辯護。[16]

楊繼繩教授認為，改革開放以來，中共體制改革若區分為左右來談，大致可分為八種：中國特色社會主義、老左派、新左派、民主社會主義、自由主義、民主主義、民粹主義以及新儒家。但可以簡化為老左派、新左派、民主派、自由派。左，就是堅持社會主義，右，就是批評、否定社會主義。1957 年「反右」時，「右派」們的罪名就是「反黨、反社會主義」。到了鄧小平的改革開放，出

---

[15] 吳國光，「改革的終結與歷史的接續」，二十一世紀（香港），第 71 期（2002 年 6 月），頁 5。

[16] Michael T. Hannan and John Freeman, *Organizational Ecology* (Cambridge: Harvard University Press, 1991), pp. 67-68.

現了「姓資姓社」之爭。在這過程中，保衛社會主義原則的，就是左派；否定社會主義的，就是右派。顯然，左派是阻礙改革開放的，因此鄧也提出「中國要警惕右，但主要是防止左」。[17]對此，蕭功秦教授則認為，相較於蘇聯領導人戈巴契夫對既有意識形態的否定，除了喪失對組織的掌控力，也無力抗衡掌握了話語權的激進派葉爾欽的挑戰。而鄧小平的策略，在意識形態層面，是對既有符號系統予以尊重的同時，對意識形態的概念體系進行創新性的解釋（即「實踐意識形態」）。通過這一解釋，使官方意識形態一方面能提供改革開放的合法性解釋，另一方面，以「四項基本原則」作為政治遊戲規則的底線，運用這一意識形態的禁忌與嚇阻，來保護執政黨的統治權威合法性。而在菁英聯盟策略上，鄧小平採取中間偏保守的聯盟策略，先聯合保守一方，共同打擊自由派勢力，使之在 1989 年被邊緣化；1992 年南巡講話，亦使保守派邊緣化。並通過引用大批技術官僚，來充實中間派的政治力量，實現漸進改革的方針。[18]

另一對組織的威脅，在於「包容」看似共黨組織演化的自然階段，但其中最大的挑戰在於共黨本身的定位。列寧主義政黨維繫組織整體性之能力不斷走向衰落，是社會主義國家政治發展的重要特點之一。必須不斷藉由「黨建」的措施—如「三講」[19]、「保先」[20]、學

---

[17] 楊繼繩，「中國大陸知識份子的左右之爭和中國大陸未來走向」，**東亞研究**，第 45 卷第 1 期（2014 年 1 月），頁 136-170。

[18] 蕭功秦，「改革開放以來意識型態創新的歷史考察」，**天津社會科學**，第 4 期（2006 年），頁 45-49；蕭功秦，「從轉型政治學看中國意識型態創新的特點」，**浙江學刊**，第 4 期（2006 年），頁 131-136。

[19] 「三講」指「講學習、講政治、講正氣」，1996 年中共十六屆四中全會，決定對縣處級以上領導幹部進行三年的「三講」教育活動。請參見「三講教育」，人民網，http://cpc.people.com.cn/ GB/33837/2535045.html。

[20] 「保先」指「保持共產黨人先進性」，2004 年 11 月，中共中央下發《中共中央關於在全黨開展以實踐『三個代表』重要思想為主要內容的保持共產

習「科學發展觀」[21]、紀律整頓等措施—來強化黨紀、重振組織。雖然「三個代表」提出後，中共「十六大」黨章，將黨的性質調整為「兩個先鋒隊」（始終成為中國工人階級的先鋒隊，同時成為中國人民和中華民族的先鋒隊），有別於過去黨作為無產階級先鋒隊的角色定位。[22] 問題在於，在無法釐清「是資本家入黨？抑或共產黨人變成資本家？」的情形下，黨如何調和甄補的新富階級和原無產階級政黨的傳統價值之間的矛盾，並以既有的政治與社會目標進行動員？隨著社會異質性（heterogeneity）與職業流動的增加，黨監控社會之能力面臨挑戰；[23] 黨的包容性與動員需求之間的緊張，也伴隨包容所產生的自由化，削弱黨的統治基礎。面對共產陣營瓦解與西方思潮的敵意，對中共的威脅除了「和平演變」外，還包括內部在意識形態上的自我懷疑（ideological self-discrediting）。[24] 是以，意識形態「轉向」的最終影響也具不確定性。

　　中共「十七大」之後，關於改革話語權的爭奪主要圍繞「普世

黨員先進性教育活動的意見》，決定從 2005 年 1 月開始，用一年半左右的時間，在全黨開展「保先」教育活動。請參見「保持共產黨員先進性教育活動」，人民網，http://cpc.people.com.cn/BIG5/134999/135000/8111117.html。

[21] 2008 年 9 月，中共中央用一年半左右時間，在全黨分批開展深入學習實踐「科學發展觀」活動。請參見張執中，「中共強化黨員與幹部教育培訓工作研析」，展望與探索，第 7 卷第 9 期（2009 年 9 月），頁 18-22。

[22] 江澤民，「在慶祝中國共產黨成立八十週年大會上的講話」，人民日報（海外版），2001 年 7 月 2 日，版 3；「中國共產黨章程」，人民日報（北京），2002 年 9 月 19 日，版 1。

[23] Dorothy Solinger, "China's Urban Transients in the Transition from Socialism and the Collapse of the Communist 'Urban Public Goods Regime'," *Comparative Politics*, Vol. 27, No. 2 (Jan. 1995), pp. 127-146.

[24] Marc F. Plattner, "Democratic Moment," in Larry Diamond and Marc F. Plattner, eds., *The Global Resurgence of Democracy*, 2nd ed. (Baltimore: Johns Hopkins University Press, 1996), pp. 36-48.

價值」展開，紀念改革開放三十年與普世價值的討論涉及中國下一步改革路徑，格外引人注目。加上民間通過互聯網簽署與傳播的《零八憲章》建言，引起當局恐慌並「約談」張祖樺與關押劉曉波。[25] 主要理由在於，普世價值推銷西式政治制度與價值觀念，否定了中共認為大陸只需要由共產黨界定的中國特色政治制度之概念。因此胡錦濤在紀念「十一屆三中」全會三十週年的講話中，強調未來發展並沒有放諸四海皆準的模式，也沒有一成不變的道路。[26] 而中共「十八大」前，人事競爭越顯激烈，從後來的周、薄、令、徐等案可以證實。薄熙來的「唱紅」也成為一種路線之爭，一場以「做蛋糕」與「分蛋糕」為主題，關於經濟發展與收入分配的爭論，被拉升到「十八大」後中共執政理念和發展路線的高度。如 Yueran Zhang 探討薄熙來在重慶推動房產稅為例，以 Pierre Bourdieu 的國家理論，將國家視為競爭場域，薄的重慶模式成為一種由上而下的政治動員，從主張財產重分配、作為出租車的弱勢代表與打黑運動，藉政策與動員尋求競爭資本。[27] 因此在「十八大」政治報告中，除了高舉「中國特色社會主義」旗幟，針對薄熙來事件以來黨內路線的爭議，提出「既不走封閉僵化的老路、也不走改旗易幟的邪路」，說明黨國維繫組織整體能力面臨了挑戰。所以在習近平時期，「統一思想」與「政治標準」成為與反腐並列的幹部考核依據，就如 Ken Jowitt 以城堡與護城河描述列寧主義政黨組織，只有經過嚴格考驗者才能獲得政治上的合法性而進入城門。

---

[25] 請參考江迅，「改革開放三十年・普世價值・零八憲章」，亞洲週刊，第 51 期（2008 年），https://www.yzzk.com/cfm/content_archive.cfm?id=1365995910645&docissue=2008-51。

[26] 「胡錦濤總結改革開放經驗在於『十個結合』」，中新網，2008 年 12 月 18 日，http://www.chinanews.com/gn/news/2008/12-18/1492845.shtml。

[27] Yueran Zhang, "Political Competition and Two Modes of Taxing Private Homeownership: A Bourdieusian Analysis of the Contemporary Chinese State," *Theory and Society*, Vol. 49, No. 3(Jun. 2020), pp. 669-707.

貳、威權與治理

　　習近平接班後從提出「中國夢」到「四個全面」[28]，其目標就是「小康社會」與國家治理體系和治理能力現代化。從唯物辯證法的角度，習近平自十八屆「三中」全會設立「全面深化改革」的目標，其核心問題是處理政府與市場的關係，讓市場原本在資源配置中發揮「基礎性」作用，改為「決定性作用」。在此背景下，必須推動「上層建築」的調整，包括產權保護、國企改革、公平透明的市場規則與價格機制，以及政府治理與法治環境等。因此「四中」全會通過提出「全面依法治國」，到五中全會「全面構成小康社會」與「六中」全會「全面從嚴治黨」，最終仍是要處理有效治理與黨支配權間的協調問題。

一、Governance與中國式「治理」

　　治理（governance）概念受到歡迎，在於它豐富的意涵，依聯合國「全球治理委員會」（Commission on Global Governance, COR）的定義，「治理」是指「國家經濟的管理和社會資源的開發」。[29] 至今「治理」的定義雖然呈現多樣化，比如 Rhodes 整理出包括最小化政府（the minimal state）、公司治理（corporate governance）、新公共管理（new public management）、善治（good governance）、社會—動態系統治理（socio-cybernetic system）、自我組織網絡（self-organizing networks）。Gerry Stoker 則整理治理理

---

[28] 指全面「深化改革」、「依法治國」、「小康社會」與「從嚴治黨」。

[29] The Commission on Global Governance, *Our Global Neighborhood: Report of the Commission on Global Governance* (Oxford, England; New York: Oxford University Press; 1995), http://www.gdrc.org/u-gov/global-neighbourhood/chap1.htm.

論的五個論點：包括一系列來自政府，又不限於政府的社會公共機構和行為者；為社會和經濟問題尋求解決方案的過程中，存在著界線和責任方面的模糊性；在涉及集體行為的各個社會公共機構之間存在著權力依賴；參與者最終將形成一個自主的網路，與政府合作；辦好事情的能力並不限於政府的權力，不限於政府的發號施令或運用權威。[30]

前述對於「治理」的不同界定，基本上可找出共同點，即指統治方式的一種新發展，強調過程、協調和持續互動。其中公私部門之間以及公私部門各自的內部界線均趨於模糊。因此治理的本質在於，它所偏重的統治機制並不依靠政府的權威或制裁，它所要創造的結構或秩序不由外部強加，而是依靠相互影響的行為者之間的互動。[31] 而治理理論將政治系統與其環境相連結，囊括了統治（government）過程中所有的制度層級與互動關係，更具政策的關連性（policy-relevant），並迫使政府思考如何改善本身的角色。[32] 比如世界銀行將治理的要素設定為公部門的管理、責任性、法律體系與透明性，而亞洲開發銀行（Asian Development Bank, ADB）也設定包括責任性、參與性、預測性與透明性四項指標：[33]

（一）責任性（accountability）：指政府官員必須就政策或政

---

[30] 請參考 R. A. W. Rhodes, "The New Governance: Governing without Government," *Political Studies*, Vol. 44, Iss. 4(Sep., 1996), p. 653; Gerry Stoker, "Governance as theory: Five propositions," *International Social Science Journal*, Vol. 50, Iss. 155(Mar. 1998), pp. 17-28.

[31] Stoker, "Governance as theory: Five propositions," p. 17; Kjell A. Eliassen and Jan Kooiman, eds., *Managing public organizations: lessons from contemporary European experience* (London: SAGE, 1993), p. 64.

[32] Jon Pierre and B. Guy Peters, *Governance, Politics and the State* (New York: St. Martin's Press, 2000), p. 1.

[33] Asian Development Bank, *Sound Development Management* (Manila: Asian Development Bank, 1999), pp. 7-12.

府行為向授權者負責。也包括建立對政府官員績效的判準。

（二）參與性（participation）：強調人民參與發展的過程，並且必須經過人民的許可。

（三）預測性（predictability）：指法律、規章與政策在社會運作過程中的公平與普適性。

（四）透明性（transparency）：指社會獲取政府規章與決策內容的程度。

這四種要素具有互補與互強性。責任性通常和參與性有關，而且也是預測性與透明性的最終保障。同樣地，透明與資訊公開不能沒有法規支持，用以平衡保密與揭密的權利，並明確責任。再者，法律提供的預測性也有助於確認公部門的責任，而預測性也需要透明性支持。若沒有資訊提供，就難以維持平等對待。[34] 代理理論中，委託人與代理人之間，因為利益衝突而產生的控制問題，產生對課責機制的需求，而無論公私部門，這種控制問題的核心就是「資訊不對稱」。課責機制的設計與執行，最關鍵就是控制資訊的獲取、交換與解讀。因此，資訊透明化就是課責機制能夠有效運作的主要動能所在。

不過，學者也發現，當前有關治理的論述，多數仍是奉行「管理主義」（managerialism）的思維方式，以績效為訴求而朝向「如何治理？」（How to governs?），但卻往往忽略「什麼是治理？」（What is governance?）以及「誰在治理？」（Who governs?）。換言之，在這股解構國家集權、解除政府管制運動的背後，在「消費者至上」和「績效導向」的氛圍中，模糊了「治理的主體性的重構」或是「未來誰來主導國家的治理方向？」等基本議題的重要性。[35]

---

[34] Asian Development Bank, *Sound Development Management*, pp. 12-13.

[35] 陳欽春，「治理的與言語轉折：系譜決觀點之剖析」，發表於銘傳大學2005 國際學術研討會，臺北：銘傳大學，2005 年 3 月 12 日，頁 1-3。

　　在傳統「統治」概念下，有一整套正式政府組織機構，政府擁有管理公共事務之權力，透過強制力管理公共事務，並承擔決策成敗責任。即使進入「後強勢國家」（post-strong state）的年代，學界將治理視爲集體利益的表達與追求，是以，國家仍是社會中無可取代的產物。[36] 包括中國大陸，其推動治理變革的目標是改變「全能主義」（totalism）國家，調整國家機構與功能。改革的核心是重新劃定國家與市場之間的邊界，一方面國家從具體的經濟活動中讓出空間，另一方面是把公司治理引入公共部門改革。只是學者認爲，如果忽略了不同國家發展過程的差異，將超越政府與市場制度的治理與善治運用在大陸，就可能出現三種解讀：一是以大陸已處於成熟的政府市場制度爲假設，對西方治理與善治制度進行移植；二是泛化作爲一種新的民主政治制度，將治理與善治制度的意含帶入一般的政治管理；三是解讀治理與善治制度時包含一種理想主義功能預設，將其視爲自主的制度格局，並由其來誘發自己需要的制度環境。[37] 由此觀之，中國大陸採取許多類似「治理」或「善治」的改革措施，如政府信息公開、社會主義法治、協商與聽證以及問責等，顯示出黨國從革命意識形態，向理性化與現代化管理的意識形態發展。[38] 這顯示「治理」不僅置於「政權建設」（state-building）中公共管理的變革，也成爲大陸政治發展的後設理論。但這不意味政府運作典範眞正轉變，主要原因在於「治理」或「善治」並未成爲國家唯一的公共管理典範。中共在改革規劃強調治理中的責任、參與和透明，主要是落在維繫共黨統治的邏輯中，其目標在強化「執政能力」，仍是鞏固黨國的角色。

---

[36] Pierre and Peters, *Governance, Politics and the State*, p. 13.

[37] 孔繁斌，「治理與善治制度移植：中國選擇的邏輯」，馬克思主義與現實（北京），第 2 期（2003 年），頁 61。

[38] Peter N. S. Lee, Carlos Wing-hung Lo and Yonghong Lu, eds., *Remaking China's Public Management* (London: Greenwood Publishing Group, 2001), p. 3.

二、治理與課責

　　前述從代理理論中，委託人與代理人間的控制問題，產生對課責機制的需求。課責反映在政治運作上，身為代理人的政府掌握了大量的資訊，與作為委託人的公民存在著資訊不對稱的問題，使得公民對政府的監督因資訊欠缺而弱化。[39] 因此，如何建立一套合理有效的責任體系，約束政府官員與公務員的行為，並透過透明與課責，降低公民對政府的不信任感，成了建立責任政府主題。

　　「課責」可界定為「對職權行使或職責履行結果提出解釋或辯護，並承擔相關責任」。簡言之，被課責者（accountability holdee）必須向課責者（accountability holder）提出說明並承擔責任，而課責者本身具監督與控管的義務，必要時採取懲處的手段。[40] 從功能和執行層面看，「課責」事實上包含回應性（answerability）與強制力（enforcement）這兩個重要概念。「回應性」除了指監管單位負責監督與控管之外，行為者必須針對作為提出解釋與辯護。「強制力」則指權威單位得懲罰行為者的錯誤，同時也連結監督責任，一旦監督不周導致錯誤，也要懲處監督不周之責。[41]

　　從公共行政角度，從最低層的公務員到最高層的官員，每一層級的成員皆有接受上級監督、課責的義務。更明確的說法，係指向高層權威（higher authority）負責，要求向某個權威來源解釋說

---

[39] 陳敦源著，*民主治理—公共行政與民主政治的制度性調和*（臺北：五南圖書，2009 年），頁 337-364。

[40] Will Artley, The Performance-based Management handbook: Establishing Accountability for Performance, Vol. 3(Sep. 2001), http://www.orau.gov/pbm/pbmhandbook/Volume%203.pdf.

[41] Andreas Schedler, Larry Diamond and Marc F. Plattner, eds., *The Self-Restraining State: Power and Accountability in New Democracies* (Boulder and London: Lynne Rienner, 1999), pp. 14-15.

明個人行動的過程。[42] 此種課責概念採取的是命令與控制的定義方式，透過官僚體系的層級關係，在指揮鏈（a chain of command）裡，上級與下級成員具有責任關係。另如表 2-1，依據 Dunn 的分類，一種是民主課責（democratic accountability）或政治課責（political accountability）的概念，所關注的是選任官（elected officials）意指民選官員，也包括政務官（the chief administrative officer）、事務官（non-elected officials）以及公眾（public）之間課責的對應關係。而民主課責的核心在於選舉制度、議會制度和話語權（言論自由權），這些都是以公共行政的影響及課責功能爲主要探討課題。另一種則是行政課責（administrative accountability），其關注是政務官、事務官和公眾三方之間課責關係的界定，及對行政治理的影響；在政務官與事務官的課責關係爲行政層級課責，政務官和公眾之間課責對應關係是行政課責。行政課責其目的是基

表 2-1　四種課責體系類型

		機關受控制的來源	
		內部	外部
機關行動受控制的程度	高	官僚課責（bureaucratic accountability）透過層級關係監督組織	法律課責（legal accountability）透過契約方式的委託—代理關係
	低	專業課責（professional accountability）專家本身與同儕間的監督	政治課責（political accountability）選民與民意代表的關係—回應性

資料來源：Barbara S. Romzek and Melvin J. Dubnick, "Accountability in the Public Sector: Lessons from the Challenger Tragedy," *Public Administration Review*, Vol. 47, No. 3(Jun. 1987), p. 229.

---

[42] Kevin P. Kearns, *Managing for Accountability: Preserving the Public Trust in Public and Nonprofit Organizations* (San Francisco: CA: Jossey-Bass, 1996), p. 7; Richard Mulgan, *Holding Power to Account: Acountability in Modern Democracies* (New York: Palgrave Macmillan, 2003), p. 555.

於行政官員在行政領域的重要地位與影響力，可決定某種行政結果，因此在行政管理過程中，公眾對於行政管理的績效與濫權的問題，可藉由這樣的課責關係造成改變。[43]

從前述可知，課責的結果主要是對失責行為進行懲罰，而課責的控制是由不同的主體完成，包括行政官員、議會、法庭、獨立審計機構、績效評估機構、議員、公眾、媒體、社會團體、政黨等多種課責關係、課責內容與實現機制所組成（圖 2-3）。上述每種問責類型在問責主體、內容、實現機制等方面各有其特點。在行政體系內的課責機制，如官僚與專業課責，課責效果是通過體系內部的強制性來實現，如各國普遍建立的公務員考核制度；而行政體系外的課責機制，體現的是公共責任的委託—代理關係，透過行政體系外的強制性措施，如審計和政府部門的績效評估制度等來實現，最終達到「善治」的目標。

對中國大陸而言，2003 年的 SARS（或稱「非典」）事件使黨政幹部問責制真正地登上政治舞臺。[44] 隨後，幾起特大傷亡事故觸發了所謂的「問責風暴」。如同年 12 月，中國石油天然氣集團公司總經理馬富才因重慶市開縣井噴引咎辭職；2004 年 2 月，密雲縣委副書記、密雲縣縣長張文因密虹公園的燈展事故引咎辭去縣長職務；同月，吉林市市長剛占標因中百商廈特大火災事故引咎辭職；2005 年 11 月，國家環境保護總局局長解振華因吉林石化公司雙苯廠爆炸事故引咎辭職。[45] 一直到 2008 年 9 月爆發三鹿毒奶粉事件，免去吳顯國石家莊市委書記，以及國家質檢總局長李長江引咎辭

---

[43] Delmer Dunn,"Accountability, Democratic Theory, and Higher Education," *Educational Policy*, Vol. 17, No. 1(Jan. 2003), pp. 60-79.

[44] 華清，「引咎辭職官員問責不再紙上談兵」，**中國改革報**，2006 年 1 月 9 日，版 4。

[45] 胡建淼，**領導人行政責任問題研究**（杭州：浙江大學出版社，2005 年），頁 260-270。

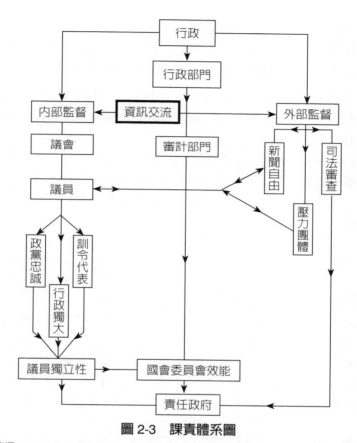

圖 2-3　課責體系圖

資料來源：Matthew Flinders, *The Politics of Accountability in the Modern State* (Burlington, Vt.: Ashgate, 2001), p. 22.

職；而山西潰礦事件，也造成山西省長孟學農與分管安全工作的副省長張建民引咎辭職。[46] 這也讓「問責」、「問責制」、「引咎辭職」

---

[46] 「國家質檢總局局長等辭職帶來問責制常態化的曙光」，新華網，2008 年 9 月 22 日，http://news.xinhuanet.com/politics/2008-09/22/content_10093296. htm。「襄汾潰壩事件究責 山西省長孟學農辭職」，星島環球網，2008 年 9 月 14 日，http://www.stnn.cc/china/200809/t20080914_863963.html。

等辭彙高頻率地閃現在官方媒體上，並顯示中央有意使問責制走向常態化與制度化的企圖。因此問責主體、問責程序、問責內容如何朝制度化發展，是觀察中國大陸政治發展的重要指標。

不過，如圖 2-4 所示，對中國大陸而言，黨國體系所強調「黨的領導」與「黨管幹部」，因此從法規內容與運作模式不難看出中央以紀檢和組織系統主導，無論是行政、立法、司法系統，以及媒體與社會團體，都在黨委與黨國的系統下，因此可能存在問責啟動管道單一化的的特徵，特別當黨國權力集中時，此特徵可能更為明顯。在本書第六章，將針對從胡錦濤到習近平時期的問責制發展進行分析。

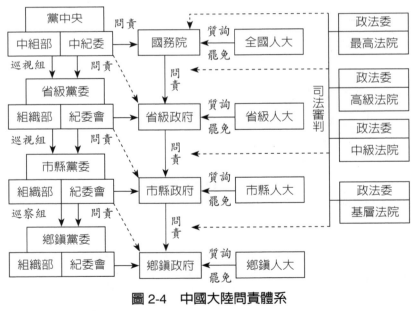

圖 2-4　中國大陸問責體系

資料來源：筆者自製。

參、運動式治理

「運動式」的改革源自中共革命時期的傳統，包括「土改」、「鎮反」無不是靠一個接一個的運動來推行。而要發起運動並能加以控制，需要強有力的組織系統，唯有共黨具有這種權力，它滲入到社會的各個組織機構中，由黨直接同群眾對話。當前中共的政治運動雖不如 50、60 年代，尚不會形成如楊大利教授所說的「代償式政治表忠心態」（politics of loyalty compensation）現象，使得下級官僚爭相以「比革命導師更革命」的姿態向中央表忠輸誠；[47] 反而比較像是確立某種標準，以樹立領導人的權威，並且迫使地方幹部必須保持與中央一致。政治動員與「運動式治理」雖有不同，但至少有兩個共同點：首先，它們都是由國家發動的，國家機構在動員和組織過程中扮演著核心角色；其次，都屬於「運動」（campaign），即在運作方式上具有明顯的非制度化、非常規化和非專業化特徵。

一、國家運動和運動式治理類型

從總體上看，國家運動總是間歇性發生，並從長期來說趨於消退。馮仕政教授考察 1949 年以來中共國家運動的發展歷史，可從基本取向、變革目標和動員範圍等三個維度對國家運動進行分類，從而釐清不同國家運動形態之間的區別和聯繫。

在基本取向上，可以概括為一個從生產性（productive）到規訓性（disciplinary）的連續體。生產性運動偏向於改造物質世界，包括改進生產技術和生產組織方式，目的是提高生產效率或產

---

[47] 楊大利，「從大躍進飢荒到農村改革」，二十一世紀（香港），第 48 期（1998 年 8 月），頁 4-12。

出，比如「大躍進」、「農業學大寨」等。規訓性運動偏向於改造人，包括人的行為、關係和思想，目的是進行政治規整（political alignment），即馴服社會成員，使其態度和行為與國家保持一致，比如「反右」、「社會主義教育」等。其次是變革目標，即特定國家運動所瞄準的改造物件，可以概括為一個從政權到社會的連續體。一些國家運動的改造物件僅限於政權系統內部的官員、部門或現象，比如「三反」和「四清」；而另一些國家運動則是針對社會中的某種結構、論調或文化傳統，比如「工商業社會主義改造」、「破四舊」、「清除精神污染」等。最後是動員範圍，即國家為推展運動而調用的人力資源，可以概括為一個所調用的人力資源僅限於國家官僚官僚到群眾的連續體，最終依據三個維度與六個取向可將國家運動分為八種基本類型如表 2-2。[48]

馮仕政認為，在改革以前，國家運動的總體趨勢是發生頻率很高，並且越來越激烈（即運動的規訓性越來越強，變革目標越來越大，動員範圍越來越廣），而改革以後，國家運動的總體趨勢是發生頻率顯著降低，並且趨於溫和。不過，國家透過運動進行社會改造，首先，在精神上，國家必須保持革命性，不能懈怠；其次，在行為上，國家必須保證社會改造的合法性（legitimacy），即改造的目標和手段應符合社會期待，以贏得社會認可與支持；同時國家也要有足夠的資源汲取和配置能力，以保證實現社會改造目標。[49]依此對照習近平接班後的運動，多集中在「官僚性政權規訓運動」（如「牢記使命、不忘初心」教育）到「官僚性社會規訓運動」（愛國主義、歷史教育）為主。搭配黨中央在國家層次強調「四個自信」，在黨建層次強調「反歷史虛無主義」，以保持革命性。在組織決策上藉由「頂層設計」與「小組政治」以強化中央的資源配置

---

[48] 馮仕政，「中國國家運動的形成與變異：基於政體的整體性解釋」，頁 73-75。

[49] 馮仕政，「中國國家運動的形成與變異：基於政體的整體性解釋」，頁 78-79。

表 2-2　中共國家運動的八種類型

序	名稱	基本取向	變革目標	動員範圍	說明
1	群眾性社會規訓運動	規訓	社會	群眾	如「破四舊」
2	官僚性社會規訓運動	規訓	社會	官僚	如「社會主義教育」
3	群眾性政權規訓運動	規訓	政權	群眾	如「雙百運動」
4	官僚性政權規訓運動	規訓	政權	官僚	如「三講」
5	群眾性社會生產運動	生產	社會	群眾	如「除四害」、「增產節約」
6	官僚性社會生產運動	生產	社會	官僚	如「三下鄉」、「送溫暖」
7	群眾性政權生產運動	生產	政權	群眾	如「全民招商」
8	官僚性政權生產運動	生產	政權	官僚	如「打黃打非專項行動」

資料來源：馮仕政，「中國國家運動的形成與變異：基於政體的整體性解釋」，**開放時代**，第 1 期（2011 年），頁 78-79。

能力，以實現「中國夢」與「社會主義現代化強國」之目標。

　　在運動式治理層面，主要涉及行動者在集體行動中尋找一致性的行動方案，以解決公共資源的不足，達成特定的治理目的，其中政治動員是運動式治理用來貫徹落實自上而下的政治意圖的途徑和管道。[50] 黃科教授認為，集體行動的規模、主體和行動方式差異，產生對運動式治理的不同認知。對運動式治理而言，集體行動的一致性不僅僅要理解指導行為的意識，而且還要理解影響行動者行為的多種因素。因而在「目標取向」的視角下，行動者的選擇就框定在「意識」和「行為」的規訓之中。「意識」主要是指人們對行為、

---

[50] 黃科，「運動式治理：基於國內研究文獻的述評」，**中國行政管理**，第 340 期（2013 年 10 月），頁 108；周雪光，「權威體制與有效治理」，頁 67-68。

關係和思想的認識程度；而「行為」則是指人們或機構的行為選擇和相互關係，以及約束行為和關係的規範、規則等因素。根據這一分類框架可形成二維座標圖，代表運動式治理的四種不同類型和運作形態（表 2-3、圖 2-5）。[51]

表 2-3　中共運動式治理的四種類型

名稱	內容
政治意識性運動式治理	以政治教育形式，以國家、社會進行思想改造為導向，如「社會主義改造」。
政治行為性運動式治理	以政治行動形式，以統一政治行為、協調政治關係為導向，如「政治表態」。
行政意識性運動式治理	以組織學習的形式，以加強組織的思想建設、作風建設為目的，如「糾正行業不正之風」。
行政行為性運動式治理	以行政控制的形式，以打破行政組織內部的制度、專業、技術壁壘為導向，如「運動式執法」。

資料來源：黃科，「運動式治理：基於國內研究文獻的述評」，**中國行政管理**，第 340 期（2013 年 10 月），頁 108。

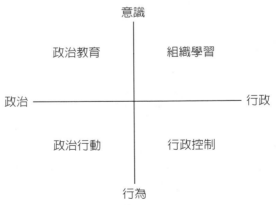

圖 2-5　中國運動式治理類型

資料來源：黃科，「運動式治理：基於國內研究文獻的述評」，**中國行政管理**，第 340 期（2013 年 10 月），頁 108。

---

[51] 黃科，「運動式治理：基於國內研究文獻的述評」，頁 107-108。

依據上述分類，黃科認為可以建構出以下運動式治理成因之分析：[52]

（一）官僚政治意識：嚴密的意識形態理論和政治教化功能，能夠產生強大的動員能力。國家意志不斷地傳達給官僚，要求其展示政治忠誠，鞏固自上而下的行政層級關係，保證政體的穩定性。並利用這種能力來防止行政機構出現的「官僚主義的制度化」。

（二）官僚行政意識：運動式治理因迎合了官僚權力意識而受到追捧，在現有的晉升錦標賽機制中，為官員升遷謀取了豐厚政績；另一方面，治理過程中的絕對領導權也滿足了官員的權力意識。

（三）官僚行政行為：指行政體制自上而下的確定性和自下而上的靈活性的矛盾關係，在面對跨域性、複雜性公共治理問題時更顯突出。在此背景下，自上而下的運動式治理機制不斷靈活規範中央─地方關係的邊界，透過運動式「糾偏」，協調引導官僚行為，使現有體制在不斷調節與波動中運作。

二、決策模式

運動式治理體現在決策層面，傳統極權主義典範在中共決策研究上，形成所謂「命令模式」（command model）：黨中央被視為高度整合、理念一致，具有一元化與由上而下的支配等特徵。[53]

---

52 黃科，「運動式治理：基於國內研究文獻的述評」，頁 109-110。

53 Murry Scot Tanner, *The Politics of Lawmaking in Post-Mao China: Institutions, Processes and Democratic Prospects* (Oxford: Clarendon Press, 1999), pp. 15-

不過，「文革」改變了學界對中共高度整合與穩定的認知，動搖了「命令模式」的解釋能力。而後毛時期的中共，歷經意識形態、經濟與社會的變化，也提供漢學家思考其他決策模型的適用性，包括「理性模式」、「派系模式」、「世代模式」與「官僚模式」等途徑，研究的焦點也由「穩定」轉爲「變遷」。[54] 如李侃如（Kenneth Lieberthal）與歐邁可（Michel Oksenberg）所代表的「官僚政治模式」，認爲中共權力領導人常代表本身所掌管的官僚系統發言，機構利益也影響其決策立場，因此中共政治菁英間的政策歧見或權力衝突，也反映出各官僚系統間的利益衝突，亦可稱之「碎裂式威權」（fragmented authoritarianism）模式。[55]

　　「官僚利益」或「碎裂式威權」的論點固然能體現出市場改革

16; Kevin J. O'Brien, *Reform Without Liberalization: China's National People's Congress and the Politics of Institutional Change* (New York: Cambridge University Press, 1990), pp. 29-60; Andrew Nathan, *Chinese Democracy* (New York: Alfred A. Knopf, 1985), Ch. 10.

[54] Andrew Nathan, "A Factionalism Model for CCP Politics," *The China Quarterly*, No. 53(Jan. 1973), pp. 34-66; Andrew Nathan, "An Analysis of Factionalism of Chinese Communist Party Politics," in Frank P. Belloni and Dennis C. Beller, eds., *Faction Politics: Political Parties and Factionalism in Comparative Perspective* (Santa Barbara, California: ABC-CLIO, 1978), pp. 387-414; Lucian W. Pye, *The Dynamics of Chinese Politics* (Cambridge, Mass.: Oelgeschalager, Gun & Hain, 1981); Chen Li, *China' Leaders: The New Generation* (Lanham, Maryland: Rowman & Littlefield Publishers, 2001); Michael Yahuda, "Political Generations in China," *The China Quarterly*, No. 80(Dec. 1979), pp. 793-805; Michel Oksenberg, "Economic Policy-Making in China: Summer 1981," *The China Quarterly*, No. 90(Jun. 1982), pp. 165-194.

[55] Kenneth Lieberthal and Michel Oksenberg, *Policy Making in China: Leaders, Structures, and Processes* (Princeton, New Jersey: Princeton University Press, 1988), pp. 17-18; 另請參考 David M. Lampton, "A Plum for a Peach: Bargaining, Interest, and Bureaucratic Politics in China," in Kenneth Lieberthal and David Lampton, eds., *Bureaucracy, Politics, and Decision Making in Post-Mao China* (Berkeley: University of California Press, 1992), pp. 33-58.

後，地方與部門的自主性與議價能力提高，但批評者也認爲此模式也低估了中央的權威，與黨政部門間的上下從屬關係，而「命令模式」則難免誇大元老的涉入，控制冗長而詳盡的政策制定過程。[56]對此，趙建民教授也提出「情境決策」模式（situation model），依據黨政與議題分工與涉及層級高低，決定了決策的位階與地方議價空間。[57] 比如趙建民與蔡文軒教授，比較「三峽大壩」與「青藏鐵路」兩個案決策，分別涉及「部門利益」與「黨國利益」時，當中的經濟需求與政治考量差異影響決策彈性，而前述「碎裂式威權」模式，僅能解釋無涉「黨國利益」的決策。也因「部門利益」與「黨國利益」並非等值，前者屬短期、專業與部委個別利益；後者則爲長期與整體利益，兩者的利益位階差異，顯示出中共決策存在「受限的雙元利益」本質。[58]

此外，Kjeld Brødsgaard 則提出「整合碎片化」（integrated fragmentation）概念，其背景如前述意識形態「解咒」與改革，導致社會異質性與社會流動加速；加上從權力維繫（power persistence）的觀點，中共黨政菁英將政治影響力與網絡帶入市場

---

[56] Kenneth Lieberthal and David Lampton, eds., *Bureaucracy, Politics, and Decision Making in Post-Mao China* (Berkeley: University of California Press, 1992), pp. 7-22; Carol L. Hamrin and Suisheng Zhao, "Introduction: Core Issues in Understanding the Decision Process," in Carol L. Hamrin and Suisheng Zhao, eds., *Decision-making in Deng's China: Perspectives from Insiders* (Armonk, NY: M. E. Sharpe, 1995), pp. xxxvii-xiiv; Jiaqi Yan, "The Nature of Chinese Authoritarianism," in Hamrin and Zhao, eds., *Decision-making in Deng's China: Perspectives from Insiders*, p. xxx; 劉平鄰，「美國學者對中共政治的研究」，載於何思因、吳玉山主編，邁入廿一世紀的政治學（臺北：中國政治學會，民國 89 年），頁 514。

[57] 趙建民，中國決策：領導人、結構、機制、過程（臺北：五南圖書，2014），頁 26-30。

[58] 趙建民、蔡文軒，「『黨管一切』或是『部門利益』：以三峽大壩與青藏鐵路的決策爲例」，中國大陸研究，第 53 卷第 2 期（2010 年 6 月），頁 39-71。

經濟與二線政治運作。[59] 使得一方面經濟改革深化，讓財經與國企系統官僚有更強的自主性；另一方面，中共既有的黨管幹部制度，如黨中央管理的「幹部派用體系」（nomenklatura），和幹部晉升階梯，讓中央仍能有效控管來自這些幹部的抵制，避免體制瓦解。相較於胡錦濤時期的發展目標，面臨派系與地方幹部的阻撓，習近平的集權與反腐兩者間可能是互賴與互補的。[60] 比如 Yueduan Wang 和 Sijie Hou 就提到，當前為緩解中央地方間因政治動員導致的集權─分權循環，中央透過預算管理（財政）、紀檢與司法獨立性與「幹部派用體系」，強化中央對官僚體系的控制，以達到減少政治動員的目標。[61]

　　如表 2-4 所示，德國學者韓博天（Sebastian Heilmann）針對中共的決策模式與特徵提出有趣的觀點。認為中共在革命期間取得勝利的游擊式政策風格被傳承下來，包含一系列兼具主動初級和迂迴的策略，以應對突如其來的變化和不確定性。1980 年代以來朝「規制型」治理（regularizing governance）一直是中央的核心目標。但

---

[59] Yanjie Bian and John R. Logan, "Market Transition and the Persistence of Power: The Changing Stratification System in Urban China," *American Sociological Review*, Vol. 61, No. 5(Oct. 1996), pp. 739-758; Tony Saich, "Negotiating the State: The Development of Social Organizations in China," *The China Quarterly*, No. 161(Mar. 2000), pp. 124-141; Jonathan Unger, "'Bridges': Private Business, the Chinese Government and the Rise of New Association," *The China Quarterly*, No. 147(Sep. 1996), pp. 795-819; 張執中，中共黨國邊界的設定與延伸：歷史制度論的觀點（臺北：韋伯出版社，2008 年），頁 119-151。

[60] Kjeld Erik Brødsgaard, "'Fragmented Authoritarianism' or 'Integrated Fragmentation'?" in Kjeld Erik Brødsgaard, ed., *Chinese Politics as Fragmented Authoritarianism: Earthquakes, Energy and Environment* (New York: Routledge, 2017), pp. 38-55.

[61] Yueduan Wang and Sijie Hou, "Breaking the Cycle? China's Attempt to Institutionalize Center-Local Relations," *Journal of Contemporary China*, Published online (Jan. 2022), https://www.tandfonline.com/doi/abs/10.1080/10670564.2022.2030996?journalCode=cjcc20.

表2-4　中共「常規」與「危機」決策模式

常規模式	危機模式
中央確定路線方針與政策目標	中央統一決策，層級節制
政府部門協商相關規範	強調危機意識與統一思想
地方依據規範先試先行	突顯核心地位與路線旗幟
中央較少干預	強化紀律與安全
	政治與社會動員
	執行成效取決於黨內態度一致或分裂

資料來源：引自 Sebastian Heilmann, *China's Political System*（KINDLE Reader version, 2017), retrieved from http://read.amazon.com.

是在特殊時刻或處理關鍵問題時，傳統的和改進的游擊手段仍發揮重大作用。[62] 他舉例當被視爲「實用主義」、「溫和」、「改革派」的領導人突然會採取極端的措施，可以把中國政策過程區分爲「常規」（normal）模式與「危機」（crisis）模式。常規決策（politics as usual）通常需要各方長時間協商，但一旦出現威脅穩定的特殊狀況，包括國安問題，如六四事件、法輪功事件；公安事件，如SARS疫情；外交與軍事威脅，如南斯拉夫大使館事件；自然災害，如汶川地震；經濟動盪，如90年代通貨膨脹；外部衝擊，如金融風暴以及黨建危機，如反腐敗等。則決策轉爲危機模式，必須統一思想與步調，由中央決策並下達指令。[63] 依此觀察可以發現，在習近平時期，無論是透過「小組政治」集中決策權力、強調統一思想與全國一盤棋，以及常態性的整風與巡視，更多體現在「危機

---

[62] 韓博天著，石磊譯，紅天鵝：中國非常規決策過程（香港：中文大學出版社，2018年），頁15-23。

[63] Sebastian Heilmann, *China's Political System*（KINDLE Reader version, 2017), Retrieved from http://read.amazon.com; 韓博天著，石磊譯，紅天鵝，頁170-173。

模式」，強化中央的控制能力，也導致前述官僚政治與行政意識的轉變。

肆、文件政治

　　會議和文件制度是中共政治運作不可或缺的組成部分，可以視為中央政府，尤其是中共自上而下指令性統治的主要意志表達。文件作為政治溝通的基本通道，不僅傳遞資訊、發布指令，它還具有統治與執行的功能。加上中共政權是一種高度動員型的體制，會議是政治動員的重要手段；而會議的結果大多是以文件的形式表現出來，地方也經由會議的方式，讓文件得以自上而下的傳達，故有「文山會海」之說。[64]

　　從功能主義角度來看，制度再生產（reproduction）的主要依據，就在其鑲嵌的大環境所具有的功能性（如整合、調適、生存）。制度為系統提供某些功能，促成制度的擴展並強化履行能力，導致制度進一步的鞏固。[65] 重點在於，這些制度如何運作？有何成效？吳國光教授曾以他親自參與的案例，針對「文件政治」提

---

[64] Guoguang Wu, "'Documentary Politics': Hypotheses, Process, and Case Studies," in Carol L. Hamrin and Suisheng Zhao, eds, *Decision-Making in Deng's China: Perspectives from Insiders* (New York: M. E. Sharpe, 1995), pp. 24-38；謝岳，「文件制度：政治溝通的過程與功能」，**上海交通大學學報**，第 15 卷第 6 期（2007 年 11 月），頁 15-23。

[65] 請參考 Talcott Parsons, *Societies: Evolutionary and Comparative Perspectives* (Englewood Cliffs.: Prentice Hall, 1966); Gabriel A. Almond and G. Bingham Powell Jr., *Comparative Politics: System, Process and Policy* (Boston: Little Brown, 1978); Francesca M. Cancian, "Varieties of Functional Analysis," in David L. Sills, ed., *International Encyclopedia of the Social Sciences* (New York: MacMillan, 1968), p. 30.

出五個假設：[66]

假設一：「文件政治」在政治光譜的位置，恰好居於民主與獨裁兩者之間，由少數人組成的最高領導階層治理國家。

假設二：高層領導按民主集中制形成共識，將個人偏好正式化，通過形成文件以獲取意識形態合法性。

假設三：文件的形成是高層決策過程的核心部分。

假設四：文件形成包含創議（initiation）、選擇起草者（drafter selection）、自上而下的指示（top-down directives）、調研與起草（research and drafting）、修改（revision）、批准（approval）與發布（dissemination）七個環節。

假設五：通過這七個環節形成的文件在中國政治中享有象徵（symbolically）和行政（administratively）兩個層面的權威性。

綜合上述假設，以下僅從集體領導的合法性、意識形態與政治動員等面向來探討文件的功能。

一、集體領導與合法性

中共「黨和國家領導體制」乃依據「民主集中制」所衍生的黨委制、代表大會制等制度規範，以實現參與與集體領導之決策模式。因此「核心」的概念緊密地和不同世代的領導集體相連接，以配合權威領袖間的平衡需求，避免毛時期一人領導的情況再次出現。即使強調「核心」的決策角色，仍須將個人意志轉換為集體意志才能獲得正當性，「文件」正是集體領導的一個象徵。草擬文件

就包含了共識建立與合法性建立之過程，並且也是權威領導人個人偏好正式化的過程。

前述文件所具有象徵性權威是指下級自覺必須認同與服從的，行政性權威是指實際操作的路線方針。因為在程序上，文件是要通過領導集體共同討論、反覆修改形成，除了象徵統治集團的集體意志，也表明了集體共識的存在。在這個意義上，文件制定的過程是政治領導合法化的過程，也是權威自我合法化過程。透過文件，集體領導結合組織性權威，針對特定情勢提供態度與立場。可以象徵性地反映出領導人的一致意見、特殊情形下的「個人意識」以及官方認可的政策成果。[67] 因此，無論是「薄熙來案」（簡稱「薄案」）或「周永康案」（簡稱「周案」），皆以「中共中央決定」，對外顯示以胡錦濤或習近平為總書記的黨中央高度團結。

二、政治文件與意識形態

通常「文件」通常都能履行表達政治原則、指導日常行政以及提供訊息等功能。但仍能依據前述性質分出不同次領域，即政治文件（political）、行政（administrative）文件和訊息（information）文件。其中政治文件有兩個特點：第一，它處理的是政治原則或政治生活中的重要議題；第二，它為政府行政確立基本的指導路線或方針，因此地位最高，也是「行政文件」的執行依據。[68]

對後極權威權政體而言，官方意識形態除提供政權合法性，也作為政治判斷與決策判準的基本價值體系。而「文件」除象徵領導集體的意志與共識，也可作為抽象的意識形態與日常政治操作的橋

---

[67] Wu, "'Documentary Politics'," pp. 29-30；施從美、王小琴，「『文件政治』研究的方法初探」，雲南行政學院學報，第 4 期（2008 年 8 月），頁 43-46。

[68] Wu, "'Documentary Politics'," pp. 25-27.

樑，將「純粹」意識形態轉換「實踐」意識形態，形成特定議題與官方認可的政策產出，如「三個代表」、「和諧社會」、「一個中心、兩個基本點」等。[69]同樣在「薄案」或「周案」時，中央強調「黨的基本路線」或「黨的紀律」。因此，文件制度除了可以分析中共民主集中制的運作，也具有把抽象的意識形態與日常的政治行為聯繫起來的功能。

三、會議與政治動員

當代中共動員政治的特點，集中體現在會議制度上。動員會議通常情況下都是以價值訴求發動黨員群眾參與其中，這種價值訴求一般有三大內容：一是政治鬥爭（如廬山會議）；二是意識形態；三是民族主義。為建立中央對地方的有效控制，除了在授權、財政與人事控制外，會議的控制也是一個重要手段，使中央在技術上主導地方，讓地方更好地執行中央指令。[70]

中共以意識形態為訴求的會議十分常見，廣義來說，中共歷屆代表大會都是一次以意識形態為價值訴求的政治動員，大會都是以意識形態為主題、強調正統意識形態的重要與合理性，或者重新論證和闡述意識形態。因此透過會議與文件動員，除為了獲得合法性之外；另一方面則是通過意識形態的表達能夠在發展戰略上，在全黨和全民之間達成共識。特別是在發展道路和發展戰略上出現分歧或者意識形態需要進行重新闡釋時，以意識形態為價值訴求的動員會議召開的頻率要比其他時間高許多。[71]

---

[69] Schurmann, *Ideology and Organization in Communist China*, pp. 18-23.

[70] 謝岳，當代中國政治溝通（上海：上海人民出版社，2006 年），頁 102。

[71] 謝岳，當代中國政治溝通，頁 105；Townsend 曾將意識形態動員概括為社會主義經濟發展戰略、集體化和中央集中計劃等內容。請參考 James R. Townsend and Brantly Womack, *Politics in China* (Boston: Little, Brown, 1986),

　　舉例來說，中共在建政初期，群眾運動或政治動員集中解決以下幾個方面的問題：完成現行政策、學習先進經驗、新政策的介紹和宣傳、糾正工作中的重大偏差、糾正領導幹部的錯誤、清除黨內反對派、培養具有集體主義精神和社會主義建設支持力量。[72] 而在改革開放後，如胡錦濤接班初期透過「保先」運動逐步建構個人的政治路線，到了「十七大」便讓「科學發展觀」進入黨章；在「十七大」後，面對中央地方步調不一致，明顯偏離「和諧社會」的目標，迫使胡錦濤在 2008 年在全黨分批開展深入學習實踐「科學發展觀」活動。[73]

　　學者認為，會議制度的動員能力需要藉助兩大基本動力：一是政治領袖；二是政治事件。政治領袖不僅決定會議的議題，而且還控制會議的議程。政治事件所觸及的問題經常是會議動員的主題，如「高饒事件」後，1954 年 2 月，中共七屆四中全會在北京召開，重要議題就是動員全黨堅決反對「高、饒集團」分裂黨的行為。劉少奇在報告中指出：「只要黨內出現了個人主義的驕傲的人們，只要這種人的個人主義情緒不受到黨的堅決的制止，他們就會一步一步地在黨內計較地位，爭權奪利，拉拉扯扯，發展小集團的活動，直至走上幫助敵人來破壞黨分裂黨的罪惡道路。因此，中央政治局認為自己有絕對的責任，哪怕只是發現了這種狀況的萌芽，就必須敲起警鐘，動員全黨來克服這種危險，並要求犯有這種錯誤的同志迅速徹底改正自己的錯誤；而如果等閒視之，任其蔓延滋長，就是對黨和人民的犯罪。」[74] 政治事件如「薄案」與「周案」

p. 136.

72　Gordon A. Bennett, *Yundong: mass campaigns in Chinese communist leadership* (Berkeley: University of California, 1976), pp. 47-67.

73　胡錦濤，「努力把貫徹落實科學發展觀提高到新水準」，求是，第 1 期 （2009 年 1 月）。

74　請參考劉少奇，「為增強黨的團結而鬥爭」，劉少奇選集，下卷（北京：人

之所以觸發會議動員，主要原因在於政治事件所產生的政治壓力如果通過常規會議是難以應付的，所以需要在黨內和黨外進行動員來化解危機。[75]

在會議形式方面，歐邁可曾指出中國大陸除法定正式會議外，中共的會議主要有工作會議、傳達會議、電話會議、座談會、碰頭會、經驗交流會等，其中工作會議是中央貫徹任務的主要形式。[76] 在政治事件之外，會議、報告、文件和批示常是黨政機關進行政治溝通的重要方式。中央要推進任何一項重要工作，一般都需要經過傳達、試點、計畫、組織、指揮、協調、總結這七大工作環節，構成完整一次遞進的步驟。在傳達的過程，主要是將中央的決策性指示按組織渠道，在一定的範圍內，進行宣傳與布置。包括把決策性指示傳輸給決策實施機關；和把決策的基本精神、原則告訴參與實施決策的一般幹部群眾兩種情況。前者稱為「部署」、後者稱為「宣傳」。比如重大決策確定之後，黨政系統要共同或分別以「傳達」（指「宣傳」）的形式，將決策公之於眾，用以「統一思想」、「統一行動」和「發動群眾」。這個過程的基本套路是由高級幹部到一般幹部，先黨內後黨外，最後通過新聞媒介和其他手段廣泛宣傳與動員（圖 2-6）。[77] 基於傳媒在中國大陸常以准政府部門的姿態出現，因此具有特殊意識形態意義的概念和用語，時常作為傳媒的獨立語言系統，為講這些話的人提供一個統一的聯繫機制，也同時把不講這些話的或不相干的概念排除在外。媒體在貫徹政治和行政指令時，主要運用新聞報導、社論、專題專欄報導等形

民出版社，1985 年），頁 127。

[75] 謝岳，當代中國政治溝通，頁 105-106。

[76] 請參考 Michel Oksenberg, "Methods of Communication within the Chinese Bureaucracy," *The China Quarterly*, No. 57(Mar. 1974), pp. 1-39.

[77] 朱光磊，當代中國政府過程（天津：天津人民出版社，2006 年），頁 180-182。

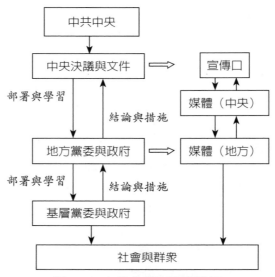

圖2-6　中共會議文件與動員

資料來源：筆者自製。

式，在媒體最顯著的位置加以報導，貫徹執行來自上級和本及政府機構的行政指令。[78]

綜合上述，「文件政治」可以說明中共統治的本質及運作模式。而「文件」在中國通常討論的是政治原理問題，它在政治生活中具有重要的儀式性角色，除指導行政事務，並且提供領導集體獲取共識、妥協與強化合法性。由於「文件」的權威結構與黨政機構的權威結構的一致和對應性，藉由文件一級級傳達，用以控制地方各級與社會，因此具有統治、指令、執行、傳遞和轉換五大基本功能。[79]如圖2-6所示，對地方與基層來說，對中央文件的傳達與學

---

[78] Townsend and Womack, *Politics in China*, pp. 199-200；謝岳，*當代中國政治溝通*，頁 154-155。

[79] 謝岳，「文件制度：政治溝通的過程與功能」，頁 16-19。

習，是地方與基層政治生活的一個重要內容。文件傳達不同於輿論宣傳的明顯之處在於文件傳達之後，要組織黨員幹部或群眾進行討論，同時要制訂出「貫徹執行的措施」，因此文件本身是一種帶有強制性的指令。[80] 中央以黨政系統與大眾傳媒作為訊息傳達的主通道，大眾傳媒進行鼓動宣傳，掌握社會輿論，從而使中央的決策和政策執行得到公眾的理解、認同與支持，或為某項重大政策的出臺製造一定的輿論氣氛。這使得大眾傳媒的輿論宣傳與中央的政策走向，保持較高度的一致性。[81] 也因此傳媒宣傳導向的變化往往可能是中央決策的反映，也可能預示某一重大政策的醞釀和出臺，在本書第四章將有更進一步分析。

---

[80] 施從美，「當代中國文件制度的結構與功能解析」，江海學刊（南京），第 1 期（2010 年 1 月），頁 134。

[81] 胡偉，政府過程（杭州：浙江人民出版社，1998 年），頁 216-217。

第三章
習近平對黨的組織與路線改造

　　習近平在中共「十八」的接班過程，可以用「一步到位、過渡班子」來形容。胡錦濤的「裸退」讓習近平順利地在黨和軍隊全面接班，但新任政治局常委與中央軍委會，因年齡即將到頂，因此過渡性質濃，加上習必須承接胡錦濤時期的遺產，引發外界對「新」領導班子的改革動力與持續性的質疑，甚至有媒體以「中國最弱勢的領袖」形容習近平。[1] 主要原因在中共的「集體領導」與「核心」之間，本來就是存在一個結構性的矛盾，而其中的要害就在於「核心」的掌控能力。如鄒讜所指出，爲了掩蓋黨內分歧，派系的存在通常被公開否認，直至最後的較量產生一定結果爲止；甚至有時仍不公開承認派系存在，只不斷重申「與黨中央保持一致」的訓誡，這一原則是黨內高度權力集中所需要的。[2] 但是在中共最高領導層內部，本來就不可能意見一致，這種分歧與矛盾只會發展，不會消失，權力領導人間常代表本身所掌管的官僚系統發言。[3] 若觀察鄧小平晚年竭盡所能強化「江核心」的地位，使江澤民成爲黨、政、軍最高領導人的權力中心，並且透過黨的會議強調維護、服從以江澤民爲核心的中央領導權威，這種固權的設計，反而說明了後鄧時期中共權力結構所可能面臨的不穩定。[4] 也就是在後強人時期，「集

---

[1] 日本產經新聞中國總局特派員矢板明夫，認爲習近平是靠著父親光環，及各方勢力折衝妥協才接上大位，他的權力基礎是中共歷任最高領導人中最弱的一個。請參考矢板明夫，習近平：**共產中國最弱勢的領袖**（臺北：天下雜誌，2012 年）。

[2] 鄒讜，**二十世紀中國政治**（香港：牛津大學出版社，1994 年），頁 174-175。

[3] Kenneth Lieberthal and Michel Oksenberg, *Policy Making in China: Leaders, Structures, and Processes* (Princeton, New Jersey: Princeton University Press, 1988), pp. 17-18.

[4] William H. Overbolt, "China after Deng," *Foreign Affairs*, Vol. 75, Iss. 3(May/Jun. 1996), pp. 63-78；「中共中央關於加強黨的建設幾個重大問題的決定」，載於中共中央文獻室編，**十一屆三中全會以來黨的歷次全國代表大會中央全會重要文件選編**（下）（北京：中共中央文獻出版社，1997 年），頁 303-325；吳國光，**逐鹿十五大：中國權力棋局**（臺北：遠景出版社，1997 年），頁 17。

「體」可能構成對「核心」的最大威脅。更進一步說，來自前任核心集體的「威脅」。這樣的威脅主要來自前任核心與派系在黨政軍人事權的掌控，包括中央委員會、中央政治局與中央軍委與中紀委等「遴選團體」，符合本書首章提到傅士卓（Joseph Fewsmith）所說「高層權力鞏固」的問題。

再者，集體領導可能強化派系與部門利益的角色，而這些非正式的組織運作具有模糊性，使黨中央在界定與執行任務時，出現特定成員服從組織整體利益的能力逐漸下降的現象。就如首章提到代理困境時，胡錦濤公開指責「幹部對關係群眾生命安全的重大問題麻木不仁」，並在 2011 年「七一講話」中透露中央對於維繫合法性產生的危機感。[5]因此，習近平接班後要推動新的路線，自然必須面對並處理集體領導的決策模式。

壹、頂層設計與小組政治

學者認為，核心權力的鞏固，必須包含幾個要件一、不同政治勢力間的權力平衡；二、軍隊的支持；三、培植權力網絡；四、對前期政治遺產的繼承，以及個人政治路線的建構。[6]習近平接班以來，以整風為起點，從提出「新八項」整風、推動反腐清洗派系，而在高層決策模式最大的改變就是組建「頂層設計」，藉由「小組政治」的操作與小組組長角色，使習近平在黨政軍的權力更為集中；其中正副組長的設置，使習得以掌控會議的議程與主題，並與常委間形成上下關係，實質上成為總書記負責制，該模式延續至

5　胡錦濤，「努力把貫徹落實科學發展觀提高到新水準」，求是（北京），第 1 期（2009 年）。

6　吳國光，逐鹿十五大，頁 17。

「十九大」，除轉化成委員會，並且寫入 2020 年 9 月通過的《中國共產黨中央委員會工作條例》，成爲既定模式。

一、「十八大」以來的小組政治

中共在 2011 年「十二五」規劃中，首次提出「頂層設計」這個術語。當時的表述是「重視改革頂層設計和總體規劃」，意味中國大陸「由上而下」的改革過程中，中央有責任明確目標，著重層級間的銜接並轉化爲基層動力。[7]「十八屆三中全會」，通過《中共中央關於全面深化改革若干重大問題的決定》，並且規劃未來改革的「頂層設計」，即「國家安全委員會」（簡稱「國安委」）和「深化改革領導小組」（簡稱「深改組」）的設立。[8]「國安委」由習近平任主席、李克強與張德江擔任副主席；而「深改組」則由習近平擔任組長，李克強、劉雲山與張高麗任副組長。剩下俞正聲與王岐山，七常委間形成「安全」、「改革」、「統戰」與「紀檢」的分工，可視爲習接班後的四個主要工作。除此之外，習近平還擔任「中央網絡安全與信息化領導小組」、「中央軍委深化國防和軍隊改革領導小組」，以及「中央財經領導小組」等組長（表3-1）。重要的是，「國安委」與「深改組」主導中國大陸「發展與穩定」的關係，使

7　請參考「中華人民共和國國民經濟和社會發展第十二個五年規劃綱要」，新華網，2011 年 3 月 16 日，http://news.xinhuanet.com/politics/2011-03/16/c_121193916.htm。

8　相關文件請參考「中國共產黨第十八屆中央委員會第三次全體會議公報」，新華網，2013 年 11 月 12 日，http://news.xinhuanet.com/politics/2013-11/12/c_118113455.htm；「中共中央關於全面深化改革若干重大問題的決定」，新華網，2013 年 11 月 15 日，http://news.xinhuanet.com/politics/2013-11/15/c_118164235.htm；習近平，「關於《中共中央關於全面深化改革若干重大問題的決定》的說明」，新華網，2013 年 11 月 15 日，http://news.xinhuanet.com/politics/2013-11/15/c_118164294.htm。

習近平不僅僅是中共領導集體的「班長」而已。

表 3-1　「十八大」以來習近平主持的領導小組

小組	組長／主席	辦公室名稱	辦公室部門	成立時間
中央全面深化改革領導小組	習近平	中央深改辦	中央政策研究室	2014
中央國家安全委員會	習近平	中央國安辦	中直機構	2014
中央網路安全與資訊化領導小組	習近平	中央網信辦／國家網信辦	中直機構	2014
中央軍民融合發展委員會	習近平	中央軍民融合發展委員會辦公室	中直機構	2017
中央軍委深化國防和軍隊改革領導小組	習近平	中央軍委深化國防和軍隊改革領導小組辦公室	中央軍委直屬機構	2014
中央軍委聯合作戰指揮部總指揮	習近平	中央軍委聯合作戰指揮中心	中央軍事委員會聯合參謀部	2016

資料來源：修改自蔡文軒，「中共新設高層領導小組及委員會觀察」，**大陸與兩岸情勢簡報**（陸委會），2017 年 2 月，http://ws.mac.gov.tw/001/Upload/OldFile/public/Attachment/731017361675.pdf。

　　再者，小組組長的設立不僅只是領導集體的排序，更能藉會議掌控各級黨委議題主導權，大陸學者就以「拍板」或「總結」稱之。[9] 以「中央財經領導小組」爲例，改革開放以來，最高行政機關國務院負責具體的經濟工作，中央財經領導小組則「隱居幕後」。黨中央對經濟工作的領導，每年常規出現在 7 月的中央政治局會議和年底的中央經濟工作會議。隨著國務院常務會議制度的落實，2003 年之後，國務院在經濟事務上更爲頻繁地發揮作用。不

9　訪談中國社科院政治所研究員，2019 年 8 月 23 日。

過，2014 年 6 月，新華社發布總書記習近平以中央財經領導小組組長身分主持召開了該小組第六次會議，並且報導國務院總理李克強、副總理張高麗分別以小組副組長、成員身分參加，並將此舉視為「黨管經濟」的具體要求和體現。[10] 另如表 3-2，以 2017 年的「深改組」會議為例，筆者整理該年「深改組」議題，主要討論黨中央、國務院與各省提出的方案與報告，使習近平能夠掌控全局發展。

表 3-2　2017 上半年以「深改組」會議主題

日期	屆次	主題	通過決議
2017/2/6	32	黨政主要負責同志要親力親為抓改革撲下身子抓落實	《新時期產業工人隊伍建設改革方案》
			《關於加強黨對地方外事工作領導體制改革的實施意見》
			《關於改革駐外機構領導機制、管理體制和監督機制的實施意見》
			《關於改革對外工作隊伍建設的實施意見》
			《關於改革援外工作的實施意見》
			《關於社會智庫健康發展的若干意見》
			《國家科技決策諮詢制度建設方案》
			《關於推進公共資訊資源開放的若干意見》
			《按流域設置環境監管和行政執法機構試點方案》
			《外國人永久居留證件便利化改革方案》
			《關於深化中央主要新聞單位採編播管崗位人事管理制度改革的試行意見》
			《關於實行國家機關「誰執法誰普法」普法責任制的意見》

---

[10] 「政治局常委的小組職務」，人民網，2014 年 6 月 23 日，http://cpc.people.com.cn/BIG5/n/2014/0623/c64387-25184008.html。

表 3-2　2017 上半年以「深改組」會議主題（續）

日期	屆次	主題	通過決議
			《關於全國總工會改革試點工作總結報告》
			《上海市委全面深化改革領導小組關於群團改革試點工作總結的報告》
			《重慶市委全面深化改革領導小組關於群團改革試點工作總結的報告》
2017/3/24	33	實事求是求真務實把準方向善始善終善作善成抓實工作	《全面深化中國（上海）自由貿易試驗區改革開放方案》
			《關於深化科技獎勵制度改革的方案》
2017/4/18	34	拓展改革督察工作廣度深度提高發現問題解決問題實效	《關於加快構建政策體系、培育新型農業經營主體的意見》
			《關於進一步激發和保護企業家精神的意見》
			《關於建立現代醫院管理制度的指導意見》
			《關於改革完善短缺藥品供應保障機制的實施意見》
			《關於辦理刑事案件嚴格排除非法證據若干問題的規定》
			《關於完善反洗錢、反恐怖融資、反逃稅監管體制機制的意見》
			《對省級人民政府履行教育職責的評價辦法》
			《關於禁止洋垃圾入境推進固體廢物進口管理制度改革實施方案》
			《中央全面深化改革領導小組六個專項小組開展改革督察工作情況的報告》
2017/5/23	35	認真謀劃深入抓好各項改革試點積極推廣成功經驗帶動面上改革	《關於深化教育體制機制改革的意見》
			《外商投資產業指導目錄（2017 年修訂）》
			《關於規範企業海外經營行為的若干意見》
			《關於建立資源環境承載能力監測預警長效機制的若干意見》

表 3-2　2017 上半年以「深改組」會議主題（續）

日期	屆次	主題	通過決議
			《關於深化環境監測改革提高環境監測資料品質的意見》
			《個人收入和財產資訊系統建設總體方案》
			《跨地區環保機構試點方案》
			《海域、無居民海島有償使用的意見》
			《關於檢察機關提起公益訴訟試點情況和下一步工作建議的報告》
			《關於各地區各部門貫徹落實習近平總書記在中央全面深化改革領導小組第三十三次會議上重要講話精神情況的報告》
			《關於深化教育領域綜合改革情況彙報》
			《關於科技領域重點改革工作情況彙報》
			《關於深化醫藥衛生體制改革進展情況彙報》
			《關於足球領域重點改革工作情況彙報》
2017/6/26	36	抓好各項改革協同發揮改革整體效應朝著全面深化改革總目標聚焦發力	《祁連山國家公園體制試點方案》
			《中央企業公司制改制工作實施方案》
			《地區生產總值統一核算改革方案》
			《統計違紀違法責任人處分處理建議辦法》
			《中國國際進口博覽會總體方案》
			《關於改進境外企業和對外投資安全工作的若干意見》
			《全國和地方資產負債表編制工作方案》
			《關於設立杭州互聯網法院的方案》
			《領導幹部自然資源資產離任審計暫行規定》
			《國家生態文明試驗區（江西）實施方案》
			《國家生態文明試驗區（貴州）實施方案》

表 3-2　2017 上半年以「深改組」會議主題（續）

日期	屆次	主題	通過決議
			《國家生態文明試驗區（福建）推進建設情況報告》
			《中國（廣東）、中國（天津）和中國（福建）自由貿易試驗區建設兩年進展情況總結報告》

資料來源：筆者整理自**人民網**。

　　「十九大」後，習近平權力鞏固，更逐步鞏固既有的小組決策模式。2018 年 2 月，中共十九屆三中全會，通過《中共中央關於深化黨和國家機構改革的決定》（簡稱《機構改革決定》）和《深化黨和國家機構改革方案》（簡稱《機構改革案》）。[11] 本次《機構改革案》不同於 2008 年與 2013 年國務院機構改革方案，特別冠以「黨和國家」機構改革，意味涉及層面更為全面，特別是黨的全面領導、機構職能配置與權責劃分。從中共「十九大」報告到《機構改革決定》，重點仍在強化黨的全面領導，權力下放與與各分口與條塊間的機構整合與權責劃分問題。如「三中」全會公報也提到，當前核心問題在於黨和國家機構設置和職能配置，同「『五位一體』總體布局、『四個全面』戰略布局的要求還不完全適應、同實現國家治理體系和治理能力現代化的要求還不完全適應」（表3-3）。

　　因此，在本次《機構改革決定》中，首先提出完善堅持黨的全面領導制度。在中央層級，主要方針在「建立健全黨對重大工作的領導體制機制」，也就是涉及全局重大工作統一領導的頂層設計，必須透過黨中央決議議事協調機構開展工作，各方面議事協調機構也都必須同中央議事機構銜接。中共此波黨政機構改革中，增設中

---

[11] 「中國共產黨第十九屆中央委員會第三次全體會議公報」，新華網，2018 年 2 月 28 日，http://www.xinhuanet.com/politics/2018-02/28/c_1122468000.htm；「中共中央關於深化黨和國家機構改革的決定」，新華網，2018 年 3 月 4 日，http://www.xinhuanet.com/politics/2018-03/04/c_1122485476.htm。

表 3-3 《深化黨和國家機構改革的決定》涉及黨的領導體系內容

面向	內容
總目標	・構建系統完備、科學規範、運行高效的黨和國家機構職能體系 ・總攬全域、協調各方的黨的領導體系 ・職責明確、依法行政的政府治理體系
遵循原則	・堅持黨的全面領導、以人民為中心、優化協同高效與全面依法治國
改革方針	・完善堅持黨的全面領導制度 ・優化政府機構設置和職能配置 ・統籌黨政軍群機構改革 ・合理設置地方機構 ・推進機構編制法定化 ・加強黨對深化黨和國家機構改革的領導

資料來源：筆者自行整理。

央全面依法治國委員會、中央審計委員會、中央教育工作小組及中央和國家機關工作委員會等機構，更將原來由習近平任組長的四個中央工作領導小組，分別是中央全面深化改革領導小組、中央網絡安全和信息化領導小組、中央財經領導小組、中央外事工作領導小組升格為委員會，並在相關部委設置辦公室（如表 3-4）。目的則是呼應前述加強黨中央領導，強化決策和統籌協調職責，負責相關領域重大工作的頂層設計。[12]

在法制化部分，2019 年 10 月，中共召開十九屆四中全會，通過「關於堅持和完善中國特色社會主義制度、推進國家治理體系和治理能力現代化若干重大問題的決定」。在「黨的領導」層面，不僅是黨的全面領導，特別針對黨中央對重大工作的領導體制、黨中央決策議事協調機構職能作用、黨中央重大決策落實機制與向黨中央請示報告制度，確保上下貫通，令行禁止」，實現習近平所強

---

[12] 「中共中央印發《深化黨和國家機構改革方案》」，新華網，2018 年 3 月 21 日，http://www.xinhuanet.com/politics/2018-03/21/c_1122570517.htm。

表 3-4　「十九大」後習近平領導的委員會（2018）

委員會	主任	副主任	辦公室		職責	備註
中央全面深化改革委員會	習近平	李克強 王滬寧 韓正	中央全面深化改革委員會辦公室		負責全面深化改革領域重大工作的頂層設計、總體布局、統籌規劃、整體推進、督促落實。	十八屆三中全會設立「領導小組」,「十九大」後改為委員會
			主任	副主任		
			王滬寧	穆虹 潘盛州 陳一新		
中央國家安全委員會	習近平	李克強 栗戰書	中央國家安全委員會辦公室		統籌協調涉及國家安全的重要事項與重要工作。	十八屆三中全會設立
			主任	副主任		
			丁薛祥	陳文清 劉海星		
中央網絡安全和信息化委員會	習近平	李克強 王滬寧	中央網絡安全和信息化委員會辦公室		統籌協調各個領域的網路安全和信息化重大問題,制定實施網路國家安全和信息化發展戰略,宏觀規劃和重大政策。	2014 年 2 月設立,前身為國家信息化領導小組
			主任	副主任		
			徐麟	高翔 楊小偉		
中央財經委員會	習近平	李克強 王滬寧 韓正	中央財經委員會辦公室		負責經濟領域重大工作的頂層設計總體布局、統籌規劃、整體推進、督促落實。	前身為 1980 年代設立的中央財經領導小組
			主任	副主任		
			劉鶴	廖岷 楊偉民		
中央審計委員會	習近平	李克強 趙樂際	中央審計委員會辦公室		審議審計監督重大政策和改革方案,審議中央年度預算執行和其他財政支出情況審計報告,審議決策審計監督其他重大事項等。	2018 年新設立
			主任	副主任		
			胡澤君			

表 3-4 「十九大」後習近平領導的委員會（2018）（續）

委員會	主任	副主任	辦公室		職責	備註
中央全面依法治國委員會	習近平	李克強	中央全面依法治國委員會辦公室		負責全面依法治國的頂層設計總體布局、統籌規劃、整體推進、督促落實。	2018 年新設立
			主任	副主任		
			不明	傅政華		
中央外事工作委員會	習近平	李克強	中央外事工作委員會辦公室		謀劃全面外交布局，全面統籌中共黨政軍外是職能部門，以及各職能部門涉外工作等。	前身為 1980 年代設立的中央外事工作領導小組。
			主任	副主任		
			楊潔篪	樂玉成		

資料來源：筆者修改自「解碼中共七大委員會權力布局（圖解）」，**多維新聞網**，2018 年 5 月 18 日，http://news.dwnews.com/china/big5/news/2018-05-18/60058913. html。

調的「全國一盤棋」。[13] 對此，2020 年 9 月中央政治局會議審議通過《中國共產黨中央委員會工作條例》[14]（簡稱《條例》），將前述「小組政治」之運作法制化（表 3-5），官方主張此舉在「貫徹落實黨的十九屆四中全會精神」，主旨在保障「兩個維護」[15]。《條例》可反映出中共黨內決策重心的轉變，以及總書記一職權力上升等重點。第 16 條，確認了 2015 年以來中央政治局常委會聽取中央書記處、中紀委，以及國務院、全國兩會與兩高等黨組的工作彙報，第 25 條

---

[13] 「中共中央關於堅持和完善中國特色社會主義制度 推進國家治理體系和治理能力現代化若干重大問題的決定」，新華網，2019 年 11 月 5 日，http://www.xinhuanet.com/politics/2019-11/05/c_1125195786.htm；習近平，「關於《中共中央關於堅持和完善中國特色社會主義制度 推進國家治理體系和治理能力現代化若干重大問題的決定》的說明」，新華網，2019 年 11 月 15 日，http://www.xinhuanet.com/politics/2019-11/05/c_1125195941.htm。

[14] 「中共中央印發《中國共產黨中央委員會工作條例》」，新華網，2020 年 10 月 12 日，http://www.xinhuanet.com/politics/2020-10/12/c_1126597105.htm。

[15] 指「堅決維護習近平總書記黨中央的核心、全黨的核心地位，堅決維護黨中央權威和集中統一領導」。

至第 29 條也確認了總書記對議題的拍板權力，主導黨的政策走向
與部署。2021 年 2 月，新華社報導中央政治局委員、書記處書記、
全國人大常委會、國務院、全國政協黨組成員、最高人民法院、最
高人民檢察院黨組書記向黨中央和習近平總書記書面述職，更是習
權力集中的具體呈現。[16]

表 3-5　《中國共產黨中央委員會工作條例》有關領導體制的規範

章	條	內容
三、領導體制	13	黨中央設立若干決策議事協調機構，在黨中央領導下，負責相關重大工作的頂層設計、統籌協調、整體推進、督促落實。 黨中央設立若干工作機關，在黨中央領導下，主管或者辦理中央相關工作。
四、領導職權	16	中央政治局常務委員會貫徹執行全國代表大會和中央委員會的決議、決定，組織實施中央政治局制定的方針政策，行使以下職權： （五）聽取中央書記處工作報告和中央紀律檢查委員會（國家監察委員會）、全國人大常委會黨組、國務院黨組、全國政協黨組、最高人民法院黨組、最高人民檢察院黨組等的工作彙報。
	25	中央政治局會議一般定期召開，遇有重要情況可以隨時召開。會議議題由中央委員會總書記確定。
	26	中央政治局常務委員會會議一般定期召開，遇有重要情況可以隨時召開。會議議題由中央委員會總書記確定。
	27	按照黨中央決策部署和中央委員會總書記指示要求，中央書記處召開辦公會議研究討論有關事項。會議議題由中央委員會總書記確定。
	29	按照黨中央決策部署和中央委員會總書記指示要求，黨中央決策議事協調機構召開會議，研究決定、部署協調相關領域重大工作。會議議題由中央委員會總書記確定或者審定。

資料來源：筆者自行整理。

---

[16]「中央政治局委員 書記處書記 全國人大常委會 國務院 全國政協黨組成
　員 最高人民法院 最高人民檢察院黨組書記向黨中央和習近平總書記述

二、小組政治的特徵

「小組」是廣泛存在於中國大陸各級黨政機關中，以議事協調機構和臨時機構名義存在的一種特殊組織模式。而「小組政治」是指在黨政系統內，出於重視和力圖解決某個問題的需要，由權力層級較高的人物和部門牽頭，組成領導小組，聯合多個部門，集中政治資源，協調和領導跨部門、跨系統或跨區域的政治活動。[17]「小組政治」是中國大陸黨政關係最核心的聯結點之一，主要承擔「個別醞釀」（包括決策準備、決策諮詢）和協調監督功能。

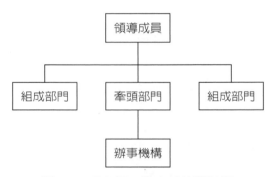

圖 3-1 「小組」的中軸依附結構

資料來源：引自周望，「中國『小組政治』組織模式分析」，**南京社會科學**，第 2 期（2010年），頁 79。

職」，新華網，2021 年 2 月 28 日，http://www. xinhuanet.com/politics/leaders/2021-02/28/c_1127149441.htm。據媒體報導，述職人員應囊括 24 名政治局委員，五名國務委員，全國人大九名中共黨籍副委員長和秘書長，全國政協 11 名中共黨籍副主席（包括港澳辦主任夏寶龍），以及非政治局委員的書記處書記尤權、最高法黨組書記周強、最高檢黨組書記張軍共 52 人。請參見蘇米，「2021 兩會—52 名副國家級『關鍵少數』述職玄機」，多維新聞網，2021 年 3 月 2 日，https://www.dwnews.com/%E4%B8%AD%E5%9C%8B/60231474/2021%E5%85%A9%E6%9C%8352%E5%90%8D%E5%89%AF%E5%9C%8B%E5%AE%B6%E7%B4%9A%E9%97%9C%E9%8D%B5%E5%B0%91%E6%95%B8%E8%BF%B0%E8%81%B7%E7%8E%84%E6%A9%9F。

[17] 吳曉林，「『小組政治』研究：內涵、功能與研究展望」，**求實**（南昌），第 3 期（2009 年），頁 64-69。

在組織上，「小組政治」呈現「虛實」共存。一方面，「小組」並不進入各級政府機構的正式序列，不被列入政府機構名錄，游離於「三定」規定的約束範圍之外；另一方面，「小組」雖不是法律意義上的行政主體，但「小組」的辦事機構卻是實實在在的，並受「三定」的約束。不但掛牌子、擁有固定的辦公場所（多數情況是「一個機構兩塊牌子」，或者採用合署辦公的形式），而且占有人員編制（一般由承擔具體工作的行政機構解決），享有下撥財政經費，有相應的行政級別。「小組」可以通過召開協調性的決策會議，在會議結束後以會議通知、會議紀要等形式發布政治系統內部的決定和命令，這些決策和命令都具有事實上的效力和約束力，並且各種「小組」還可以通過定期工作指導、突擊檢查等形式確保決策得以實施，這些顯然都是「小組」實體化的一面。[18]

大陸學者周望以「中軸依附」概括「小組」的結構特徵（圖 3-1），在「小組」的組織結構中，職能和權力重心主要集中於「領導成員—牽頭部門—辦事機構」這條主線上，而其他組成部門只是「依附」於這條中軸線而開展工作，筆者以「十九大」召開前成立的「中央軍民融合發展委員會」為例（表 3-6）。在「中軸依附」結構中，領導成員、牽頭部門及其相應的辦事機構承擔了「小組」絕大部分的工作。部門中工作任務最重的，通常稱之為「牽頭部門」，其代表一般擔任著「小組」的第一副職。牽頭部門的重要性又是通過其辦事機構具體體現出來的。「小組」的辦事機構或者是由牽頭部門的某個內設機構「兼任」，或者掛靠到這個牽頭部門。即使是完全單獨設置的辦事機關，它與牽頭部門在業務上也有著密切往來和相近似的部分。而「領導小組」辦公室是「小組政治」的樞紐和權力重心。一般情況下，領導小組辦公室設在哪個

---

[18] 周望，「中國『小組政治』組織模式分析」，**南京社會科學**，第 2 期（2010年），頁 77-81。

部門，辦公室主任由什麼系統的負責人擔任，就表明那個系統承擔更爲重要的職責，需要在日常工作中擔負起直接的、具體的業務指導和協調作用。總體而言就是「綜合協調、督促檢查、資訊交流、業務指導、後勤服務」，在「小組政治」中發揮著樞紐作用。[19]

表 3-6　中央軍民融合發展委員會組織

姓名	組內職務	原職務
習近平	組長	中國共產黨中央委員會總書記，中共中央軍事委員會主席，中華人民共和國主席，中華人民共和國中央軍事委員會主席
李克強	副組長	國務院總理
劉雲山	副組長	中央書記處書記，中央黨校校長，中央精神文明建設指導委員會主任
張高麗	副組長、辦公室主任	國務院副總理、黨組副書記
馬凱	組員	國務院副總理
王滬寧	組員	中央政策研究室主任，中央改革辦主任
許其亮	組員	中央軍委副主席
范長龍	組員	中央軍委副主席
孟建柱	組員	中央政法委書記，中央社會管理綜合治理委員會主任
栗戰書	組員	中央書記處書記，中央辦公廳主任，中央直屬機關工委書記
楊晶	組員	中央書記處書記，國務委員、國務院黨組成員兼國務院秘書長、機關黨組書記，中央國家機關工委書記，國家行政學院院長
郭聲琨	組員	國務委員、國務院黨組成員，中央政法委員會副書記，公安部部長、黨委書記
張陽	組員	中央軍事委員會委員，中央軍委政治工作部主任

---

19 周望，「中國『小組政治』組織模式分析」。

表 3-6　中央軍民融合發展委員會組織（續）

姓名	組內職務	原職務
趙克石	組員	中央軍委委員、軍委後勤保障部部長
張又俠	組員	中央軍事委員會委員、中央軍委裝備發展部部長
陳希	組員	中宣部常務副部長
黃坤明	組員	中宣部常務副部長
徐麟	組員	中央網信領導小組辦秘書首主任
張業遂	組員	外交部黨委書記
何立峰	組員	發改委主任
陳寶生	組員	教育部部長
王志剛	組員	科技部黨組書記
苗圩	組員	工信部部長
黃樹賢	組員	民政部部長
肖捷	組員	財政部部長
尹蔚民	組員	人社部部長

資料來源：整理自「習近平主持召開中央軍民融合發展委員會第一次全體會議」，**新華網**，2017 年 6 月 20 日，http://news.xinhuanet.com/politics/2017-06/20/c_1121 179676.htm；「四常委坐鎮 中共新設神秘機構首曝光」，**多維新聞網**，2017 年 6 月 20 日，http://china.dwnews.com/big5/news/2017-06-20/59821104.html。

　　在地方層級，習近平也要求 31 省市成立「深改組」，人事安排對應中央，由地方一把手擔任組長，常務副書記與省長則擔任副組長。[20] 同時在《決定》中也要求充分發揮黨的領導核心作用，並在幹部人事制度上發揮黨組織領導與把關作用，強化黨委、分管領導和組織部門的權重與責任。就如鄧小平所言：「集體領導也要有個

---

[20]「31 個省份成立深改組 黨委『一把手』任組長」，**中國網**，2014 年 3 月 13 日，http://news.china.com.cn/2014lianghui/2014-03/13/content_31769064.htm。

頭，各級黨委的第一書記，對日常生活要負起第一位的責任。」[21]
相對於胡錦濤的分權化作法，習近平則是進行從上到下的集權規
劃，強化一把手的決策權，以明確改革過程中的權責關係。蔡文軒
與周望兩位學者則認為，中共政權除非中央權威衰退，否則不太可
能讓「碎裂式威權」繼續發展。因此，利用「領導小組」的設置，
得以牽制部門利益，使中央目標得以有效推動。就如前章 Kjeld
Brødsgaard 提出「整合碎片化」（integrated fragmentation）概念，
領導小組的主要作用，就是整合不同部門的工作，確保「下級服從
上級」，以克服部門主義。[22]

　　中共中央層面的「小組」，其實際中的政治地位明顯要高於中
共中央各部，它們直接向政治局及其常委會負責。地方上的「小
組」同樣如此。這些都與「小組」的領導成員的高規格有著直接
關聯。如圖 3-2 所示，一般而言，「小組」在某一級黨政機關成立
時，都會明確要求各個下級設立相對應的機構，通常至少會設置至
區縣一級，個別甚至會延伸到鄉鎮和街道一級。比如中央深改組成
立後，各省市也紛紛成立深改組，如北京市委全面深化改革領導
小組設立 14 個專項小組，負責推動經濟體制、區域協同發展、大
氣污染治理體制等領域的改革任務。[23] 而「小組」的特徵就是權力集
中，權威性主要依賴其領導成員「借用」高層級領導的原有權力，
這一獨特的領導構成和權力來源方式，造就了「小組」不同於一般
性常設機構的權威性。[24]

---

[21] 鄧小平，「黨和國家領導制度的改革」，鄧小平文選 **1975-1982**（北京：人
民出版社，1983 年），頁 300。

[22] 　Wen-Hsuan Tsai and Wang Zhou, "Integrated Fragmentation and the Role of
Leading Small Groups in Chinese Politics," *The China Journal*, No. 82(Mar.
2019), pp. 1-22.

[23] 「北京深化改革設 14 個專項小組」，北青網，2014 年 4 月 3 日，http://
epaper.ynet.com/html/2014-04/03/content_50110.htm?div=-1。

[24] 吳曉林，「『小組政治』研究：內涵、功能與研究展望」，頁 64-69。

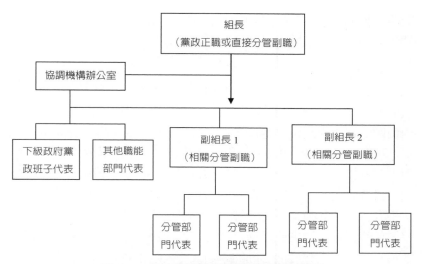

圖 3-2　地方議事協調機構組織結構圖

資料來源：引自劉軍強、謝延會，「非常規任務、官員注意力與中國地方議事協調小組治理機構—基於 A 省 A 市的研究（2002-2012）」，**政治學研究**（北京），第 3 期（2015年），頁 6。

貳、習近平路線的組建

　　意識形態是了解列寧黨國本質、改革路線與國家社會關係的重要變項，中共建政至今，意識形態一直具有目標認同、組織識別（如界定黨員和人民），與甄補判準（recruitment criteria）之功能。中共權力接班的特徵，一是在於意識形態的繼承和建構；二是既有路線能通過接班人保持下去。毛、鄧安排權力接班，皆希望藉其所認定的正確路線能通過接班人的指定保持下去。但即使藉由「二線分工」（two fronts）的政治安排，也難以解決此困境。比如胡錦濤上任初期以「三個爲民」[25] 來詮釋「三個代表」，轉而強調不能根據

---

25 指「權爲民所用，情爲民所系，利爲民所謀」。

數字（如 GDP）來決定發展方向，把「三個代表」給「科學發展觀化」，並透過「保先」運動進行整風，逐步建構個人的政治路線，到了「十七大」讓「科學發展觀」進入黨章。

習近平上臺後也開始組建路線，從提出「中國夢」、新「八項」[26]，抓「周徐蘇令」等「大老虎」，以獲取道德制高點並清除黨內山頭，逐步鞏固領導地位。自十八屆三中全會通過「全面深化改革」、四中全會「全面依法治國」、五中全會「全面構成小康社會」，與「六中」全會「全面從嚴治黨」構成習近平「四個全面」的布局，並將目標設定在「小康社會」與國家治理體系和治理能力現代化。「十九大」會議確認「習近平新時代中國特色社會主義思想」，界定了新時代社會的主要矛盾已經轉化爲人民日益增長的美好生活需要和不平衡不充分發展之間的矛盾。[27] 大陸學者認爲意識形態和文化建設思想是習近平治國理政思想的重要組成部分，而重塑政治合法性是習近平關於意識形態工作的一條主線，包括對中國特色社會主義的總體定性、中國夢的目標設定、反對歷史虛無主義、重塑改革話語等。[28]

---

[26] 包括調研輕車簡從不安排宴請、嚴控以中央名義召開的會議、無實質內容簡報一律不發、出訪一般不安排機場迎送、減少交通管制一般不得封路、壓縮政治局委員報導數量字數、個人原則上不出書不題詞、嚴格執行房車配備待遇等規定。

[27] 「習近平：決勝全面建成小康社會 奪取新時代中國特色社會主義偉大勝利—在中國共產黨第十九次全國代表大會上的報告」，新華網，2017 年 10 月 27 日，http://news.xinhuanet.com/politics/19cpcnc/2017-10/27/c_1121867529.htm。

[28] 唐愛軍，「習近平意識形態理論框架和基本思路—一個政治合法性的視角」，中共貴州省委黨校學報，第 5 期（2015 年），頁 20-25；楊光斌，「習近平的政治思想體系初探」，學海，第 4 期（2017 年），頁 5-11。

一、社會主義發展經驗

　　前章提到，「十八大」政治報告中，除了高舉「中國特色社會主義」旗幟，針對薄熙來事件以來黨內路線的爭議，提出「既不走封閉僵化的老路、也不走改旗易幟的邪路」。[29]「十九大」後修憲，將「習思想」與「社會主義現代化強國」及「中華民族偉大復興」目標寫入憲法外，也更進一步將原憲法第 1 條加上「中國共產黨領導是中國特色社會主義最本質的特徵」，把「一個國家、一個政黨」與領導核心的連結，上升為國家意志。2021 年 11 月，中共十九屆六中全會通過《中共中央關於黨的百年奮鬥重大成就和歷史經驗的決議》（簡稱《百年決議》），成為繼 1945 年 4 月中共六屆七中全會通過的《關於若干歷史問題的決議》，與 1981 年 6 月中共十一屆六中全會通過的《關於建國以來黨的若干歷史問題的決議》後，第三份有關中共的歷史經驗總結。

　　在《百年決議》的歷史分期上，中共自建黨以來分為毛澤東思想的新民主主義與社會主義時期、鄧小平理論的「三步走」時期，以及習近平的「新時代」三個時期，並結合馬克思主義中國化的三次歷史性飛躍以及中國從站起來、富起來到強起來的進程。鄧小平的「三步走」戰略，依序在鄧小平、江澤民與胡錦濤三個時期實現。這部分有兩個重要設定：一是中國不同時期根本問題的定性，鄧小平時期的根本問題是「什麼是社會主義、怎樣建設社會主義」？江澤民時期是除「什麼是社會主義、怎樣建設社會主義」外，還面臨「建設什麼樣的黨、怎樣建設黨」的問題，到胡錦濤時期則是「新形勢下實現什麼樣的發展、怎樣發展」的問題。因此從鄧小平理論、「三個代表」到「科學發展觀」，形成中國特色社會主義理論體系，成為馬克思主義中國化第二次歷史性飛躍。[30]

29　請參考「胡錦濤在黨的十八大上的報告」，新華網，2012 年 11 月 17 日，http://news.xinhuanet.com/18cpcnc/2012-11/17/c_113711665.htm。

30　「中共中央關於黨的百年奮鬥重大成就和歷史經驗的決議」，新華網，2021

　　至習近平時期，包括「六中」全會公報與《百年決議》，皆以「世界百年未有之大變局」來描述習時期中共面對的現狀，根本問題是「新時代堅持和發展什麼樣的中國特色社會主義、怎樣堅持和發展中國特色社會主義，建設什麼樣的社會主義現代化強國、怎樣建設社會主義現代化強國，建設什麼樣的長期執政的馬克思主義政黨、怎樣建設長期執政的馬克思主義政黨」等，並連結習近平在「十八大」以來的改革成果，成為習近平「十八大」以來的功績與合法性依據。[31]

　　在習近平的路線與道路設定上，中央黨校副校長何毅亭在學習時報發表「習思想是 21 世紀馬克思主義」，就已初步描繪了習思想的框架。而六中全會「公報」與《百年決議》，更將「習思想」等同於 21 世紀馬克思主義，強調習近平就是「習思想」的主要創立者，為習近平在「二十大」的定位鋪路。但何毅亭一文主軸除了將馬恩、列毛鄧到習作為三個世紀的馬克思主義分期外，主要仍在強調幾個重點：[32]

　　（一）馬克思主義本土化、民族化的歷史不會終結。
　　（二）西方發展學說不適用中國。
　　（三）中共的發展經驗是馬克思主義的實踐樣本。
　　（四）以「中國方案」成為引領馬克思主義創新發展的理論高地。

　　也因此《百年決議》重點如前述學者所說，從馬克思主義中國化結合中華文化，為中國特色社會主義定性，並重塑其政治合法性。

年 11 月 16 日，http://www.news.cn/2021-11/16/c_1128069706.htm。

[31] 「中共中央關於黨的百年奮鬥重大成就和歷史經驗的決議」。

[32] 何毅亭，「習近平新時代中國特色社會主義思想是 21 世紀馬克思主義」，人民網，2020 年 6 月 15 日，http://theory.people.com.cn/BIG5/n1/2020/0615/c40531-31746437.html。

二、反歷史虛無主義

　　前章提到極權政體意識形態的「解咒」（disenchantment）與體系的「包容」（inclusion），最大的挑戰在於共黨本身的定位，以及內部在意識形態上的自我懷疑（ideological self-discrediting）。[33]

　　從江澤民時期以來，中共也歸納出包括經濟惡化、脫離群眾、自我否定與信仰危機、民主多元、黨內分裂與黨的腐敗以及西方國家「和平演變」的陰謀，最終使共黨喪失對社會和改革的領導地位。[34]

　　習近平自 2013 年逐步提出對歷史虛無主義的關切，其中特別強調蘇共瓦解經驗。比如 2013 年對新進中央委員的講話中，提到正確認識改革開放前和改革開放後兩個歷史時期，強調「對改革開放前的歷史時期要正確評價，不能用改革開放後的歷史時期否定改革開放前的歷史時期，也不能用改革開放前的歷史時期否定改革開放後的歷史時期」。舉蘇聯垮臺一個重要原因就是「意識形態領域的鬥爭十分激烈，全面否定蘇聯歷史、蘇共歷史，否定列寧，否定斯大林，搞歷史虛無主義，思想搞亂了，各級黨組織幾乎沒任何作用了，軍隊都不在黨的領導之下了。最後，蘇聯偌大一個社會主義國家就分崩離析了，成為前車之鑒」。所以，《百年決議》特別提出理想信念，是共產黨人精神上的「鈣」。[35] 習近平認為正確處理改革開放前後的社會主義實踐探索的關係，不只是一個歷史問題，更

---

[33] Marc F. Plattner, "Democratic Moment," in Larry Diamond and Marc F. Plattner, eds., *The Global Resurgence of Democracy*, 2nd ed. (Baltimore: Johns Hopkins University Press, 1996), pp. 36-48.

[34] 請參考中央編譯局中國現實問題研究中心課題組，「蘇共民主化改革失敗的教訓」，載於薛曉源、李惠斌主編，*中國現實問題研究前沿報告：2006-2007*（上海：華東師範大學出版社，2007 年），頁 193-210；王長江，*蘇共：一個大黨衰落的啟示*（鄭州：河南人民出版社，2002 年）。

[35] 「中共中央關於黨的百年奮鬥重大成就和歷史經驗的決議」。

主要的是一個政治問題，處理不好就會產生嚴重政治後果。[36]

三、幹部決定論

在馬列政黨理論中，黨被賦予高度內斂的特徵，如鮮明的綱領、嚴密的組織、嚴格的紀律與統一的行動，影響共黨結構的基本傾向。共黨作為具有「自覺性」（self-conscious）和目的性（goal-oriented）的組織，在執政前與執政後所面臨的共同問題在於一組織維繫。即如何形成和保持組織的性質，用中共的語彙來說，就是所謂「黨建」的問題。組織領導關注的焦點，在於如何保持組織的特徵及性質；並且透過一套明確的意識形態理論系統，用以指導、支援、激勵與限定成員的行為，鞏固成員對組織價值與目標的認同與內化。[37]如毛澤東所說：「政治路線確定之後，幹部就是決定因素」。[38]習近平推展社會主義核心價值觀，抵制西方價值，推展道路、理論、制度與文化「四個自信」，同時樹立各級幹部的行為準

---

[36] 「十九大」後，習近平對新進中央委員的講話中，再次提到「建設堅強的馬克思主義執政黨，首先要從理想信念做起。……基礎不牢，地動山搖。蘇共擁有 20 萬黨員時奪取了政權，擁有 200 萬黨員時打敗了希特勒，而擁有近 2,000 萬黨員時卻失去了政權。在那場動盪中，竟無一人是男兒，沒什麼人出來抗爭。什麼原因？就是理想信念已經蕩然無存了」。請參見習近平，「關於堅持和發展中國特色社會主義的幾個問題」，求是網，2019 年 3 月 31 日，http://www.qstheory.cn/dukan/qs/2019-03/31/c_1124302776.htm。

[37] Lowell Dittmer, "Thought Reform and Culture Revolution: An Analysis of the Symbolism of Chinese Polemics," *American Political Science Review*, Vol. 71, No. 1(Mar. 1977), pp. 67-85.

[38] 依據史達林在蘇共十七大報告：「當正確政治路線已經規定以後，組織工作就能決定一切，當中也決定政治路線本身的命運」；在蘇共十八大報告也提出：「在實踐中考驗過了的正確政治路線規定後，黨的幹部就成為黨的領導和國家的領導方面的決定力量。」請參考毛澤東，「中國共產黨在民族戰爭中的地位」，毛澤東選集，第二卷（北京：人民出版社，1990 年），頁 492-501。

則；建立「政治規矩」改造黨員的政治信仰，最重要還是藉由中紀委擴大巡視制度縱向與橫向之涵蓋面，讓這樣緊迫盯人方式成為「新常態」，並逐步將紀檢體制改革的成果固化為制度（表 3-7）。

　　前述習近平在 2013 年底指出當前組織的現狀與「形式主義、官僚主義、享樂主義和奢靡之風」等四風和腐敗問題解決不好，就

表 3-7　「十八大」期間中共重要黨紀建設

年度	紀檢政策	影響
2012	中央八項規定	解決形式主義、官僚主義、享樂主義和奢靡之風等四風問題。
2013	建立健全懲治和預防腐敗體系 2013-2017 年工作規劃	首次提出紀委「兩個為主」。
2014	專項巡視	不需按照常規順序隨時巡視。
	成立紀檢監察幹部監督室	負責監督紀檢人員本身的操守。
	中紀委組建組織部與宣傳部	配合兩個為主政策而組建組織部，為提高紀檢透明度而組建宣傳部。
	黨的紀律檢查體制改革實施方案	強化上級紀委對下級紀委的領導。
	關於加強中央紀委派駐機構建設的意見	向中辦、國辦、人大、政協等機關派駐紀檢組。
2015	《中國共產黨巡視工作條例》	中央巡視組範圍擴大至副省級城市黨政機關、中央企業事業單位與人民團體。
	《中國共產黨紀律處分條例》	對公開違背四項基本規範、妄議中央大政方針、黨內結黨營私、違背黨和國家方針政策之懲處。
2016	《中國共產黨問責條例》	整合既有問責法規，對問責內容、對象、主體、程序加以制度化。
	《中國共產黨黨內監督條例》	書記作為監督的第一負責人，省部級以上「高級幹部」之表率責任。

資料來源：筆者整理自**人民網、中央紀委監察部**網站。

會對黨造成致命傷害，甚至亡黨亡國，對應胡錦濤在「十八大」的呼籲。[39] 隨著涉及周永康與令計劃案的幹部一一進入司法程序，如李崇禧、李春城、郭永祥、譚力、冀文林、李東生、蔣潔敏等，中共中央陸續圍繞這些他們曾掌控的領域開展肅清與整風工作。比如 2015 年 1 月中央政法委書記孟建柱提出「肅清周永康案影響」，同年 8 月中央辦公廳主任栗戰書提出「肅清令計劃餘毒影響」。[40] 包括前中央辦公廳秘書局局長、國家旅遊局副局長霍克遭到「雙開」，兩位前中辦副主任，中國社會科學院副院長、黨組副書記趙勝軒、國務院南水北調工程建設委員會辦公室副主任王仲田也因違紀去職。[41] 江西省也提出涉蘇榮案的省管幹部共有43人，九人被移送司法機關，16人受到紀律處分，18人被批評教育。[42] 在軍隊方面，「解放軍報」在 2016 年也至少 17 次刊文痛批郭伯雄與徐才厚，包括批評郭徐「兩面人」、「觸犯政治底線」、「污染政治生態」、「打擊報復」等。[43] 中央要求幹部以令案為反面教材，站穩政

---

39 請參考「建立健全懲治和預防腐敗體 2013-2017 年工作規劃」，**中國共產黨新聞網**，2013 年 12 月 26 日，http://fanfu.people.com.cn/n/2013/1226/c64371-23947331.html。

40 「孟建柱：政法系統要徹底肅清周永康案影響」，**新京報網**，2015 年 1 月 21 日，http://www.bjnews.com.cn/news/2015/01/21/350839.html；「栗戰書：肅清令計劃餘毒」，**大公報**，2015 年 8 月 11 日，http://news.takungpao.com.hk/paper/q/2015/0811/3112587.html。

41 「國家旅遊局原副局長霍克嚴重違紀違法被雙開」，**新華網**，2015 年 8 月 12 日，http://news.xinhuanet.com/legal/2015-08/12/c_128120506.htm；「陸社科院前副院長趙勝軒證實違紀去職」，**中央社**，2016 年 7 月 26 日，http://www.cna.com.tw/news/acn/201607260282-1.aspx；「中紀委首次披露令計劃兩舊部被處理」，**多維新聞網**，2017 年 1 月 8 日，http://china.dwnews.com/news/2017-01-08/59792870.html。

42 「中共大老虎『餘毒』郭徐流毒軍中難除」，**多維新聞網**，2017 年 1 月 13 日，http://china.dwnews.com/news/2017-01-13/59793933.html。

43 「持續肅清部隊流毒 軍報 17 次痛批郭徐」，**多維新聞網**，2016 年 12 月 27 日，http://china.dwnews.com/news/2016-12-27/59790772.html。

治立場並增強黨性修養。特別當習近平提出以「三嚴三實」[44] 貫穿改革過程後；中組部也要求在「三嚴三實」專題教育學習研討中，以周、薄、徐、令、蘇等嚴重違紀違法案件為反面教材，聚焦嚴守黨的政治紀律和政治規矩，組織縣處級以上領導幹部總結反思。[45]

2016 年通過《黨內監督條例》在內容上除強調習近平路線，強化巡視工作地位，還要求書記作為監督的第一負責人，比如第 14 條規定「中央政治局委員應當嚴格執行中央八項規定，自覺參加雙重組織生活，如實向黨中央報告個人重要事項。帶頭樹立良好家風，加強對親屬和身邊工作人員的教育和約束，嚴格要求配偶、子女及其配偶不得違規經商辦企業，不得違規任職、兼職取酬」。[46] 將重點指向省部級以上「高級幹部」之表率責任，要求他們以身作則，更強調「看齊意識」。除了樹立個人權威，也讓既有菁英甄補的「四化」方針，因為「四個著力」[47] 而增加不確定性，並反映在幹部甄補條件上。

大陸學者曾歸納中共幹部選拔任用的關鍵字，在 1980 年代

---

44 指領導幹部是否做到嚴以修身、嚴以用權、嚴以律己，謀事要實、創業要實、做人要實。請參考「習近平主持召開中央全面深化改革領導小組第十四次會議」，新華網，2015 年 7 月 1 日，http://news.xinhuanet.com/2015-07/01/c_1115787597.htm。

45 「中組部發出通知要求在『三嚴三實』專題教育中聯繫反面典型深入開展研討」，人民網，2015 年 7 月 28 日，http://dangjian.people.com.cn/n/2015/0728/c117092-27370004.html。

46 「中國共產黨黨內監督條例」，新華網，2016 年 11 月 2 日，http://news.xinhuanet.com/politics/2016-11/02/c_1119838242.htm；「中國共產黨黨內監督條例（試行）」，人民網，2004 年 2 月 17 日，http://www.people.com.cn/GB/shizheng/1026/2344222.html。

47 指著力發現領導幹部是否存在權錢交易、以權謀私、貪污賄賂、腐化墮落等違紀違法問題；著力發現是否存在形式主義、官僚主義、享樂主義和奢靡之風等問題，緊緊盯住，防止反彈；著力發現是否存在違反黨的政治紀律問題；著力發現是否存在選人用人上的不正之風和腐敗問題。

概括爲「退休」和遏制「不正之風」；90年代可概括爲「廉潔從政」、「競爭上崗」、「公開選拔」；21世紀以來，則可概括爲「公示制」、「述職述廉」、「問責」與「巡視」等。[48]「十八大」後，胡錦濤時期的措施逐步淡出，十八屆三中全會的《深改決定》提出「強化黨委（黨組）、分管領導和組織部門在幹部選拔任用中的權重……改進競爭性選拔幹部辦法，……區分實施選任制和委任制幹部選拔方式，堅決糾正唯票取人、唯分取人等現象」。要求在幹部人事制度上發揮黨組織領導與把關作用，強化黨委、分管領導和組織部門的權重與責任。[49]在2014年修訂2002年《黨政領導幹部選拔任用工作條例》中，明確「破格提拔」之條件與說明；不得因人設置資格條件；組織部門對選用動議必須進行分析研判；實行任職談話制度；首次提出不得列爲考察對象的六種情形，與免職辭職後禁止安排職務或升職；以及違規選拔追責範圍擴大與要求設立聯席會議監督。

2019年中共再次修訂《黨政領導幹部選拔任用工作條例》，依據中組部的說法，本次修訂「圍繞建設忠誠乾淨擔當的高素質專業化幹部隊伍，堅持和加強黨的全面領導，堅持把政治標準放在首位」。[50]但是若回顧習近平在十八屆六中全會的「說明」，指出當前黨內生態的困境與高級幹部的問題；[51]對「兩面人」的批判以及中央

48 請參考劉維芳，「新時期幹部選拔任用相關規定的歷史演進」，當代中國史研究（北京），第24卷第1期（2017年1月），頁50-60。

49 習近平，「關於《中共中央關於全面深化改革若干重大問題的決定》的說明」。

50 「中組部負責人就修訂頒布《黨政領導幹部選拔任用工作條例》答記者問」，新華網，2019年3月18日，http://www.xinhuanet.com/politics/2019-03/18/c_1124250450.htm。

51 習近平，「關於《關於新形勢下黨內政治生活的若干準則》和《中國共產黨黨內監督條例》的說明」，新華網，2016年11月2日，http://news.xinhuanet.com/politics/2016-11/02/c_1119838382.htm。

公布孫政才的「罪狀」，顯示習近平對接班制度與幹部考核制度的不滿。因此掌握人事的汰換，得以解決核心與高級幹部間的代理問題。比如第 3 條所增補「大力選拔敢於負責、勇於擔當、善於作爲、實績突出的幹部」，以及「對不適宜擔任現職的領導幹部應當進行調整，推進領導幹部能上能下」，亦即「政治標準」才是幹部選任依據。並且在第 7 條黨政幹部的基本條件，加上「四個意識」、「四個自信」與「兩個維護」，以及第 24 條，將「違反政治紀律和政治規矩」列爲不得考察對象之首位。[52]

　　自鄧小平時期以來逐步建立退休制度與梯隊接班，在官僚體制的等級結構下，對黨政幹部的行爲激勵依循高下有別的「晉升階梯」，透過年齡、任期規範與績效考核等指標，有利保障年輕幹部的晉升機會，強化支持中央政策的誘因。然而自周永康到孫政才案，中共中央也陸續圍繞這些老虎曾掌控的領域開展「肅清餘毒」，並不斷強化現行紀檢與巡視制度，更加擴大中央「黨的領導」與「黨管幹部」範圍。隨著《條例》修訂，政治紀律與政治規矩成爲黨政領導幹部的選任原則，雖然把「高級幹部」的權力關進籠子裡，然而此舉也將限縮既有菁英體系的權力分享空間，對於黨政菁英的合作動機影響，以及是否促進中央地方目標一致，仍有待觀察。但可預見的是，中央爲確保來自下屬的忠誠，必須持續巡視工作與政治動員以維繫改革動力，隨後兩章對此會有進一步說明。

---

52 「中共中央印發《黨政領導幹部選拔任用工作條例》」，新華網，2019 年 3 月 71 日，http://www.xinhuanet.com/politics/2019-03/17/c_1124245012.htm。

第四章
從反腐到防疫的動員與治理

本章從「文件政治」與「政治動員」角度，分析習近平時期中共政治動員與運動式治理，選擇兩個不同時期與面向的個案，一是 2014 年中央審查周永康案的政治動員，另一則是 2020 年因應新冠肺炎（COVID-19）疫情的組織與社會動員。周永康案正值習近平接班初期；而新冠疫情發生時，習近平已是全黨核心並已確認「習思想」。兩者雖然都是透過科層組織貫徹自上而下命令和意志，但前者涉及中央政治路線的成效；後者則影響國家應急管理（emergency management）成效。

「周永康案」具高度政治壓力，必須透過黨內和黨外進行動員來化解。除藉由「中共中央決定」顯示中央的共識，同時強調「黨的基本路線」與「黨的紀律」，把意識形態與幹部的政治行為聯繫起來。地方也必須儘速傳達與學習中央精神同時透過媒體宣傳中央與地方在思想、政治與行動上高度一致。

新冠肺炎因擴散為全球疫情，形成「跨界」（transboundary）危機，挑戰各國傳統官僚體系應變能力與醫療體系承載能力。本章整理自新冠肺炎疫情發展以來，中共舉國體制的運作如何體現。在這種「上下對口、左右對齊」的組織體系下，得以快速有效地動員人力與資源，防止疫情擴散。中共以人民戰爭的態度，強調「湖北勝則全國勝」，以「一方有難、八方支援」的動員，進行任務分解與責任包幹，背後則結合責任與考核體系，以及在同一任務下地方間的政績競爭，成為觀察中共得以有效動員之範本。

壹、周永康案與政治動員

習近平接班後，在中紀委會議上強調「老虎蒼蠅一起打」、

「把權力關進制度的籠子裡」。[1]2014 年 7 月 29 日，中共中央對前中央政治局常委周永康嚴重違紀問題立案審查，12 月 6 日公布開除周永康黨籍決定：

> 周永康嚴重違反黨的政治紀律、組織紀律、保密紀律；利用職務便利爲多人謀取非法利益，直接或通過家人收受巨額賄賂；濫用職權幫助親屬、情婦、朋友從事經營活動獲取巨額利益，造成國有資產重大損失；洩露黨和國家機密；嚴重違反廉潔自律規定，本人及親屬收受他人大量財物；與多名女性通姦並進行權色、錢色交易。調查中還發現周永康其他涉嫌犯罪線索。周永康的所作所爲完全背離黨的性質和宗旨，嚴重違反黨的紀律，極大損害黨的形象，給黨和人民事業造成重大損失，影響極其惡劣。

2015 年 4 月初，將周永康以「受賄、濫用職權與故意洩漏國家秘密」等罪刑移送天津法院審理。[2]使周成爲改革開放以來，被立案審查的黨政職務最高之幹部；也是首位中央政治局常委級別的前國家領導人。

---

1 「習近平：老虎蒼蠅一起打 權力關進制度籠」，文匯網，2013 年 1 月 23 日，http://paper.wenweipo.com/2013/01/23/YO1301230001.htm。

2 「中共中央決定對周永康嚴重違紀問題立案審查」，新華網，2014 年 7 月 29 日，http://news. xinhuanet.com/politics/2014-07/29/c_1111853756.htm。開除黨籍之理由包括利用職務便利爲多人謀取非法利益，直接或通過家人收受巨額賄賂；濫用職權幫助親屬、情婦、朋友從事經營活動獲取巨額利益，造成國有資產重大損失；洩露黨和國家機密；嚴重違反廉潔自律規定，本人及親屬收受他人大量財物；與多名女性通姦並進行權色、錢色交易。請參考「中共中央決定給予周永康開除黨籍處分將周永康涉嫌犯罪問題及線索移送司法機關依法處理」，新華網，2014 年 12 月 6 日，http://news.xinhuanet.com/politics/2014-12/06/c_1113542222.htm；「天津檢察機關依法對周永康案提起公訴」，中新網，2015 年 4 月 3 日，http://www.chinanews.com/gn/2015/04-03/7181751.shtml。

一、周永康案的文件政治

　　如圖 4-1 所示，周永康案（簡稱「周案」）之所以引人注目，除了前述身分之敏感性、與薄熙來案（簡稱「薄案」）的關係，後續如徐才厚、蘇榮、令計劃案，由於位高權重，各自在政治局常委、中央軍委與中央辦公廳等中共領導核心，擔任分管一把手多年。比如媒體報導令計劃背後的「西山會」，以及周永康四川、石油與政法系統，以周為核心，既有周濱、周玲英等特定關係人直接化公為私，又有蔣潔敏、李東生、李春城等心腹把持各系統，以中石油、地方平臺公司等掌握稀缺資源的國企紅頂商人，以何燕、鄧鴻為權力租金的直接買手，以劉漢為代表的黑社會勢力，從省部級中管幹部到最底層的黑社會打手，從高層權力運作到基層社會盤剝，官、商、黑社會織成了一張巨大的網，在缺乏監督和競爭的權力體制下，其派系網絡成為習近平的黨中央執政隱患。[3] 而媒體給「周、薄、徐、令」以「新四人幫」[4] 之稱謂，意圖取代習近平接班之說法，雖然未得官方清楚證實，但官方如最高人民法院直指周永康與薄熙來進行「非組織政治活動」，這樣的指控顯示周、薄嚴重

3　請參考「令計劃被雙開批捕 40 個月家族政商關係網崩塌」，**南華早報網**，2015 年 7 月 21 日，http://www.nanzao.com/tc/national/14eae6d5ba046a1/ling-ji-hua-bei-shuang-kai-pi-bu-40-yue-jia-zu-zheng-shang-guan-xi-wang-beng-ta；謝海濤、王和岩，「周永康的紅與黑二：周永康的三基石：石油、四川、政法」，財新網，2014 年 7 月 29 日，http://china.caixin.com/2014-07-29/100710304_all.html#page2。

4　「新四人幫」，指周永康、薄熙來、徐才厚、令計劃等已落馬的中共領導人在位時長時間形成的政治集團，目標是透過奪權等方式，試圖阻礙和推翻習近平、李克強接班計畫，或經由人事安排將習近平拉下馬，以取而代之，掌控中共。請參考江迅，「新四人幫奪權破滅周永康案揭開內幕」，**亞洲週刊**，第 25 期（2015 年），http://www.yzzk.com/cfm/content_archive.cfm?id=1434599263571&docissue=2015-25。

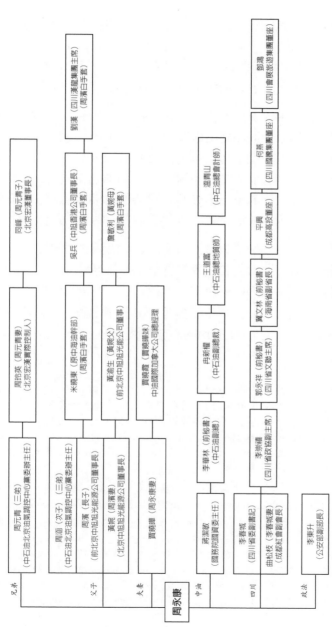

圖 4-1　周永康利益案關係圖

資料來源：筆者修改自謝海濤、王和岩，「周永康的紅與黑」，「周永康的三基石：石油、四川、政法」，財新網，2014 年 7 月 29 日，http:// datanews.caixin.com/2014-07-29/100710296.html。

違反黨的政治與組織紀律，已具有「反黨」之屬性。[5]官方媒體也以「山頭、幫派主義」、「軍隊」、「一把手」、「家族」、「買官賣官」等，對上述人等犯行已有了定性，[6]隨後高層的反腐仍是繞著上述「定性」繼續推展，如郭伯雄案等。

中共中央在處理前述具綿密派系網絡的「大老虎」時，如何讓下級「服從」上級？如同胡錦濤處理「薄案」時，中央強調「講政治、顧大局、守紀律」。自 2014 年 7 月 29 日，中共中央決定立案審查周永康，除了表達黨中央的共識，人民日報自 7 月 30 日起，連續推出三篇「從嚴治黨堅定不移」、「懲治腐敗深得人心」、「黨紀國法不容違逆」的評論員文章，也顯示中央對周案的定性。[7]

再者，「決定」具備「象徵」和「行政」兩個層面的權威性。各省在一週內先後召開常委會議或黨員領導幹部會議，傳達中央對周案的通報，並堅決擁護中央決定。有趣的是，宣傳系統也透過人民網，在半個月內，每日計算宣示擁護中央決議之省分，最終自 7 月 31 日至 8 月 17 日完成 31 省市的表態（圖 4-2）。

---

5 最高人民法院院長周強，撰文批判「周、薄」涉及「踐踏法治」、「破壞黨的團結」與「非組織政治活動」。請參考周強，「切實強化權力運行監督 全面深化司法體制改革」，中國紀檢監察報，2015 年 3 月 17 日，http://csr.mos.gov.cn/content/2015-03/17/content_3783.htm；另請參考羅沙，「最高法發布司法審判白皮書提出－周永康薄熙來搞非組織政治活動」，北京青年報，2015 年 3 月 19 日，版 A3。

6 林亦辰，「『周徐蘇令』中央為何打這四虎：劍有所指」，人民網，2014 年 12 月 27 日，http://politics.people.com.cn/n/2014/1227/c1001-26285049.html。

7 請參考「人民日報評立案審查周永康：從嚴治黨 堅定不移」，人民網，2014 年 7 月 30 日，http://opinion.people.com.cn/n/2014/0730/c1003-25365894.html；「人民日報二評立案審查周永康：懲治腐敗 深得人心」，人民網，2014 年 7 月 31 日，http://opinion.people.com.cn/n/2014/0731/c1003-25373291.html；「人民日報三評立案審查周永康：黨紀國法 不容違逆」，人民網，2014 年 8 月 1 日，http://opinion.people.com.cn/n/2014/0801/c1003-25380607.html。

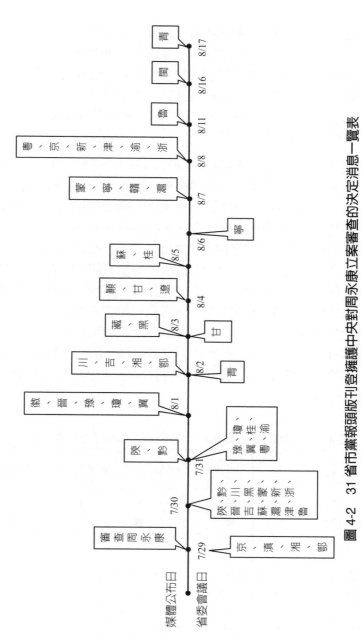

圖 4-2　31 省市黨報頭版頭版刊登擁護中央對周永康立案審查的決定消息一覽表

資料來源：筆者整理理自人民網（2014.7.29-8.17）報導。

　　不過，大陸學者也提醒，各省會議傳達中央文件內容，主要是透過「省辦」到「中辦」表達擁護，會議結論則透過宣傳系統向社會表達對中央的支持，並呈現中央地方在思想、政治與行動上保持高度一致。[8]除此之外，大陸學者也認為順序的排列也涉及「位階」與「慣例」；[9]特別藉由動員讓相關人與周永康劃清界限，比如中石油、四川與政法系統等。[10]

　　政治事件所觸及的問題經常是會議與文件動員的主題，如表4-1所示，若將「周案」對比薄熙來、徐才厚、令計劃、蘇榮、郭伯雄案，唯有「薄案」有同等「待遇」，顯現中央在處理周與薄案的敏感性。但就如同圖4-2所顯示，各省委與中央既有體制內的溝通管道，與媒體報導所呈現的事實會有落差。不過從宣傳系統所呈現的「事實」比較，仍可以對比出中央處理態度的差異，比如「周案」與「薄案」呈現各省委會議結論，其他案件可能只是「轉貼」人民日報評論員文章或社論，或者只有相關部門表達立場（如解放軍對徐才厚、郭伯雄案表態；全國政協對令計劃、蘇榮案表態），同時也可從各省在不同案件的參與報導，比較出不同的「積極性」。這樣的積極性除了表現在各省對案件的表態，也表現在各省會議文件內容上。

表 4-1　媒體報導各省部軍級部門擁護中央決定一覽表

省部軍級部門 ＼ 案件	周永康	薄熙來	徐才厚	蘇榮	令計劃	郭伯雄
解放軍	●	●	●			●
國防部	●	●	●			●

8　訪談中國人民大學政治系教授，2015年8月18日至19日。

9　訪談河南大學馬列學院教授，2016年7月26日。

10　訪談中國社會科學院政治所研究員，2014年8月18日。另請參考「中石油黨組：堅決擁護黨中央對周永康的審查決定」，人民網，2014年7月31日，http://politics.people.com.cn/n/2014/0731/c1001-25376767.html。

表 4-1 媒體報導各省部軍級部門擁護中央決定一覽表（續）

省部軍級部門 \ 案件	周永康	薄熙來	徐才厚	蘇榮	令計劃	郭伯雄
廣東	●	●	●			●
河南	●	●	●			●
四川	●	●				
山西	●	●				
湖北	●	●		●	●	
河北	●	●				
黑龍江	●	●				
雲南	●	●				
山東	●	●				
江西	●	●		●		
貴州	●	●				
遼寧	●	●				
安徽	●	●				
廣西	●	●				
江蘇	●	●				
內蒙	●	●				
天津	●	●				
湖南	●	●				
新疆	●	●				
福建	●	●			●	
吉林	●	●				
海南	●	●				
陝西	●	●				
重慶	●	●				

表 4-1　媒體報導各省部軍級部門擁護中央決定一覽表（續）

省部軍級部門　　　案件	周永康	薄熙來	徐才厚	蘇榮	令計劃	郭伯雄
甘肅	●	●				
浙江	●	●				
寧夏	●	●		●		
上海	●	●				
北京	●	●				
青海	●	●		●		
西藏	●	●				

資料來源：筆者整理自中央與各省媒體報導。

　　本章以前述三篇人民日報評論員文章爲基礎，透過「內容分析」對中央態度與 31 省市在省報之回應內容進行編碼與對比。中共中央對周永康案的決定可分爲以下幾項主軸：

（一）「政策目標」：體現黨自我淨化與革新之決心。

（二）「行爲標準」：黨紀國法爲底線。

（三）「周案定性」：凌駕黨紀國法之上的「特殊黨員」、封妻蔭子、封建依附。

（四）「整風規範」：八項規定、糾正「四風」等。

表 4-2　各省呼應中共中央對周永康案決定之文件內容

	習近平爲總書記的黨中央	黨中央	黨員標準	周案定性	八項規定	三嚴三實	四意識
陝西	0	●	●		●	●	●
貴州	2	●		●			●
安徽	2	●		●	●		●
山西	2	●	●			●	●
河南	2	●	●				●

表 4-2　各省呼應中共中央對周永康案決定之文件內容（續）

	習近平為總書記的黨中央	黨中央	黨員標準	周案定性	八項規定	三嚴三實	四意識
海南	0	●	●	●			●
河北	1	●	●	●			
四川	2	●	●	●	●		
吉林	3	●	●			●	
湖南	2	●	●	●			
湖北	1	●	●		●		
西藏	5	●	●		●		
黑龍江	2	●	●	●			●
雲南	4	●	●	●	●		
甘肅	2	●	●				
遼寧	1	●	●	●		●	
江蘇	1	●	●				
廣西	0	●	●	●			
內蒙	2	●	●	●			●
寧夏	2	●	●	●	●	●	
江西	6	●	●	●			
上海	0	●			●		
廣東	2	●	●	●			●
北京	4	●	●	●			●
新疆	2	●	●	●	●		
天津	3	●	●	●			●
重慶	3	●	●	●			●
浙江	2	●	●	●	●		●
山東	3	●	●	●			●
福建	1	●	●		●		
青海	2	●	●	●		●	●

資料來源：筆者整理自各省報導。

　　如表 4-2 所示，對比各省對中央決定之呼應，則包含「擁護中央」、「行為標準」、「周案定性」與「整風規範」。其中「擁護中央」，又可劃分為「黨中央」與「以習近平為總書記的黨中央」。雖然兩種稱呼著眼於強調「集體領導」或「核心角色」，但是大陸學者曾針對胡錦濤時期提出不同觀點，1970 年代後期以來，中共領導層的提法從「以某某為首的黨中央」變成了「以某某為核心的黨中央」，而在 2002 年「十六大」期間，中共前總書記江澤民當著「十六大」代表的面，提出「以胡錦濤為總書記的黨中央」，為胡錦濤今後的政治地位定下了基調，就像 1989 年鄧小平親口定下江澤民是「黨中央核心」一樣。外界也以媒體與省級以上領導對「以胡錦濤為總書記的黨中央」出現的頻率來觀察胡錦濤地位的穩固。[11] 同樣的情況，2012 年「十八大」期間，胡錦濤也當眾提出「以習近平為總書記的黨中央」。[12] 因此本書也區隔兩者，觀察各省對「集體領導」與「核心」的態度差異，並標示次數。

二、中央反腐與各省動員

　　據筆者統計，自「十八大」後至周永康被審判入獄（2015 年 6月）為止，就有 1,020 名縣處級以上幹部因貪腐落馬，其中廳局級以上幹部有 662 名（副省部軍級以上幹部 126 位），並且包含五位中央委員與九位中央候補委員，對各省產生不同程度的影響。筆者嘗試從「政治利益」之角度計算各省之損失，依據不同級別所具有的權力與影響力給予不同權重。

---

[11]　于澤遠，「從中共高官談話看胡錦濤領導地位」，**中國選舉與治理網**，2002 年 11 月 27 日，http://www.chinaelections.com/article/115/28081.html。

[12]　「胡錦濤稱新領導層『以習近平為總書記的黨中央』」，**鳳凰網**，2012 年 11 月 15 日，http://news.ifeng.com/mainland/special/zhonggong18da/content-3/ detail_2012_11/15/19205376_0.shtml?_from_ralated。

表 4-3　各省政治利益指數

級職	中央委員	省級幹部與候補中委	副省級幹部	廳級幹部	副廳級幹部
指數	5	4	3	2	1

資料來源：筆者自製。

　　在既有文獻中，政治利益多是指中央委員、政治局委員和政治局常委等三項職位，三者也是學界分析中共決策與政策執行的重要指標。如蘇福兵與楊大利認為在中央委員會擁有的席次比率越高，所分配到的經濟資源也越多。[13] 不過，廳級幹部屬於省管幹部以及所屬廳、市領導幹部，因此也列入各省「政治利益」考量。此外，候補中央委員雖多為正廳級以上幹部擔任，且多數擔任各省區副職黨政領導或重要地級市主要領導。候補中委可出席中央委員會全體會議，只是無選舉與表決權，並具備制度上遞補為中央委員的可能性。[14] 不過，就各省而言，駐省候補中委具有同中央委員、中央紀律委員，以及省委領導幹部可閱讀相同等級之文件。[15] 因此筆

---

[13] 王嘉州，「政治利益與資源分配：中國大陸各省政策影響力模型之建立與檢定」，**遠景基金會季刊**，第 10 卷第 1 期（2009 年 1 月），頁 89-133；Fubing Su and Dali L. Yang, "Political Institutions, Provincial Interests, and Resource Allocation in Reformist China," *Journal of Contemporary China*, Vol. 9, No. 24(Jul. 2000), pp. 215-230; 另請參考徐斯勤，「中國大陸中央與各省關係中的水平性與垂直性權力競爭：1993-2004：菁英政治與投資政策的議題連結分析」，中國大陸研究，第 50 卷第 2 期（2007 年 6 月），頁 1-34。

[14] 亦有學者認為中央候補委員不具選舉與表決權，加上候補委員人數太多，使其重要性降低，並且遞補額度有限。相關論述請參考王嘉州，「政治利益與資源分配」，頁 98；徐斯勤，「中國大陸中央與各省關係中的水平性與垂直性權力競爭」，頁 17-18。

[15] 以甘肅省為例，駐甘的中央委員、中央候補委員、中央紀律檢查委員會委員，以及黨內的全國人大常委和全國政協常委，可閱讀中央發至省軍級以下、省委發至地級以下的文件。請參考「甘肅省黨的機關公文處理暫行規定」，**甘肅檔案信息網**，2013 年 4 月 7 日，http://www.cngsda.net/art/2013/4/7/art_86_25509_1.html。

者將候補中委與省級幹部列為同一等級，依此產生的政治利益等級依序為中央委員、省級幹部與候補中央委員、副省級幹部、廳級幹部、副廳級幹部五等，將副廳級幹部指數訂為1，按照等差法逐級加1如表4-3，計算自「十八大」後至周永康被審判入獄（2012年12月至2015年6月），各省因貪腐所損失之「政治利益」如表4-4。

表4-4　各省幹部落馬之政治利益指數與排名（2013.1-2015.6）

排名	省分	政治利益	排名	省分	政治利益
1	廣東	87	15	天津	30
2	河南	76	15	湖南	30
3	四川	70	15	新疆	30
4	山西	66	16	福建	29
5	湖北	59	17	吉林	24
6	河北	48	18	海南	19
7	黑龍江	45	19	陝西	17
8	雲南	43	20	重慶	15
9	山東	42	21	甘肅	13
9	江西	42	21	浙江	13
10	貴州	41	21	寧夏	13
11	遼寧	38	22	上海	10
11	安徽	38	22	北京	10
12	廣西	36	22	青海	10
13	江蘇	34	23	西藏	7
14	內蒙	31			

資料來源：筆者自製。

　　而自周永康案後至2021年底，由王岐山到趙樂際主導的紀檢系統持續剷除周永康與令計劃勢力，總計有330位副省部級（含中

管幹部與正軍級軍人）以上幹部，包含 24 位中央委員與 17 位中央候補委員因違紀或涉貪落馬，遠超過江澤民與胡錦濤主政時期的人數。各省在「十八大」以來，因中央反腐導致各省不同程度的政治利益損失。這些政治利益損失不僅只是幹部落馬，也會影響該省領導班子之考核與人事調動。相對來說，各省在政治利益損失下，應該了解中央懲戒的效果，也有利於中央「八項規定」的執行，以下將透過數據來觀察各省投入的狀況。

前述習近平接班後，在政治局會議提出新「八項」進行整風，自 2013 年 6 月中共「黨的群眾路線教育實踐活動」正式展開，中共中央在巡視工作外，各級領導幹部的政治紀律仍須透過「整風」來鞏固，也就是在巡視工作中緊扣包括理論路線、八項規定精神與四風、黨風廉政路線、民主集中制與幹部選拔任用等「四個著力」，建立政治生活的「新常態」，迫使各級黨政幹部在思想、政治與行動上和黨中央保持高度一致（表 4-5）。

表 4-5　中共查處違反中央八項規定精神問題指標

全國查處違反中央八項規定精神問題情況匯總（截至2014年12月31日）															
內容	項目	總計	級別				類型								
			省部級	地廳級	縣處級	鄉科級	樓堂館所違規問題	公款大吃大喝	違規配備使用公務用車	公款旅遊（國內）	公款出國境旅遊	大操大辦婚喪喜慶	收送節禮	違反工作紀律	其他
2014年12月份	查處問題數	4,238	0	13	111	4,114	23	113	321	111	4	213	129	2,299	1,025
	處理人數	5,340	0	12	144	5,184	26	171	372	187	14	231	164	2,893	1,282
	給予黨政紀處分人數	2,280	0	7	87	2,186	18	124	195	143	9	185	130	905	566

資料來源：筆者摘自中紀委國家監察委網站，https://www.ccdi.gov.cn。

如第二章所述，中國大陸經過歷次分權運動與放權讓利後，中央地方關係逐漸從強制轉爲協商，地方領導對中央政策的應對有先鋒、扈從與抵制的可能選項，但必須考量中央「懲戒」的效用。當地方面對前述在反腐過程中政治利益的損失，了解中央堅決貫徹以

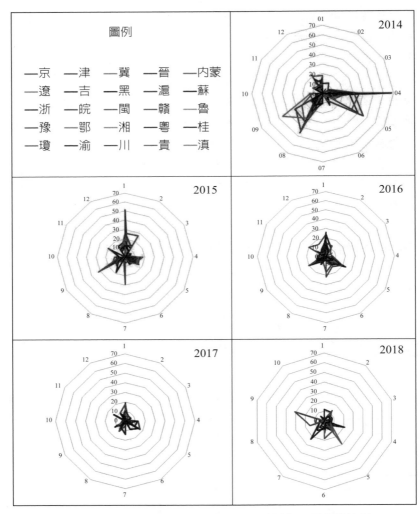

圖 4-3　各省查處違反中央八項規定精神問題成果比較

資料來源：筆者整理自中紀委國家監察委網站，https://www.ccdi.gov.cn。

及「下管一級」的組織人事權時，多數地方首長仍會選擇扈從並積極表態支持，大陸學者常以「表態文化」或「站隊文化」稱之。[16]只是各省面對自身的工作重點，如經濟成長或其他幹部考核等政績需求，在行動上仍是理性選擇的過程而有儀式性的「口頭響應」，或是實質性的政策產出。[17]因此，無論各省在文件上如何支持中央或習總書記，仍必須從實際的政策參與來觀察。

如圖 4-3 所顯示，依據筆者蒐集 2014 年 1 月至 2018 年 10 月，由中紀委國家監察委網站每月所公布各省處理違反「中央八項規定精神」之數據，可以發現每月各省舉報在數量與規模上的差異，其中又以 2014 年表現最為「積極」，隨著「十九大」日程接近，2017年「十九大」前則維持「最小供給」，營造「十九大」的穩定氣氛與「八項」執行成果，至 2018 年才又進行新一波的查處，但重點在維持「八項」整風的常態性，本書第六章將進一步解釋中央查處違反八項規定精神的特徵與變動。

貳、新冠疫情下的動員與治理

回顧 2020 年 1 月，當中國大陸各省正忙於兩會召開與迎接春節外，源於湖北武漢華南海鮮市場的不明肺炎也逐漸擴散，中央官

---

[16] 請參考鄧聿文，「中國的表態政治與表態文化」，FT 中文網，2014 年 8 月 8 日，http://www.ftchinese.com/story/001057638?full=y；齊之豐，「學者分析：中國的表態文化與政治」，美國之音中文網，2014 年 8 月 20 日，http://www.voachinese.com/content/loyalty-declaration-20140819/2418898.html。

[17] 領導幹部若要晉升，須達成中央的政績考核指標，包括一般指標、硬指標或一票否決等。請參考 Maria Edin, "State Capacity and Local Agent Control in China: CCP Cadre Management from a Township Perspectives," *The China Quarterly*, Vol. 173(Mar. 2003), pp. 35-52; 蔡文軒，*中共政治改革的邏輯—四川、廣東、江蘇的個案比較*（臺北：五南圖書，2011 年），頁 11-13。

員的說法從原本的「可防可控」，到鍾南山院士證實病毒「人傳人」後，原本鬆散的氣氛也快速緊繃。自 1 月 23 日武漢封城，先前網路上流傳的訊息一一被確認，社會才意識到疫情威脅嚴重性，也質疑地方到中央隱瞞疫情導致失控。

2020 年是中共「全面建成小康社會」的收官之年，回顧 2019 年十九屆四中全會前，習近平引用毛澤東詩句「宜將剩勇追窮寇，不可沽名學霸王」，強調繼承革命到底精神，並在治理體系上確保上下貫通，令行禁止，實現「全國一盤棋」。[18] 然而，隨著肺炎疫情發展所呈現問題，包括武漢百步亭「萬人宴」舉辦時機、湖北省政府凌亂的新聞發布會、武漢市市長周先旺解釋疫情「依法披露」至「吹哨者」李文亮醫師過世，地方政府所表現出的治理能力受社會與媒體質疑，壓力也隨之上傳至中央，使得原本手握改革主導權的習近平，也被迫回應質疑，特別強調「高度重視」，且「親自部署、親自指揮」，並透過「中央疫情對應工作領導小組」展現。

特別的是，觀諸 31 省市官方報紙 1 月份的報導，清一色集中於中央政策、地方兩會報導與春節聯歡氣氛。但如圖 4-4，隨著 1 月 21 日頭版與報眼刊登「習近平對新型冠狀病毒感染的肺炎疫情作出重要指示」後，[19] 各省迅速反應中央指示，從黨委會議學習傳達、成立疫情防控工作領導小組，到啓動突發公共衛生事件一級響應機制，防疫工作成為各省報紙的頭版重點，前後之間形成明顯反差。但是動員的過程，當中包含組織控制、資源整合以及黨的領導，可作為觀察「舉國體制」防疫的重要面向，而非僅以「集中力量辦大事」簡單帶過。

---

18 見「習近平視察北京香山革命紀念地」，新華網，2019 年 9 月 12 日，http://www.xinhuanet.com/politics/2019-09/12/c_1124992479.htm。

19 原文見「習近平對新型冠狀病毒感染的肺炎疫情作出重要指示 強調要把人民群眾生命安全和身體健康放在第一位 堅決遏制疫情蔓延勢頭 李克強作出批示」，新華網，2020 年 1 月 20 日，http://big5.xinhuanet.com/gate/big5/www.xinhuanet.com/2020-01/20/c_1125486561.htm。

圖 4-4　2020 年 1 月 20 日，地方報紙報導習近平對疫情做出指示

資料來源：筆者下載自各省電子報報導。

　　對此，本書藉蒐集 31 省市官方報紙在疫情期間之報導，整理在新冠疫情期間中國大陸中央與地方防疫措施之連動，觀察中共在習近平時期的決策模式、應急管理體制運作，以及中央地方長期建立的文件政治與幹部考核機制如何發揮功能，同時也探討此種上令下行制度下的決策風險。[20]

---

[20] 本節有關新冠防疫部分內容引自張執中，「舉國體制──新冠疫情初期中國大陸中央與地方防疫措施之連動」，載於銘傳大學兩岸研究中心、國家圖書館、中共研究雜誌社、展望與探索雜誌社編，**後新冠疫情下國際與臺海情勢學術研討會論文集**（新北：中共研究雜誌社，2020 年），頁 69-87；張執中，「新冠疫情對中共領導及治理體系之影響評估」，**2021 年中共年報**（新北：中共研究雜誌社，2021 年），頁 1 之 16-25。

一、跨界危機與應急體系

近年來，發生在全球各地的危機與災難，無論是傳染病、天災或公安災害，部分規模會具有「跨界」、迅速升級與不確定的特性，除了威脅範圍在垂直（如行政層級）與水平（如國界與區域）擴散，影響範圍也超出單一系統，從基礎設施到產業鏈與金融穩定，而影響時間也難以預估，除了挑戰各國傳統官僚體系應變能力與重要基礎設施（如醫療）的承載能力，並且需要決策者快速反應。[21] 面對新冠疫情這種重大突發事件，各國在決策的宏觀環境與應對策略上有明顯差異。

在中國大陸應急指揮體制方面，大陸學者認為可依據黨政間權責配置分成「間接型」和「直接型」兩大類。「間接型」指突發事件應對主要被確定為政府職權範圍內的工作，屬於行政性事務，應急指揮由政府總負責，黨主要在「幕後」起著總攬全域的作用，不直接進行指揮，屬於「黨委間接領導、政府直接主導」體制。由政府牽頭應急指揮部或聯防聯控機制等某種形式的應急指揮架構，承擔突發事件應對職責，黨主要負責指導協調和重大事項決策等。「直接型」則是指黨直接負責突發事件應對活動的組織指揮，政府在黨的直接領導下負責落實黨所研究確定的重大決策部署，屬「黨委直接領導、政府具體負責」體制。另依據部門之間關係的鬆緊程度，可把國家應急指揮體制分為「緊密型」和「鬆散型」兩大類。「緊密型」是指成立由政府負責人牽頭的應急指揮機構，整合相關部門的力量和資源，形成一種以「命令—服從」為基本特點的管理

---

21 Chris Ansell, Arjen Boin and Ann Keller, "Managing Transboundary Crises: Identifying the Building Blocks of an Effective Response System," *Journal of Contingencies and Crisis Management*, Vol. 18, No. 4(Dec. 2010), pp. 195-197; Arjen Boin, "The Transboundary Crisis: Why we are unprepared and the road ahead," *Journal of Contingencies and Crisis Management*, Vol. 27, No. 1(Jan. 2019), pp. 94-96.

模式。所謂「鬆散型」，是指由相關部門之間基於自願和信任開展合作，形成一種相互協商的「共同參與」型管理模式。因此如圖4-5所示，中國大陸國家應急指揮體制分爲「黨委間接領導、部門聯防聯控」、「黨委間接領導、政府統一指揮」、「黨委直接領導、部門聯防聯控」、「黨委直接領導、政府統一指揮」四種模式。[22]

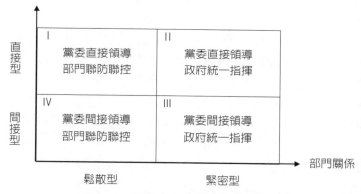

圖 4-5　中國大陸國家應急指揮體制

資料來源：修改自鍾開斌，「國家應急指揮體制的『變』與『不變』，頁14；張執中，「舉國體制─新冠疫情初期中國大陸中央與地方防疫措施之連動」，頁73。

　　依據圖4-5，第四類的典型案例爲2009年甲型流感，第三類則以2003年SARS（非典）爲案例。而第二與第一類，若由黨委直接領導的體制下，黨直接成立應急指揮部或領導小組，負責決策部署，指揮部或小組的牽頭人爲黨委負責人或由黨委負責人和政府負責人同時擔任；政府成立某種形式的應急指揮架構，負責貫徹落實黨的重大決策部署，並做好突發事件應對的統籌協調工作。「緊密型」指揮體制以「應急指揮部」模式或「領導小組」模式爲代表，

---

[22] 鍾開斌，「國家應急指揮體制的『變』與『不變』─基於『非典』、甲流感、新冠肺炎疫情的案例比較研究」，**行政法學研究**（北京），第3期（2020年），頁11-12。

在指揮部的統一領導、統一指揮下，開展統一行動；「鬆散型」應急指揮體制以「聯防聯控機制」爲代表，由突發事件應對的主責部門牽頭建立跨部門聯防聯控工作機制，相關部門作爲成員單位參與其中；聯防聯控工作機制下設若干工作組，成員單位相互之間分工協作。[23]

筆者依據前述決策模式與組織管理特徵，觀察大陸新冠疫情期間中央地方動員概況。在資料蒐集方面，本章資料時間範圍則以2020 年 1 月至 2 月底（即中共官方界定疫情的第一至第三階段）爲主，從宏觀面探討疫情爆發至高峰期的動員過程。[24] 爲了解中央與地方因應疫情的重要決策，如第一章所提，本書主要從網路蒐集並整理 31 省市省級黨報之「數字報」。[25] 另可能因疫情資訊敏感，某些省市（如武漢、天津、山西）等取消線上閱讀或隱藏當日某些版面，因此必須輔以市級黨報（如山西「太原日報」）、重要晚報（如山東「齊魯晚報」、天津「今晚報」），或透過「中國知網」的「中國重要報紙全文數據庫」資料取代，以求資料之完整。

二、疫情下的中央地方連動

2019 年 12 月初，武漢已陸續發現不明原因病毒性肺炎患者，

---

23 鍾開斌，「國家應急指揮體制的『變』與『不變』」，頁 13-14。

24 請參考國務院新聞辦公室，「抗擊新冠肺炎疫情的中國行動」，人民網，2020 年 6 月 7 日，http://politics.people.com.cn/BIG5/n1/2020/0607/c1001-31737896.html。

25 包含北京日報、天津日報（和「今晚報」）、解放日報（上海）、重慶日報、四川日報、河北日報、河南日報、湖北日報、湖南日報、新安晚報（安徽）、大眾日報（山東）、太原日報（山西）、陝西日報、甘肅日報、青海日報、貴州日報、雲南日報、內蒙古日報、廣西日報、寧夏日報、西藏日報、新疆日報、遼寧日報、吉林日報、黑龍江日報、新華日報（江蘇）、浙江日報、福建日報、江西日報、南方日報（廣東）、海南日報。

但武漢當地至 12 月 31 日，武漢市「衛生健康委員會」（以下簡稱「衛健委」）正式發布肺炎疫情通報，2020 年 1 月 9 日確認為病原體為新型冠狀病毒。[26] 至 1 月 19 日，國家衛健委雖發布病毒可防可控，但當晚高級別專家組已明確新冠病毒出現人傳人現象。[27] 以湖北和武漢為例，從正式發布疫情通報至國家衛健委確認前，除了衛健委的垂直聯繫外，兩地媒體並對疫情與防控僅有零星的報導，其中還包含對李文亮醫師等八人「散布不實信息」之處理。[28] 主要政治任務落在「脫貧與小康」、「地方發展」、「『不忘初心、牢記使命』主題教育」，以及 1 月 7 日至 10 日武漢兩會和 11 日至 17 日湖北省兩會召開，而無論是湖北省或武漢市，在政府工作報告皆無提到肺炎疫情。[29] 在中央部分，國家衛健委於 1 月 1 日已成

---

[26] 請參考「武漢市衛健委發布肺炎疫情通報」，楚天都市報（武漢），2020 年 1 月 1 日，版 A05，https://ctdsbepaper.hubeidaily.net/pc/content/202001/01/content_15119.html；「肺炎病原體為新型冠狀病毒」，楚天都市報（武漢），2020 年 1 月 10 日，版 A01，https://ctdsbepaper.hubeidaily.net/pc/column/202001/10/node_A01.html。

[27] 請參考「國家衛健委發布新型冠狀病毒疫情防控情況：仍可防可控 傳染來源尚未找到」，新華網，2020 年 1 月 19 日，http://big5.xinhuanet.com/gate/big5/big5.asean-china-center.org/gate/big5/www.xinhuanet.com/2020-01/19/c_1125483020.htm；「新型冠狀病毒感染肺炎疫情：已確認存在人傳人和醫務人員感染」，新華網，2020 年 1 月 20 日，http://big5.xinhuanet.com/gate/big5/www.xinhuanet.com/politics/2020-01/20/c_1125487200.htm；國務院新聞辦公室，抗擊新冠肺炎疫情的中國行動。

[28] 請參考「8 人散布肺炎不實信息被處理」，楚天都市報（武漢），2020 年 1 月 2 日，版 A01，https://ctdsbepaper.hubeidaily.net/pc/column/202001/02/node_A01.html；「武漢市衛生健康委關於不明原因的病毒性肺炎情況通報」，中華人民共和國國家衛生健康委員會，2020 年 1 月 11 日，http://www.nhc.gov.cn/xcs/yqtb/202001/1beb46f061704372b7ca41ef3e682229.shtml；「武漢確診 41 例感染新型冠狀病毒肺炎患者」，楚天都市報（武漢），2020 年 1 月 12 日，版 A05，https://ctdsbepaper.hubeidaily.net/pc/content/202001/12/content_16975.html。

[29] 請參考「政府工作報告—2020 年 1 月 12 日在湖北省第十三屆人民代表大會第三次會議上」，湖北日報（武漢），2020 年 1 月 21 日，版 A01，https://

立由主任馬曉偉爲組長的疫情應對處置領導小組，習近平也在 1 月 7 日中央政治局常委會中，對疫情防控提出要求。[30] 但顯然在疫情未明朗前，防疫工作還未進入中央地方重要議程，直到 1 月 20 日，新華社發布習近平對新冠肺炎疫情的重要指示後，才開始進入全國動員階段，另如表 4-6 顯示，疫情也逐步轉移至各省，至 1 月 21 日疑似病例與確診病例已達 475 例。

表 4-6　至 2020 年 1 月 21 日中國大陸新冠肺炎疫情匯總

省分	確診	疑似
湖北	270	11
廣東	17	4
北京	10	0
上海	6	3
浙江	5	11
重慶	5	0
天津	2	0
河南	1	0
四川	1	2

epaper.hubeidaily.net/pc/content/202001/21/content_18713.html；「武漢市 2020 年政府工作報告」，武漢市人民政府網，2020 年 1 月 11 日，http://www.wuhan.gov.cn/zwgk/xxgk/ghjh/zfgzbg/202003/t20200316_970158.shtml。

30 請參考「國家衛健委發布新型冠狀病毒疫情防控情況：仍可防可控 傳染來源尚未找到」；習近平，「在中央政治局常委會會議研究應對新型冠狀病毒肺炎疫情工作時的講話」，求是（北京），第 4 期（2020 年），http://www.qstheory.cn/dukan/qs/2020-02/15/c_1125572832.htm。但回顧新華社發布 1 月 7 日政治局常委會議報導，重點放在聽取全國人大政協、一府兩院與中央書記處工作報告、全面建成小康社會，並無提到疫情相關訊息。見「中共中央政治局常務委員會召開會議 習近平主持」，新華網，2020 年 1 月 7 日，http://www.xinhuanet.com /politics/leaders/2020-01/07/c_1125432339.htm。

表 4-6　至 2020 年 1 月 21 日中國大陸新冠肺炎疫情匯總（續）

省分	確診	疑似
山東	1	0
香港	0	117
江西	0	2
雲南	0	1
廣西	0	1
遼寧	0	1
吉林	0	1
安徽	0	1
海南	0	1
貴州	0	1
寧夏	0	1

資料來源：**北京日報**，2020 年 1 月 22 日，版 13。

　　習近平 20 日的指示，在隔日都登載於各省黨報之頭版與報眼處，該指示具備「象徵」和「行政」兩個層面的權威性。各省市在三日內紛紛召開包括專題會議、常委會議或常委擴大會議，「傳達學習習近平總書記的重要指示和李克強總理批示」，並隨即成立疫情防控工作領導小組，與啓動突發公共事件一級響應機制。此過程如圖 4-6 及表 4-7 所示，各省會議傳達中央文件內容，會議結論也透過宣傳系統向社會表達和中央在思想、政治與行動上保持高度一致。整理各省資料，從 1 月 20 日至 27 日間，31 省市根據有關法規啓動一級響應，並成立應對疫情工作領導小組。[31] 隨著中央成立領導小組後，在黨中央統一指揮下，多數省分轉爲省（市）委應對疫情工作領導小組，由省委書記或省長任組長，在省委小組領導下

---

[31] 僅西藏至 1 月 30 日發布一級響應。

貫徹中央指令，轉為模式 II 的政府統一指揮模式。

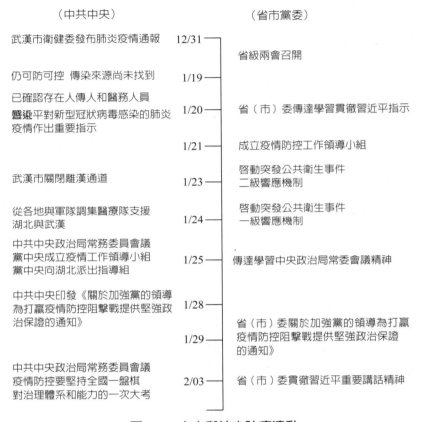

（中共中央）		（省市黨委）
武漢市衛健委發布肺炎疫情通報	12/31	省級兩會召開
仍可防可控 傳染來源尚未找到	1/19	
已確認存在人傳人和醫務人員感染平對新型冠狀病毒感染的肺炎疫情作出重要指示	1/20	省（市）委傳達學習貫徹習近平指示
	1/21	成立疫情防控工作領導小組
武漢市關閉離漢通道	1/23	啟動突發公共衛生事件二級響應機制
從各地與軍隊調集醫療隊支援湖北與武漢	1/24	啟動突發公共衛生事件一級響應機制
中共中央政治局常務委員會議黨中央成立疫情工作領導小組黨中央向湖北派出指導組	1/25	傳達學習中央政治局常委會議精神
中共中央印發《關於加強黨的領導為打贏疫情防控阻擊戰提供堅強政治保證的通知》	1/28	
	1/29	省（市）委關於加強黨的領導為打贏疫情防控阻擊戰提供堅強政治保證的通知》
中共中央政治局常務委員會議疫情防控要堅持全國一盤棋對治理體系和能力的一次大考	2/03	省（市）委貫徹習近平重要講話精神

圖 4-6　中央與地方防疫連動

資料來源：張執中，「舉國體制—新冠疫情初期中國大陸中央與地方防疫措施之連動」，頁79。

　　前述中國大陸雖然是單一制的中央集權國家，但地方政府仍是中共組織體系的一環，各省面對自身的工作重點，如經濟成長或其他幹部考核等政績需求，在行動上選擇先鋒、扈從或抵制屬於理性選擇的過程。但在新冠疫情中，學者認為，無論是 SARS 和本次

表 4-7　31 省市防疫措施啓動概況

省分	1/20	1/21	1/22	1/23	1/24	1/25	1/26	1/27	1/28以後
北京			AB		D				
天津	A		B		D				
河北		AB			D				
山西					ABD				
內蒙		A		B		D			
遼寧		A		B		D			
吉林		A		B		D			
黑龍江		A			BD				
上海			AB		D				
江蘇		A			BD				
浙江		AB		D					
安徽				A	BD				
福建		A			D	B			
江西			A		D		B		
山東		AB			D				
河南			A	B		D			
湖北		A	BC		D				
湖南		A		D			B		
廣東		A	B	D					
廣西		A			BD				
海南	A				C	D	B		
重慶		A		B	D				
四川	A				D		B		
貴州		A			BD				
雲南			A		D			B	

表 4-7　31 省市防疫措施啓動概況（續）

省分	1/20	1/21	1/22	1/23	1/24	1/25	1/26	1/27	1/28以後
西藏			A					BC	D(1/30)
陝西			A			D		B	
甘肅	B	A				D			
青海			A			D	B		
寧夏		A	B			D			
新疆		A	B			D			

說明：A = 專題會議或常委會議；B = 成立防疫工作領導小組；C = 啓動二級響應；D = 啓動一級響應。

資料來源：筆者整理自各省電子報報導。

疫情都有一個特點，就是針對疫情的最好對策是相互隔離、各自為政，各個地方嚴加看守，杜絕人口流動；而民眾因為擔心傳染危險，也積極配合。在這個事件中，中央關於各自隔離的政策意圖、與解決流行病危機的基本原則、與地方性利益和民眾期待十分吻合，所以從中央到地方到民眾，可以非常有效地執行下去。[32]

　　以上海為例，在習近平指示下達後，上海市委於 22 日召開常委會議部署防控工作，成立了以市長應勇為組長的「新型冠狀病毒感染肺炎疫情防控工作領導小組」，並向下延伸至街道（見表 4-8、圖 4-7）。[33]

---

[32]「社會學家周雪光談肺炎危機（下）：當務之急不是社會適應政府，而是政府適應社會」，端傳媒，2020 年 2 月 19 日，https://theinitium.com/article/20200219-opinion-zhouxueguang-epidemics-state-and-society。

[33]「傳達學習貫徹習近平總書記重要指示精神 嚴格落實全市聯防聯控機制」，解放日報（上海），2020 年 1 月 23 日，版 01，https://www.jfdaily.com/journal/2020-01-23/getArticle.htm?id=286808；「上海成立疫情防控工作領導小組」，解放日報（上海），2020 年 1 月 23 日，版 01，https://www.jfdaily.com/journal/2020-01-23/getArticle.htm?id=286804。

表 4-8　2020 年 1 月上海市新冠肺炎疫情防控工作領導小組名單

組長	應勇（市長）	副組長	陳寅（常務副市長）
			宗明（副市長）
成員			
陳靖（市政府秘書長）		聞大翔（市藥品監管局局長）	
趙奇（市政府副秘書長）		王劍華（市信訪辦主任）	
杭迎偉（市政府副秘書長、浦東新區區長）		徐威（市政府新聞辦主任）	
顧洪輝（市政府副秘書長）		王興鵬（申康醫院發展中心主任）	
姜迅（市委網信辦主任）		付晨（市疾病預防控制中心主任）	
陳石燕（市發展改革委副主任）		高融昆（上海海關關長）	
吳金城（市經濟信息化委主任）		巢克儉（黃浦區區長）	
華源（市商務委（市口岸辦）主任）		方世忠（徐匯區區長）	
陸靖（市教委主任）		王嵐（長寧區區長）	
張全（市科委主任）		于勇（靜安區區長）	
陳臻（市公安局副局長）		薑冬冬（普陀區區長）	
朱勤皓（市民政局局長）		胡廣傑（虹口區區長）	
曹吉珍（市財政局局長）		薛侃（楊浦區區長）	
趙永峰（市人力資源社會保障局局長）		陳宇劍（閔行區區長）	
壽子琪（市生態環境局局長）		陳傑（寶山區區長）	
黃永平（市住房城鄉建設管理委主任）		陸方舟（嘉定區區長）	
謝峰（市交通委主任）		郭芳（奉賢區區長）	
張國坤（市農業農村委主任）		李謙（松江區區長）	
于秀芬（市文化旅遊局局長）		劉健（金山區區長）	
鄔驚雷（市衛生健康委主任）		餘旭峰（青浦區區長）	
馬堅泓（市應急局局長）		繆京（崇明區區長）	
王建平（市審計局局長）		張仁良（交運集團董事長）	
陳學軍（市市場監管局局長）		俞光耀（申通地鐵集團董事長）	

表 4-8　2020 年 1 月上海市新冠肺炎疫情防控工作領導小組名單（續）

張小松（市政府外辦主任）	馮昕（機場集團總裁）
夏科家（市醫保局局長）	應慧剛（中國鐵路上海局集團總經理）
鄧建平（市綠化市容局（市林業局）局長）	馬德榮（武警上海總隊司令員）
姚海（市政府合作交流辦主任）	孫金邦（上海警備區後勤保障局局長）

資料來源：上海市衛生健康委員會，http://wsjkw.sh.gov.cn/sh1/20200410/0d9cd30d9
b8b47a9a408df0c9d67834b.html；張執中，「舉國體制―新冠疫情初期中國大
陸中央與地方防疫措施之連動」，頁 81。

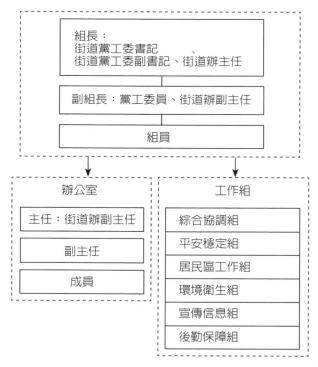

圖 4-7　上海市靜安區曹家渡街道辦疫情防控領導小組組織圖

資料來源：「曹家渡街道關於新型冠狀病毒感染的肺炎疫情防控工作應急方案」，上海市人民
政府，http://www.shanghai.gov.cn/nw2/nw2314/nw32419/nw48516/nw48545/
nw48608/u26aw63572.html；張執中，「舉國體制―新冠疫情初期中國大陸中央
與地方防疫措施之連動」，頁 81。

在法制層面，上海市人大常委會通過《關於全力做好當前新型冠狀病毒感染肺炎疫情防控工作的決定》，要求各級人民政府及其有關部門應當切實履行屬地責任、部門責任，建立健全市、區、街鎮、城鄉社區等防護網絡，發揮「壹網統管」作用。並授權市政府可在醫療衛生、防疫管理、隔離觀察、道口管理、交通運輸及社區管理等 11 方面，採取臨時性應急管理措施，制定政府規章或者發布決定、命令、通告。[34]

在社區防疫上，對黨員領導幹部實施從市、區、街道、居委會的層層責任制，每一個黨員領導幹部都有明確的工作職責和考核要求。例如靜安區臨汾街道所屬 20 個居民區、1,900 樓組、3.3 萬戶家庭中的黨員簽署《黨員承諾書》，承諾對樓層進行包乾，做好維護穩定、宣傳政策、看家護院、關心關愛「四個帶頭」。街道黨工委以「黨建引領、分片包乾」，將「防疫網格」劃小劃細，構築起以「街道總網格—街區—居民區次網格—自然小區—樓群微網格—樓組—樓層」七個層面的「黨員責任區」，從黨員個體延伸到黨小組、黨支部、黨總支、黨工委。[35]

三、中央指揮與對口支援

前述跨界危機發生時，對於政治與行政上的挑戰包括應對的不確定性、最大處置量的限制、組織回應能力與大眾溝通能力。[36] 本

---

34 「上海市人民代表大會常務委員會關於全力做好當前新型冠狀病毒感染肺炎疫情防控工作的決定」，**上海市人民政府**，2020 年 2 月 7 日，http://www.shanghai.gov.cn/nw2/nw2314/nw32419/nw48516/nw48545/nw48635/u26aw63497.html。

35 湯嘯天，「依法、科學、精準、規範：新冠肺炎疫情社區防控的上海實踐」，**上海法學研究**，第 1 卷（2020 年），頁 187-188。

36 Ansell, Boin and Keller, "Managing Transboundary Crises," pp. 197-199.

次新冠肺炎爆發地武漢市常住人口約有 1500 萬，屬於特大城市，其中逾 500 萬流動人口，當疫情發生時波及面廣，且武漢是連接中國東西、貫通南北的重要交通樞紐，高速、高鐵、航空運輸高度發達，助長了人口大規模流動而帶來的疫情擴散風險。[37] 因此，中共中央在 1 月 25 日的政治局常委會中，指出湖北省要把疫情防控工作，作爲當前頭等大事，採取更嚴格的措施，內防擴散、外防輸出。並且決定中共中央成立應對疫情工作領導小組，在中央政治局常務委員會領導下開展工作；中共中央向湖北等疫情嚴重地區派出指導組，推動有關地方全面加強防控一線工作。[38]

中央應對疫情工作領導小組組長爲國務院總理李克強，副組長爲中央政治局常委王滬寧。1 月 27 日，孫春蘭率中央指導組抵達武漢，督導疫情防控。中央應對疫情工作領導小組成立後，原來由國家衛健委牽頭成立的疫情聯防聯控工作機制也調整爲國務院聯防聯控機制，下設七個組與對外派出工作指導組。在應急指揮體系上，相較於 2003 年 SARS 的指揮體制，由黨中央主要通過召開會議，聽取彙報，發揮間接領導的作用，疫情防控的組織指揮由政府具體負責，部門間採取應急指揮部統一指揮調度的模式（圖 4-8）。本次新冠疫情指揮體系形成圖 4-5 類型的模式Ⅰ，由黨中央對疫情直接進行決策部署，政府主要負責落實黨的決策部署。部門間權責配置方面，組建國務院應對疫情聯防聯控機制，各部門協調開展疫情應對工作。[39]

---

37 卿菁，「特大城市疫情防控機制：經驗、困境與重構—以武漢市新冠肺炎疫情防控爲例」，湖北大學學報哲學社會學版（武漢），第 47 卷第 3 期（2020年 5 月），頁 21-22。

38 「中共中央政治局常務委員會召開會議 研究新型冠狀病毒感染的肺炎疫情防控工作 中共中央總書記習近平主持會議」，新華網，2020 年 1 月 25 日，http://www.xinhuanet.com/politics/leaders/2020-01/25/c_1125502052.htm。

39 鍾開斌，「國家應急指揮體制的『變』與『不變』」，頁 16-21。

　　湖北與武漢在疫情發展期間，除面臨擴散風險外，還面臨著醫療資源供給和各種生活物資保障短缺等問題。習近平 2 月 10 日在北京調研新冠肺炎疫情防控工作時強調，全國各地堅持「一方有難，八方支援」。[40]同日，省際對口支援湖北省除武漢以外地市新

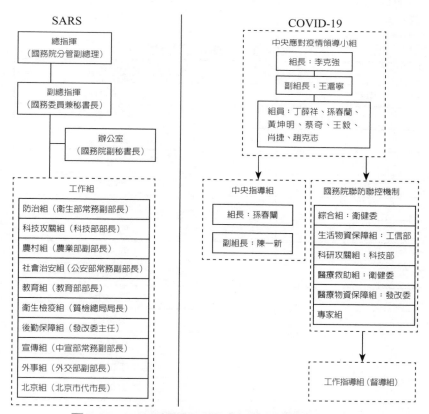

圖 4-8　SARS 與新冠疫情期間應急指揮體系比較

資料來源：修改自鍾開斌，「國家應急指揮體制的『變』與『不變』」，頁 16-21；張執中，「舉國體制—新冠疫情初期中國大陸中央與地方防疫措施之連動」，頁 83。

---

[40] 請參考「習近平在北京調研指導新冠肺炎疫情防控工作時強調以更堅定的信心更頑強的意志更果斷的措施」，湖北日報（武漢），2020 年 2 月 11 日，版 01，https://epaper.hubeidaily.net/pc/content/202002/11/content_20941.html。

型冠狀病毒肺炎防治工作視訊會議召開。湖北省委常委王賀勝提出，與武漢相比，其他市州基礎設施相對薄弱，醫療衛生人員更加缺乏，「懇請」各兄弟省分進一步加大對口支援力度。國家衛健委按照「一省支援一地市」的原則，在前期支援基礎上，再安排 19 個省區市對口支援湖北省除武漢以外地市新冠肺炎防治工作，如表 4-9。[41]

表 4-9　各省市對口支援

省市		被支援城市
重慶、黑龍江	→	孝感市
山東、湖南	→	黃岡市
江西	→	隨州市
廣東、海南	→	荊州市
遼寧、寧夏	→	襄陽市
江蘇	→	黃石市
福建	→	宜昌市
內蒙古、浙江	→	荊門市
山西	→	仙桃市、天門市、潛江市*
貴州	→	鄂州市
雲南	→	咸寧市
廣西	→	十堰市
天津	→	恩施土家苗族自制州
河北	→	神農架林區

說明：*縣級市。

資料來源：「國家衛生健康委：統籌安排 19 省對口支援湖北除武漢市外的 16 個市州及縣級市」，**新華網**，2020 年 2 月 11 日，http://www.gd.xinhuanet.com/newscenter/2020-02/11/c_1125556629.htm

---

41 請參考「舉全國之力 集優質資源 堅決打贏疫情防治阻擊戰」，湖北日報（武漢），2020 年 2 月 11 日，版 02，https://epaper.hubeidaily.net/pc/content/202002/11/content_20949.html。

　　中國大陸省際對口支援確立於 1970 年代末，1979 年 4 月，中共中央在北京召開了全國邊防工作會議。中共中央政治局委員、中央統戰部部長烏蘭夫在大會上作了題為《全國人民團結起來，為建設繁榮的邊疆、鞏固的邊防而奮鬥》的報告，針對大陸邊境地區多為經濟欠發達的少數民族地區的現狀，確定了東部發達省市對口支援邊境及少數民族地區的具體方案。中共中央批准了這一報告，首次確定大陸省市對口支援邊境地區和少數民族地區的安排。可以看出當時對口支援方案一個重要目的就是為了加強少數民族地區建設、鞏固邊防。[42]而在 2008 年汶川大地震後的重建，除了中央財政撥款外，中央對 19 個相對富裕的省（市）與災區各地進行配對，進行財政與物資支援，並負成敗政治責任。這樣的援助除顯示民族團結，對外也彰顯中國制度優越性。[43]

　　大陸學者認為，支援是一種行為，對口是對支援行為的一種規則約束，對省際對口支援的解釋應該從「支援」行為和「對口」規則兩個層面進行。[44]在本次新冠肺炎疫情，中央指定 19 省對口支援湖北的運作邏輯，包括湖北省「由下而上」向黨中央提出對口支援的政治請求，如同李克強總理提到 2013 年四川省雅安市蘆山縣地震時的救助方式：「國務院派一個工作組在那兒，由四川省作為需方，我們是供方，他提單子，我們給條件，保證抗震救災有序進

---

[42] 當時指派北京支援內蒙古、河北支援貴州、江蘇支援廣西、新疆，山東支援青海、天津支援甘肅、上海支援雲南、寧夏，全國支援西藏。見李慶滑，「我國省際對口支援的實踐、理論與制度完善」，中共浙江省委黨校學報（杭州），第 5 期（2010 年），頁 55-58。

[43] Christian Sorace, "'When one place is in trouble, help comes from all sides': Fragmented Authoritarianism in post-disaster reconstruction," in Kjeld Erik Brødsgaard, ed., *Chinese Politics as Fragmented Authoritarianism: Earthquakes, Energy and Environment* (New York: Routledge, 2017), pp. 135-155.

[44] 李慶滑，「我國省際對口支援的實踐、理論與制度完善」，頁 55。

行」，中央決定對此後類似災害，都以此機制展開。[45] 中央通過設定政策目標屬性和「責任包幹」，「由上而下」把對口支援任務分配給 19 省，將對口支援的醫療人員和物資等定向配置到湖北省，確保任務快速高效完成。[46] 比如受命支援荊州市的廣東省與海南省，分別支援 250 名醫療團隊與 380 噸的冬季熱帶果蔬；[47] 而支援荊門市的內蒙古與浙江省，則分別支援 600 噸肉奶食品與 37 人的醫療隊伍。[48]

　　這種科層組織的橫向縱向整合，是中國以往應對危機管理的基本經驗和方法。在新冠肺炎疫情暴發之後，地方的迅速回應和協調運轉，是中央資源整合與組織能力的一種重要體現。[49] 但是地方迅速動員背後，除了符合前述地方性利益和民眾期待外，還須面對中央高度重視的政治任務與幹部考核，以及省級領導幹部橫向間的績效競爭，讓地方一把手提高政治站位，以避免遭到問責影響晉升階梯。中組部於 1 月底發出通知，強調：

---

45 「李克強在中國工會第十六次全國代表大會上的經濟形勢報告」，人民網，2013 年 11 月 4 日，http://cpc.people.com.cn/n/2013/1104/c64094-23421964-2.html。

46 閆義夫，「十九省『對口支援』湖北：應對新冠肺炎疫情的運作機理及政治保障」，社會科學家（桂林），第 4 期（2020 年），頁 149-150。

47 「第二批廣東對口支援湖北荊州醫療隊啓程物資裝了滿滿一飛機」，南方日報（廣州），2020 年 2 月 12 日，版 A03，http://epaper.southcn.com/nfdaily/html/2020-02/12/content_7868392.htm；「海南馳援湖北荊州冬季熱帶果蔬發車儀式舉行」，海南日報（海口），2020 年 2 月 14 日，版 A01，http://hnrb.hinews.cn/html/2020-02/14/content_1_3.htm。

48 「600 噸肉奶食品 從內蒙古啓運馳援湖北」，內蒙古日報（呼和浩特），2020 年 2 月 12 日，版 2，http://szb.northnews.cn/nmgrb/html/2020-02/12/content_20409_105177.htm；「我省首批支援荊門醫療隊出征」，浙江日報（杭州），2020 年 2 月 13 日，版 1，http://zjrb.zjol.com.cn/html/2020-02/13/content_3306315.htm?div=-1。

49 孫彩紅，「協同治理視域下政府資源整合與組織能力分析—以新冠肺炎疫情防控爲例」，四川大學學報哲學社會學版（成都），第 4 期（2020 年），頁 62。

　　要注重在疫情防控阻擊戰一線考察識別領導班子和領導幹部，重點考察是否把疫情防控作爲當前最重要的工作來抓，是否堅守崗位、靠前指揮，是否嚴密細緻做好疫情監測、排查、預警、防控等工作。要大膽提拔使用表現突出、堪當重任的優秀幹部；及時調整不勝任現職、難以有效履行職責的幹部；嚴肅問責不敢擔當、作風漂浮、落實不力，甚至弄虛作假、失職瀆職的幹部。[50]

　　在 2 月 10 日前後，湖北省衛健委黨組書記與主任都被免職，由前述省委常委王賀勝接任，湖北省委書記也由原上海市長應勇接任蔣超良。[51] 而 3 月初，時任江蘇支援湖北黃石市的前方指揮部總指揮的鎮江市委書記惠建林，也升任江蘇省副省長，成爲全國提拔級別最高的援鄂官員。[52] 因此當中央下達對口支援任務後，即使省民質疑自身醫療資源是否足夠，省委仍是以完成政治任務爲優先。[53]

50　「中組部：要注重在疫情防控阻擊戰一線考察識別領導班子和領導幹部」，新華網，2020 年 1 月 29 日，http://www.xinhuanet.com/politics/2020-01/29/c_1125510815.htm?fbclid=IwAR1jBaL1P didkOb8rydwgU3x7xPtnjHu0mzQ3TmmEe8M1-Jfpj-f4nIWSO8。

51　「湖北省衛健委黨組書記主任雙雙被免職」，新浪網，2020 年 2 月 11 日，https://finance.sina.com.cn/china/2020-02-11/doc-iimxyqvz1878020.shtml；「湖北省委主要負責同志職務調整」，人民網，2020 年 2 月 13 日，http://politics.people.com.cn/BIG5/n1/2020/0213/c1001-31585363.html。

52　「升副部，他是全國提拔級別最高的援鄂官員」，新京報網，2020 年 3 月 3 日，http://www.bjnew.com.cn/feature/2020/03/03/698497.html?fbclid=IwAR2ep1NBqtx-dSUBVWBAQVNTARQs5I1EZWXSsPkaVGou9SVojpV_YC4eSBA。

53　如廣東省官方説法：「104 家醫院可參與疫情專項救治工作的醫務人員有 1 萬 7,066 人，其中醫生 4,703 人、護士 7,149 人、其他人員 5,214 人，大多數都有過抗擊非典等的經歷。目前我省累計派出支援湖北的共 1,500 多人，總體來看，這不會影響廣東的救治能力」。見「支援湖北不影響 廣東救治能力」，南方日報（廣州），2020 年 2 月 13 日，版 A02，http://epaper.

如表 4-10 所示，本書整理各省省報黨委會議新聞資料，比如重慶、黑龍江、河北皆強調堅持「大局意識」；江西、寧夏、江蘇、貴州、雲南皆強調任務代表中央對該省的信任與重託，其餘省分也多強調牢固樹立全國「一盤棋」的思想，必須提高政治站位，扛起責任並完成任務。因此從數據顯示，在 10 日確認對口支援命令後，多數省分兩日內便已啟程。

表 4-10　對口支援省市回應中央決定內容

省市	回應內容
重慶	堅決聽從黨中央指揮，堅決服從大局需要，全力以赴完成對口支援湖北孝感新冠肺炎防治任務。
黑龍江	要做好對口支援湖北新冠肺炎防治工作。弘揚「一方有難，八方支援」的大愛精神，以強烈的大局意識組織好支援孝感市工作。
山東	省委、省政府堅決落實習近平總書記重要指示精神和黨中央決策部署會議研究了《山東省對口支援湖北省黃岡市新型冠狀病毒肺炎防治工作方案》。
湖南	要全力以赴做好對口支援湖北黃岡新冠肺炎防治各項工作，不辜負黨中央對湖南的重託。
江西	黨中央決定我省對口支援湖北省隨州市新冠肺炎防治工作，是對我們的信任，更是對我們的重託，使命光榮、責任重大。要切實提高政治站位，深刻認識對口支援的重大意義。
廣東	堅決服從總書記、黨中央統一指揮、統一協調、統一調度，集中優勢資源全力以赴做好支援湖北工作，加強與海南省的溝通協調，團結合作完成好對口支援湖北荊州的政治任務。
海南	要按照「全國一盤棋」思想，全力以赴支援湖北疫情防控工作，密切前後方指揮聯動，確保支援力量人員不減、物資供應充足、精神狀態良好。
遼寧	一要一手抓省內防控，一手抓對鄂支援。堅決聽從黨中央指揮調度，堅決落實黨中央決策部署，胸懷全域，勇於擔當，扛起兩項任務，統籌兩個「戰場」，打贏兩場「戰役」。

southcn.com/nfdaily/html/2020-02/12/content_7868392.htm。

表 4-10　對口支援省市回應中央決定內容（續）

省市	回應內容
寧夏	疫情防控正處於膠著對壘的關鍵時刻，馳援湖北、馳援襄陽，是黨中央、國務院交給我們的光榮而重大的政治任務。
江蘇	深刻領會把握習近平總書記關於打好湖北保衛戰的要求，全力以赴支援湖北，明確對口支援黃石市，這是黨中央交給我們的政治任務，也是義不容辭的責任使命。
福建	要堅決貫徹落實以習近平同志為核心的黨中央決策部署，堅持全國「一盤棋」，選派「精兵強將」到支援宜昌防治一線，全力支持當地做好疫情防控工作。
內蒙古	要牢固樹立全國「一盤棋」的思想，繼續從物資和醫護力量等方面積極支援湖北省的防控工作，堅決防止疫情輸出，切實履行好內蒙古在全國防控大局中的責任。
浙江	我省在與荊門市積極對接基礎上，決定組建一支 37 人的醫療隊伍赴荊門開展支援。
山西	牢記領袖囑託，堅定必勝信心，不斷夯實打贏疫情防控人民戰爭總體戰阻擊戰的勝算基石。
貴州	貴州對口支援鄂州，是黨中央對貴州的高度信任和重托。我們要切實增強「四個意識」、堅定「四個自信」、做到「兩個維護」，堅決服從黨中央統一指揮、統一協調、統一調度，切實扛起對口支援鄂州新冠肺炎防治的重大政治責任。
雲南	對口支援湖北省咸寧市醫療救治工作，是黨中央交給雲南的一項光榮的政治任務，……進一步提高政治站位、增強大局意識，積極發揚「一方有難，八方支援」的守望相助精神，全面落實對口支援要求，以更大力度支援咸寧市抗疫前線。
廣西	按照黨中央、國務院「一省支援一地市」的最新部署要求，自治區黨委、政府迅速成立廣西對口支援湖北省十堰市前方指揮部，組建廣西第三批赴湖北抗疫醫療隊，馳援十堰市。
天津	我們要堅決貫徹落實習近平總書記重要講話、重要指示精神和黨中央決策部署，充分認識這項工作的重要性和緊迫性，克服自身困難，竭盡所能支援恩施州抗擊疫情，為打贏疫情防控的人民戰爭、總體戰、阻擊戰作出天津貢獻。
河北	要堅持大局觀念和「一盤棋」思想，加強與湖北、武漢和神農架林區的溝通對接，全力加大藥品、防護設施和醫護人員支援力度，切實做到對口支援地區需要什麼，我們就支援什麼，為打好武漢保衛戰、湖北保衛戰做出河北貢獻。

資料來源：筆者整理自各省電子報報導。

　　從上述支援任務可以看出，黨中央將政策任務整體分配到19個省級政府，通過設定工作任務屬性，即當前的重大政治任務，切實提高政治站位，並以「責任包幹、落細落實」的責任制，監督並考核地方政府政策執行成效，以確保目標完成。另從委託代理理論視角來看，多個代理人面對同一個委託人的情況下，通過鮮明的獎懲方式和績效考核對多個代理人提供了橫向競爭的情景框架。19省對所承接黨中央的政策目標相對單一和明晰，以「結果考核」和「問責」為導向，且中央赴湖北指導組坐鎮疫情防控一線，克服了黨中央與省級政府之間疫情資訊的不對稱性，更有利於監督和核實省級政府的實際工作狀況，因此，對口更是對支援這種行為的一種規則約束。[54] 再者，對口支援類似於「行政逐級發包制」，在一樣的命令與責任制下，由各省將對口支援任務分解給地市政府，地市政府承擔具體事務後，最終仍然由市縣政府落實完成。[55] 使基層、地方與中央形成了相互支援和明確責任的目標體系。

---

[54] 閆義夫，「十九省『對口支援』湖北：應對新冠肺炎疫情的運作機理及政治保障」，頁150-152；李慶滑，「我國省際對口支援的實踐、理論與制度完善」，頁57。

[55] 以支援湖北孝感市的重慶與黑龍江為例，重慶對口支援隊來自該市6家市級醫院和7個區縣的11家醫院；黑龍江組織13個市（地）的300多位醫務工作者成立醫療隊。請參見「重慶市赴孝感市新冠肺炎防治工作對口支援隊出征」，重慶日報，2020年2月12日，版1，https://epaper.cqrb.cn/html/cqrb/2020-02/12/001/content_253999.htm；「黑龍江省援助湖北孝感醫療隊出征 張慶偉到機場送行」，黑龍江日報（哈爾濱），2020年2月13日，版1，http://epaper.hljnews.cn/hljrb/20200213/460601.html。

第五章
中央巡視制度下的央地關係

對共產政權而言，黨國雖然對社會表現了高度的自主性，並掌控組織與意識形態工具，然而中共為何還需設立集體領導與任期制來約束核心領導人？改革幹部選拔制度？以及改革巡視制度來監督各級一把手？

在本書開頭曾提到不同政體面臨的「代理困境」，中國大陸作為中央集權的大國，在組織成員間的目標衝突上，相較於各省面對中央指標的理性選擇，中央為要求各省績效，也會進行一波波的政治運動展示其強制力，糾正政策的偏離而具有「間歇性極權」之特徵。[1] 然而，垂直管理除了監督成本過高外，亦會阻礙地方發展的特性與積極性，因此中共「黨管幹部」的層級選擇（如「下管一級」），必須在權力下放、經濟發展、監督成本、目標一致下共同考量。[2]

在前述民主國家國會對官僚的監督，利用巡邏隊（police patrols）與警報器（fire alarms）等方式。[3] 以中國大陸這樣一個龐大的黨國體制，在制度發展上，中央為避免陷入代理困境，透過可量化指標對幹部進行獎懲，也透過異地交流、直接提名等機制，降低難以監控的風險，但主要是以紀檢系統作為中央的「巡邏隊」，用以監督、考核各級幹部與中央路線的一致性。

自鄧小平時期以來，中共的紀律檢查系統逐漸成為內部控制的

---

[1] Yia-Ling Liu, "Reform from Below: The Private Economy and Local Politics in Rural Industrialization of Wenzhou," *The China Quarterly*, No. 130(Jun. 1992), pp. 293-316。

[2] Pierre F. Landry, *Decentralized Authoritarianism in China: The Communist Party's Control of Local Elites in the Post-Mao Era* (Cambridge, NY: Cambridge University Press, 2008), pp. 25-40.

[3] Mathew D. McCubbins and Thomas Schwartz, "Congressional Oversight Overlooked: Police Patrols versus Fire Alarms," *American Journal of Political Science*, Vol. 28, No. 1(Feb. 1984), pp. 166-176.

關鍵角色，中央紀律檢查委員會（以下簡稱「中紀委」）控管派系衝突與腐敗，以確保黨中央對下級的政治控制。特別在習近平執政八年來，除了持續利用紀檢剷除周永康與令計劃勢力，時任中紀委書記王岐山更改造「巡視制度」，使中共中央得以密集監控下級黨組織的運作，解決資訊不對稱與利益衝突等代理問題，因此透過本章進一步評估巡視制度在中共政治控制的作用是必要的。

壹、中共建政以來「巡視制度」發展

　　中共建政以來，巡視制度伴隨著毛澤東的路線推動，進行由上至下的監視與糾偏（見表 5-1）。改革開放後，1983 年，中共十二屆二中全會通過《中共中央關於整黨的決定》，提出縣級以上各級黨委應挑選一批黨性強、作風好、熟悉黨的思想工作和組織工作的同志，包括退出第一線工作的老同志，作爲聯絡員或巡視員派往所屬進行整黨的單位，以高質量的指導幫助完成統一思想、整頓作風、加強紀律、純潔組織的四項整黨任務。[4]1990 年 3 月，十三屆六中全會通過「中共中央關於加強黨同人民群眾聯繫的決定」。[5]並於 1996 年 3 月出臺《中共中央紀委關於建立巡視制度的試行辦法》，使巡視工作走向制度化。[6]

---

[4]　陳燕，「改革開放以來中國共產黨巡視工作的演進」，人民網，2018 年 12 月 12 日，http://theory.people.com.cn/BIG5/n1/2018/1212/c40531-30461063.html。

[5]　《決定》針對各領導機關與領導幹部的監督，提出「中央和各省、自治區、直轄市黨委，可根據需要向各地、各部門派出巡視工作小組，授以必要的權力，對有關問題進行督促檢查，直接向中央和省、區、市黨委報告情況。這項工作，可吸收有經驗、有威望的老同志參加」。請參考「中共中央關於加強黨同人民群眾聯繫的決定」，人民網，1990 年 3 月 12 日，http://cpc.people.com.cn/GB/64162/71380/71387/71588/4854605.html。

[6]　「中共中央紀委關於建立巡視制度的試行辦法」，中共山東省紀委

表 5-1　中共「十八大」前的巡視制度演進

時間	時期	政策	內容
1949.9	土改	黨中央指示華東局組織巡視團指導領導土改工作。	1950 年 6 月，劉少奇「關於土地改革問題的報告」，建議逐級派負責人或巡視團下去，實行土改巡視制度。
1952	整黨整風	政務院設立中央巡視檢查委員會，開展三反運動巡視。	1953 年 3 月，中央要求上級監委應採定期巡視或小型專題會議方法，開展爭黨巡視。
1955	社會主義教育運動	毛澤東提出，巡視是很重要的領導方法。	1965 年 1 月，全國農村社教運動工作會議，確定社教運動巡視工作。
1982	改革開放	繼續發揮老同志作用。	1982 年機構改革，將部分老同志任命為巡視員。
1990-2002	社會主義市場經濟	1. 1990 頒布「中共中央關於加強黨同人民群眾聯繫的決定」。 2. 中共「十四大」提出「完善對各級黨委機關的監督與巡視」。 3. 中央黨建工作領導小組將巡視工作納入要點。	1. 在中央和省級黨委層面實行巡視制度。 2. 1995 年後，決定省級以上紀委實行巡視制度。 3.「關於加強和改進黨的作風建設的決定」，要求中央和地方黨委建立巡視制度。
2002-2012	和諧社會	1. 中共「十六大」強調「建立和完善巡視制度」。 2. 中共「十七大」，修改黨章，確立巡視制度。	1. 2003 年底，頒布《黨內監督條例（試行）》，以黨內法規形式確立巡視制度。 2. 2005 年 8 月，中央紀委、中央組織部建立聯席會議制度，加強巡視工作組織領導。 3. 2009 年 7 月，中共中央頒布《中國共產黨巡視工作條例（試行）》。

資料來源：整理自胡雲生，「1949-2019：中國共產黨巡視制度概述」，**中州學刊**，第 7 期（2019 年 7 月），頁 126-133。

網站，1996 年 3 月 13 日，http://www.sdjj.gov.cn/gzdt/xsxc/199603/t19960313_11231433.htm。

　　1982 年 9 月中共「十二大」修改《黨章》，將各級紀委由同級黨委領導，改爲同級黨委與上級紀委雙重領導，不過，長期以來，省級紀委的獨立性一直有爭議，而問題核心也指向「雙重領導」。由於黨章並未明確紀委書記的提名任免權，而此一權力往往由同級的黨委書記掌控，形成了「以同級黨委領導爲主」的局面，而且同級黨委掌握提名權也讓紀委書記在本地產生逐漸成爲一種常態。這也讓中央對地方的監督一直存在盲點，即「知情的監督不了，有權監督的不知情」。亦即在多層次的官僚機構中，需要強大的監督機構來收集信息並確保各級的合規性。因此胡錦濤時期依據《黨內監督條例》強化巡視制度，試圖解決「管得著看不見」的問題。[7]2003 年 5 月，中央正式成立中央紀委、中央組織部巡視組，巡視工作通過聯席會議制度推動，下設巡視工作辦公室作爲具體日常辦事機構，中央巡視工作的獨立機構已基本構建完備。中央紀委、中央組織部巡視組最初設立五個，2004 年組建二個金融巡視組，2006 年和 2007 年先後組建三個中央企業巡視組，2007 年組建二個中央國家機關巡視組。中共「十七大」後，中央對巡視機構進行整合，一共設立 10 個巡視組，其中六個負責地方（省、自治區、直轄市）巡視，四個負責中央企業與金融機構巡視。2009 年 11 月，中央決定將「中央紀委、中央組織部巡視組」更名爲「中央巡視組」，並成立中央巡視工作領導小組，加強中央統一領導，巡視上升爲中央統一部署的重要工作。[8]

　　「巡視組」的主要任務是監督檢查部門或地方主要負責人及領導班子貫徹執行黨的路線、方針、政策的情況，黨風廉政建設的情況，實行民主集中制的情況，以及執行幹部人事制度的情況。

---

[7]　張執中，*中共黨國邊界的設定與延伸：歷史制度論的觀點*（臺北：韋伯出版社，2008 年），頁 72。

[8]　陳燕，「改革開放以來中國共產黨巡視工作的演進」。

「巡視組」雖然冠以「中央紀委、中央組織部巡視組」的名稱，但實際上卻是由中央統一部署，由中央直接派出，這和「垂直領導」想法的初衷一致。如山西省委副書記侯伍傑案與陳良宇上海社保案都是中央巡視組的偵查成果，而這樣的成果也讓「巡視制度」寫入黨章內容。[9] 到習近平時期，在既有路徑依賴下，不斷強化現行紀檢體制，習近平選擇王岐山任中紀委書記，持續紀檢人事與巡視制度改革，包括強化上級紀委的領導權、掌控省級紀委書記任命權、擴大巡視範圍覆蓋率，並訂定符合中央路線的巡視指標（比如「理論路線」、「八項規定」、「廉政路線」與「民主集中制」）等「四個著力」。

貳、習近平時期紀檢與「巡視制度」改革

習近平接班後，在王岐山主事下的中紀委，修正紀檢體系人事選任規則，依據《建立健全懲治和預防腐敗體 2013-2017 年工作規劃》（以下簡稱《規劃》），修訂《中國共產黨巡視工作條例》（人民網，2013），重點包括：一、做到對地方、部門、企事業單位全覆蓋；二、推動黨的紀律檢查工作雙重領導體制具體化、程序化、制度化；三、強化上級紀委對下級紀委的領導；四、辦腐敗案件以上級紀委領導為主，線索處置和案件查辦在向同級黨委報告的同時必須向上級紀委報告；五、各級紀委書記、副書記的提名和考察以上級紀委會同組織部門為主更進一步主導地方紀委人事。[10]

筆者就目前中共省級紀檢幹部與巡視數據分析，發現習近平

9　張執中，中共黨國邊界的設定與延伸：歷史制度論的觀點，頁 72。

10　「建立健全懲治和預防腐敗體 2013-2017 年工作規劃」，人民網，2020 年 12 月 26 日，http://fanfu.people.com.cn/n/2013/1226/c64371-23947331.html。

一方面強化對省級紀委書記的人事權與調查權，用以掌握各省實況，並整頓有重大弊案的省分；另一方面，掌控巡視組人事，並定期透過中央—省—縣—鄉鎮各級巡視，逐級傳達中央政策目標、糾正路線偏離和掃除不合格幹部。從持續肅清「薄、王」與「周、令」餘毒，中央公布孫政才的「罪狀」，顯示習近平決心要減緩代理困境。依據張執中與楊博揚研究，自江澤民時期，雖然開始推動中紀委的接班梯隊與專業化，也開始推動地方幹部的交流。不過，制度的擴散主要歷經胡錦濤到習近平的任期，包括紀檢全面駐點、紀檢與其他重要分口的連結，最終到國家監察委的建立，加上省級紀委書記的提名朝「異地交流」與「中央空降」為主流。如圖 5-1 所示，三代領導人的省級紀委書記的提名模式與任期皆有明顯差異，相較於江澤民時期省級紀委主要是本地升遷且調動率低，從胡錦濤到習

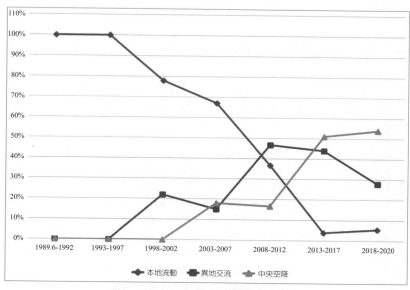

圖 5-1　歷屆省級紀委書記來源

資料來源：張執中、楊博揚，「中共中央與省級紀檢菁英結構與流動—江澤民到習近平時期的分析」，**政治學報**，第 71 期（2021 年 6 月），頁 81。

近平時期，地方紀委書記的異地交流已逐步常態化，省級紀委書記也由本地升職轉為以異地交流與中央提名（空降）為主，副省級的異地平調也成為主流。在習近平時期，異地交流與中央空降已經超過九成，「十九大」後中央空降已是異地交流的兩倍，除了說明省級紀委書記作為各省廳級幹部升級跳板的比重降低，也說明中央對省級紀委書記提名掌控權提高。[11]

在巡視制度方面，前述胡錦濤時期依據《黨內監督條例》建立巡視制度，中央由上而下對「條條」的直轄，以巡視來監督省委書記、用派駐來監督部長。2009 年出臺的《中國共產黨巡視工作條例（試行）》（以下簡稱《試行條例》），明確了中央巡視組的巡視範圍包含省、自治區、直轄市黨委，同級政府黨組領導班子及其成員，人大常委會、政協委員會黨組領導班子及成員。[12]但是 2013 年5 月以來，中央巡視組組織運作有了以下幾個重要改變：[13]

一、巡視範圍擴大與明確政治定位

2014 年「中紀委」召開十八屆四次全會，規劃未來反腐重點在巡視與派駐制度的全覆蓋、提出重整黨內法規的時間表，與嚴

---

11 張執中、楊博揚，「中共中央與省級紀檢菁英結構與流動」，頁 80-83。此外，David Bulman 和 Kyle Jaros 整理 1996 年至 2017 年各省省委常委名單，亦有類似的發現，特別在組織與紀檢兩部門的本地升遷比例的下降幅度最大。請參考 David J. Bulman and Kyle A. Jaros, "Localism in Retreat? Central-Provincial Relations in the Xi Jinping Era," *Journal of Contemporary China*, Vol. 30, No. 131(2021), pp. 705-707.

12 請參考「中國共產黨巡視工作條例（試行）」，人民網，http://cpc.people.com.cn/GB/64162/71380/182420/12300957.html。

13 「專家析中央巡視組『下沉一級』：盯住省部地廳兩層」，中新網，2013 年6 月 8 日，http://www.chinanews.com/fz/2013/06-08/4911718.shtml；「十問新版《中國共產黨巡視工作條例》新在哪？」，新華網，2015 年 8 月 14 日http://www.xinhuanet.com//politics/2015-08/14/c_128130421.htm。

明黨的政治紀律，簡單而言就是巡視、派駐、建制與整風四個重心。[14] 上述內容也促成 2015 年 8 月修訂《中國共產黨巡視工作條例》（以下簡稱《巡視條例》），包括建立專職巡視機構（第 2 條），中央與各省市成立巡視工作領導小組，由同級紀委書記擔任組長、組織部長擔任副組長（第 9 條）（見表 5-2、圖 5-2）。中央與各省市成立巡視組，承擔巡視任務，向領導小組負責，「巡視組組長根據每次巡視任務確定並授權」（第 10 條）。

表 5-2　第十八屆中央巡視工作領導小組名單

職稱	姓名	現職
組長	王岐山 *	中共中央政治局常委、中央紀委書記
副組長	趙樂際 **	中共中央政治局委員、中央書記處書記、中央組織部部長
	趙洪祝 **	中央書記處書記、中央紀委副書記
成員	黃樹賢	中央紀委副書記、監察部部長
	陳　希	中央組織部常務副部長
	張　軍	中央紀委副書記
	王爾乘	中央組織部副部長
	黎曉宏	中央巡視工作領導小組辦公室主任

說明：* 十九屆新任組長為中紀委書記趙樂際。
　　　** 十九屆新任副組長為中紀委副書記兼國家監察委主任楊曉渡，以及中央組織部長陳希。
資料來源：「中央巡視工作領導小組成員名單」，**中國紀檢監察雜誌**，第 7 期（2015 年），http://zgjjjc.ccdi.gov.cn/bqml/bqxx/201504/t20150417_54958.html?；「趙樂際在十九屆中央第一輪巡視工作動員部署會上強調　深入貫徹落實黨的十九大精神　扎扎實實做好巡視工作」，中央紀委國家監察委網站，2018 年 2 月 27 日，https://www.ccdi.gov.cn/specialn/19zyxsgz/yw19zyxsgz/201802/t20180227_102939.html。

---

[14] 「中共第 18 屆中央紀律檢查委員會第 4 次全體會議在京舉行」，**中央紀委國家監委網站**，2014 年 7 月 29 日，http://www.ccdi.gov.cn/xwtt/201410/t20141025_29353.html。

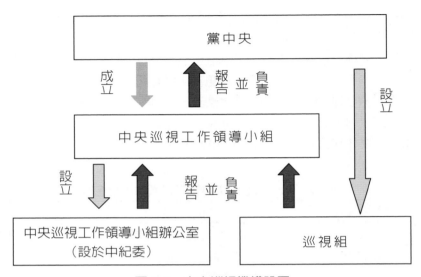

圖 5-2　中央巡視機構設置

資料來源：中央紀委國家監察委網站。

　　此外，《巡視條例》擴大了巡視範圍，如第 13 條在中央巡視組對省區市「四套班子」開展巡視的基礎上，將「省、自治區、直轄市高級人民法院、人民檢察院黨組主要負責人，副省級城市黨委和人大常委會、政府、政協黨組主要負責人」以及「中央部委領導班子及其成員，中央國家機關部委、人民團體黨組（黨委）領導班子及其成員；中央管理的國有重要骨幹企業、金融企業、事業單位黨委（黨組）領導班子及其成員」納入中央巡視範圍，實現「全覆蓋」。並且在巡視內容上，第 16 條授權巡視組根據工作需要，針對重點人、事、問題或巡視整改情況，開展「專項巡視」。[15]

---

15 請參考「中國共產黨巡視工作條例」，新華網，2015 年 8 月 13 日，http://www.xinhuanet.com/politics/2015-08/13/c_1116248322.htm。

二、巡視組組長由「職務」變為「任務」

依據《試行條例》，巡視工作人員可以採取組織選調、公開選拔、競爭上崗、單位推薦等方式選配，按規定進行輪崗交流（33條），並實行公務、任職與地域迴避（34條）。王岐山推動巡視制度改革，組長改為改為「一次一授權」，不再是「鐵帽子」。實行「三個不固定」，即組長不固定，巡視對象不固定，以及巡視組和巡視對象的關係不固定。意味中央每次確定巡視的任務後，再來選定巡視組組長，巡視結束，巡視組組長的任務隨之結束。因此中央須建立巡視組組長資料庫，每一輪巡視之前從資料庫中確定 10 名巡視組組長人選，並實行嚴格的回避制度，避免巡視組和地方幹部可能形成利益同盟。而為了整合資源，從中央紀委、中央組織部、審計署、國有重要骨幹企業監事會和省區市紀委、中央紀委派駐紀檢組抽調幹部。

依據王岐山的規劃，中央巡視組「下沈一級」，旨在盯住省部、地廳兩級班子，就是根據這些年中央巡視組以及整個中紀委查處省部級幹部乃至中央政治局委員的案例。再者，巡視組在進駐前公布巡視對象，多方面蒐集問題線索；進駐後公開信箱郵箱和舉報電話，接待群眾來訪，具備「警報器」之功能。[16] 中央巡視組組織與制度的強化，包括「兩個為主」[17]、「專項巡視」、「一案雙查」[18] 與

---

[16] 「專家析中央巡視組『下沉一級』：盯住省部地廳兩層」，中新網；王岐山，「巡視是黨內監督戰略性制度安排 彰顯中國特色社會主義民主監督優勢」，人民日報，2017 年 7 月 17 日，版 2。

[17] 「兩個為主」是指：1. 查辦腐敗案件以上級紀委領導為主，線索處置和案件查辦在向同級黨委報告的同時必向上級紀委報告；2. 各級紀委書記、副書記的提名和考察以上級紀委會同組織部門為主。中央紀委：查辦腐敗案件以上級紀委領導為主。

[18] 即查處違紀官員時，受調查官員之上級亦要受到調查是否有管理不周或牽涉其中。

加強中紀委垂直管理派駐部門紀委皆是針對各級黨政一把手，使地方官員畏於中央權威。可以看出習近平接班以來，中共整風反腐有如「專政」之精神，強調「早研究、早部署、嚴查處、強警示」，重點在巡視與派駐制度的全覆蓋，並且在巡視工作中緊扣前述「四個著力」，強調各級黨政領導幹部和黨中央保持高度一致。

如圖 5-3 所示，中共中央自「十八大」以來，不到兩年時間已經完成對 31 省市與生產建設兵團的常規巡視，直至 2020 年底，共進行 19 輪巡視與「回頭看」，並包含中央部委、政法系統、人民團體、國有企業、金融企業、事業單位等，實現「全覆蓋」（見文後附表 1）。2020 年 10 月至 12 月，中共十九屆中央第六輪巡視對 17 個省市區和 15 個中央單位黨組織開展常規巡視，對第六輪巡視所涉及五個副省級城市的黨委和人大常委會、政府、政協黨組主要負責人也一併納入巡視範圍。[19]

2016 年中共召開十八屆六中全會，除了確立「習核心」，會議的主題在「全面從嚴治黨」。隨著「周徐蘇令」案的步調，中共中央也陸續圍繞這些老虎曾掌控的領域開展「肅清周永康案影響」與「肅清令計劃餘毒影響」。中央試圖讓抽象的整風通過四大案例具體表現出來，並於六中全會通過《中國共產黨黨內監督條例》（以下簡稱《監督條例》），除強調習近平路線，強化巡視工作地位，還要求書記作為監督的第一負責人，以及省部級以上「高級幹部」之表率責任。[20]隔年中共再次修訂《中國共產黨巡視工作條例》（表 5-3），（以下簡稱《巡視條例》）重點包括：[21]

---

[19] 「十九屆中央第六輪巡視完成進駐」，中央紀委國家監察委網站，2020 年 10 月 15 日，https://www.ccdi.gov.cn/toutiao/202010/t20201015_227134.html。

[20] 「中國共產黨黨內監督條例」，新華網，2016 年 11 月 2 日，http://www.xinhuanet.com//politics/2016-11/02/c_1119838242.htm。

[21] 「中國共產黨巡視工作條例」，人民網，2017 年 7 月 15 日，http://politics.people.com.cn/BIG5/n1/2017/0715/c1001-29406516.html。

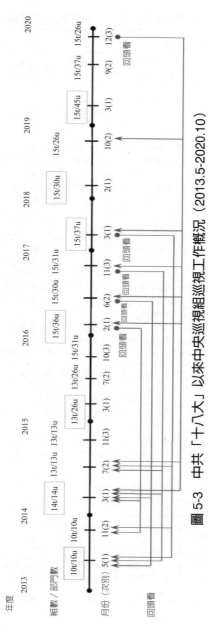

圖 5-3　中共「十八大」以來中央巡視組巡視工作概況（2013.5-2020.10）

資料來源：筆者整理自中央紀委國家監察委網站歷年資料，http://www.ccdi.gov.cn/special/19zyxsgz/index.html。

表 5-3 《中國共產黨巡視工作條例》主要修訂內容

條文	內容
第1條	為落實全面從嚴治黨要求，**嚴肅黨內政治生活，淨化黨內政治生態**，加強黨內監督，規範巡視工作，根據《中國共產黨章程》，制定本條例。
第2條	黨的中央和省、自治區、直轄市委員會實行巡視制度，建立專職巡視機構，在一屆**任期**內對所管理的地方、部門、企事業單位黨組織全面巡視。 中央有關部委、中央國家機關部門黨組（黨委）可以實行巡視制度，設立巡視機構，對所管理的黨組織進行巡視監督。 黨的市（地、州、盟）和縣（市、區、旗）委員會建立巡察制度，設立巡察機構，對所管理的黨組織進行巡察監督。 開展巡視巡察工作的黨組織承擔巡視巡察工作的主體責任。
第3條	巡視工作以馬克思列寧主義、毛澤東思想、鄧小平理論、「三個代表」重要思想、科學發展觀為指導，深入貫徹習近平總書記系列重要講話精神和治國理政新理念新戰略，牢固樹立政治意識、大局意識、核心意識、看齊意識，堅定不移維護以習近平同志為核心的黨中央權威和集中統一領導，統籌推進「五位一體」總體布局和協調推進「四個全面」戰略布局，貫徹新發展理念，堅定對中國特色社會主義的道路自信、理論自信、制度自信、文化自信，尊崇黨章，依規治黨，落實中央巡視工作方針，深化政治巡視，聚焦堅持黨的領導、加強黨的建設、全面從嚴治黨，發現問題、形成震懾，推動改革、促進發展，確保黨始終成為中國特色社會主義事業的堅強領導核心。
第5條	黨的中央和省、自治區、直轄市委員會成立巡視工作領導小組，分別向黨中央和省、自治區、直轄市黨委負責並報告工作。巡視工作領導小組組長由同級黨的紀律檢查委員會書記擔任，副組長一般由同級黨委組織部長擔任。巡視工作領導小組組長為組織實施巡視工作的主要責任人。 中央巡視工作領導小組應當加強對省、自治區、直轄市**黨委，中央有關部委，中央國家機關部門黨組（黨委）**巡視工作的領導。
第11條	巡視工作人員應當具備下列條件： （一）理想信念堅定，對黨忠誠，在思想上政治上行動上同黨中央保持高度一致；
第15條	巡視組對巡視物件執行《中國共產黨章程》和其他黨內法規，遵守黨的紀律，落實全面從嚴治黨主體責任和監督責任等情況進行監督，**著力發現黨的領導弱化、黨的建設缺失、全面從嚴治黨不力，黨的觀念淡漠、組織渙散、紀律鬆弛，管黨治黨寬鬆軟問題**：

表 5-3　《中國共產黨巡視工作條例》主要修訂內容（續）

條文	內容
	（一）違反政治紀律和政治規矩，存在違背黨的路線方針政策的言行，有令不行、有禁不止，陽奉陰違、**結黨營私、圈圈夥夥、拉幫結派，以及落實意識形態工作責任制不到位**等問題； （二）違反廉潔紀律，以權謀私、貪污賄賂、腐化墮落等問題； （三）違反組織紀律，違規用人、**任人唯親、跑官要官、買官賣官、拉票賄選**，以及獨斷專行、軟弱渙散、嚴重不團結等問題； （四）違反群眾紀律、工作紀律、生活紀律，**落實中央八項規定精神不力**，搞形式主義、官僚主義、享樂主義和奢靡之風等問題；

說明：粗楷體字為修訂內容。

資料來源：筆者整理自《中國共產黨巡視工作條例》。

（一）依據習近平要求，明確政治巡視定位（第 1、3 條）。

（二）明確一屆任期內巡視全覆蓋任務、明確中央和國家機關巡視，以及根據全面從嚴治黨向基層延伸的要求，明確市縣巡察制度（第 2 條）。

（三）根據《監督條例》，明確巡視監督內容（第 15 條）。

　　上述修改內容也成為中共 2018 年新頒布《中央巡視工作規劃（2018-2022 年）》的工作重心，其重點有四：[22]

（一）深化政治巡視。

（二）建立巡視巡察上下聯動監督網。

（三）書記負整改責任。

（四）實現全國巡視巡察「一盤棋」。

---

[22] 「中共中央辦公廳印發《中央巡視工作規劃（2018-2022 年）》」，鳳凰網，2018 年 3 月 1 日，http://news.ifeng.com/a/20140905/41879973_0.shtml。

參、習近平時期各省巡視概況

　　Yeo 從制度互補和補償（institutional complementarity and compensation）觀點，說明中央巡視組是補償地方紀委監督能力不足。而制度互補並非來自功能上的急需，而是源於反覆試驗、學習與政治鬥爭，因此有時是刻意發展的，包括監督代理人、填補雙重領導缺陷以及彌補資訊不對稱。[23] 利用巡視作為黨中央的「巡邏隊」，監督各級黨政領導並蒐集資訊，使「黨的領導」與「黨管幹部」在中央主導反腐與改革紀檢巡視過程中更加鞏固。

　　中央巡視的首要任務仍在觀察來自下屬的忠誠，識別並排除不合作的行為，以維持政治穩定。依據上述，本章主要蒐集習近平時期中央巡視組對各省的巡視成果進行分析，資料來源主要依據中央紀委監察部網站所公布之巡視結果。本章所引用的資料時間範圍以 2013 年 5 月開始的各省第一輪巡視，至 2018 年 2 月共 13 輪巡視與「回頭看」，排除對央企、部門與單位黨組織等各輪與專項巡視內容，共 839 筆數據，分別依據巡視組長資歷、各省優點、缺點與建議事項，藉此了解巡視組成特徵與中央地方間在政策目標之落差。

一、中央巡視組組長組成特徵

　　依據文後附表 1，各輪巡視包含對不同部門與省市，表 5-4 整理 2013 年 5 月至 2018 年 2 月，中共對各省市共 13 輪巡視與「回頭看」之巡視組組組長共計 46 人次，扣除重複名單後共計 28 人，

---

[23] Yukyung Yeo, "Complementing the local discipline inspection commissions of the CCP: empowerment of the central inspection groups," *Journal of Contemporary China*, Vol. 25, No. 97(Jan. 2016), pp. 59-74.

並整理其年齡、現職與資歷特徵，如表 5-5 至表 5-7 所示。

　　從人員資歷可以看出習時期的巡視組長包含卸任與在職省部級幹部，具備地方領導與各分口資歷。最年輕的是 1962 年次的北京市政協主席吉林，其經歷包含北京市委副書記兼政法委書記，主要擔任 2014 年第二輪巡視浙江組組長；再者如 1958 年次的河南省政

表 5-4　2013-2018 各省中央巡視組組長名單

年度	組長	梯次	組別	巡視地	省委書記	年度	組長	梯次	組別	巡視地	省委書記
2013.5	杜德印	1	2	湖北	李鴻忠	2016.2 回頭看	葉青純	1	3	遼寧	李希
	薛延忠	1	3	內蒙	王君					山東	姜異康
	徐光春	1	5	重慶	孫政才		桑竹梅	1	5	安徽	王學軍
	張文岳	1	6	貴州	趙克志					湖南	徐守盛
	王鴻舉	1	8	江西	強衛	2016.6 回頭看	葉青純	2	3	天津	黃興國
2013.11	項宗西	2	4	吉林	王儒林					湖北	李鴻忠
	徐光春	2	5	雲南	秦光榮		徐令義	2	11	江西	鹿心社
	葉冬松	2	6	山西	袁純清					河南	謝伏瞻
	馬鐵山	2	7	安徽	張寶順	2016.11 回頭看	傅自應	3	3	甘肅	王三運
	張文岳	2	8	廣東	胡春華					廣西	彭清華
	陳際瓦	2	10	湖南	徐守盛		徐令義	3	11	北京	郭金龍
2014.3	楊松	1	1	甘肅	王三運					重慶	孫政才
	徐光春	1	2	北京	郭金龍	2017.3 回頭看	葉青純	1	2	內蒙	李紀恒
	馬鐵山	1	3	寧夏	李建華					吉林	巴音朝魯
	張文岳	1	4	山東	姜異康		徐令義	1	11	雲南	陳豪
	王明方	1	5	天津	孫春蘭					陝西	婁勤儉
	張基堯	1	6	新疆	張春賢	2018.2	羅志軍	1	1	福建	于偉國
	項宗西	1	7	海南	羅保銘					河南	王國生
	歐陽淞	1	8	河南	郭庚茂		趙鳳桐	1	4	四川	彭清華
	王正福	1	9	福建	尤權					貴州	孫志剛
	陳光林	1	11	遼寧	王珉		王榮軍	1	6	遼寧	陳求發
2014.7	項宗西	2	1	廣西	彭清華					黑龍江	張慶偉
	張文岳	2	2	上海	韓正		張立軍	1	7	江蘇	婁勤儉
	馬鐵山	2	3	青海	駱惠寧					山東	劉家義
	葉冬松	2	4	西藏	陳全國		寧延令	1	8	湖南	杜家毫
	吉林	2	5	浙江	夏寶龍					寧夏	石泰峰
	王正福	2	6	河北	周本順		武在平	1	12	廣東	李希
	劉偉	2	7	陝西	趙正永					海南	劉賜貴
	張基堯	2	8	黑龍江	王憲魁		劉實	1	15	河北	王東峰
	杜德印	2	9	四川	王東明					山西	駱惠寧
	徐光春	2	11	江蘇	羅志軍						

資料來源：筆者整理自各輪中央巡視組資料。

協主席葉東松，其經歷包含國土資源部副部長與河南省委副書記兼組織部部長，主要擔任 2013 年第二輪巡視山西組組長與 2014 年第二輪巡視西藏組組長。老幹部如 1944 年次的前河南省委書記徐光春，主要擔任 2013 年第二輪巡視雲南組、2014 年第一輪巡視北京組與 2014 年第二輪巡視江蘇組組長。同年齡的前遼寧省委書記張文岳，則擔任 2013 年第二輪巡視廣東組、2014 年第一輪巡視山東組與 2014 年第二輪巡視上海組組長。

表 5-5　2013-2018 各省中央巡視組組長年齡一覽（n = 28）

平均年齡	標準差	中位數	最小值	最大值	與巡視地同省籍
62.2	4.6	63	52	68	0

資料來源：筆者整理自各輪巡視組長人事資料。

表 5-6　2013-2018 各省中央巡視組組長現職一覽（n = 28）

中共中央	紀檢組	人大	政協	退休
7%	25%	18%	36%	14%

資料來源：筆者整理自各輪巡視組長人事資料。

表 5-7　2013-2018 各省中央巡視組組長資歷一覽（n = 28）

省級正副領導	組織	紀檢	宣傳	地質	其他*
27%	8%	15%	19%	8%	23%

說明：＊其他類包含政法、審計、經貿、科技、共青團、水利。
資料來源：筆者整理自各輪巡視組長人事資料。

二、各省巡視成果比較

綜合前述，習近平接班初期面臨以周永康案為主的派系網絡威脅，並且指出黨內「四風」問題嚴重危已危及生存。因此習的執政過程透過「整風」樹立幹部的行為準則，擴大巡視監督幹部合作行

爲，以及強化核心決策模式向黨中央與總書記集權。因此，中央巡視的成果必須連結習近平的路線設定與權力鞏固的步調觀察。

　　從數據上看，2013 年 5 月至 2018 年 2 月，有四個省分 [24] 已經歷三次巡視（包含回頭看），五個省分 [25] 經歷一次巡視，其餘省分則是兩次巡視。中央巡視組在巡視結束後公開反饋意見和被巡視地區整改情況，筆者依據中央巡視組所公開之反饋意見進行編碼，內容可以劃分爲「習指示與中央決策」、「黨風廉政」、「八項規定」、「選人用人」、「黨建紀律」與「經濟社會」六類共 839 筆數據。值得注意的是，這六類巡視指標必須連結習近平的路線設定與權力鞏固的步調觀察。如圖 5-4 所示，中共中央自 2013 年 2 月十八屆二中全會圍繞黨風廉政與反腐鬥爭，同年 5 月中央巡視組首輪巡視，並將巡視重點置於「黨風廉政」、「八項規定」與「選

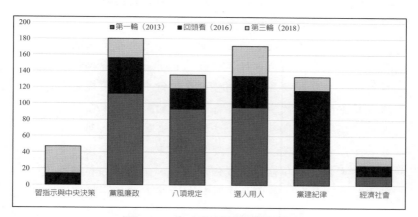

圖 5-4　中央各輪巡視指標比較

資料來源：筆者自行整理。

---

[24] 四個省分爲山東、河南、湖南與遼寧。

[25] 五個省分爲上海、西藏、青海、浙江與新疆。

人用人」。[26]至2016年十八屆六中全會後，習近平宣示「全面從嚴治黨」，巡視重點也放在「黨建紀律」，並越來越強調全黨遵守習近平指示，與中央保持一致。雖然巡視反饋意見分為優點、缺點與建議三部分，但中央對地方的巡視，主要目標在監視幹部的不合作行為並糾正路線偏移，因此在資料分析上，主要依各省「缺點」部分進行比較，其中缺點項目越多與特定類別缺點較多之省分，如遼寧省，容易成為複審（回頭看）與後續被整肅之對象。

以第一個巡視省分湖北為例，中央第二巡視組組長杜德印代表巡視組作回饋：[27]

> 湖北省黨政領導班子堅決貫徹黨的十八大精神和中央決策部署，加大懲治腐敗力度，認真落實中央八項規定精神，執行民主集中制，努力整治選人用人上的不正之風，整體呈現出奮發有為、積極向上的精神狀態，全省經濟較快發展、社會保持穩定。
>
> 巡視中幹部群眾反映了一些問題，主要是：在黨風廉政建設方面，存在個別領導幹部以權謀私，一些基層單位和農村幹部的腐敗問題呈上升趨勢。在執行中央八項規定和作風建設方面，少數領導幹部存在片面的政績觀，在經濟發展中不能很好地維護群眾合法權益；有的地方和部門還存在「文山會海」現象，有的超標準配車、超標準接待。在執行民主集中制和幹部選拔任用方面，個別地方和部門違規突擊提拔幹部，競爭性選拔幹部方法有待進一步完善。

---

[26] 2013年5月至2014年8月，落馬的縣級以上官員已超過500人，包含副省級以上幹部47人，特別是周永康、徐才厚等國家級領導人。

[27] 「中央第二巡視組向湖北省回饋巡視情況」，中央紀委國家監委網站，2014年2月26日，http://www.ccdi.gov.cn/special/zyxszt/2013dyl_zyxs/fkqk_dyl_zyxs/201402/t20140226_19115.html。

表 5-8　2013-2014 中央巡視組各省第一輪巡視缺點狀況

項目 ＼ 排名／總數	1	2	3*
問題總數	遼／23	蘇／16	陝／15*
習指示與中央決策	0	0	0
黨風廉政	遼／10	桂／7	黑、隴、魯、京／6
八項規定	陝／6	冀／5	鄂、吉、新、川、青、遼、豫、京、隴／4
選人用人	遼／6	魯、蘇、川、陝／5	滬、渝、寧、隴、冀／4
黨建紀律	滬、蘇／3	浙、黑、遼／2	青、冀、魯、桂、湘、吉、藏／2
經濟社會	遼、贛、鄂、新、豫、湘、吉、藏、浙、黑／1	0	0

說明：＊排名第 4 為黑、冀、桂、隴，各 14 項問題。

資料來源：筆者整理自各輪中央巡視組巡視資料。

　　如表 5-8 所示，在第一輪巡視成果中，遼寧的問題總數與各項問題都是偏高的省分。巡視組長陳光林對遼寧省的反饋中提到：[28]

> 巡視中幹部群眾也反映了一些問題，主要是：在執行黨的政治紀律方面，政治敏銳性不夠強，對選舉中組織工作紀律出現的問題重視不夠；在黨風廉政建設和執行中央八項規定、反對「四風」方面，省委落實黨風廉政建設責任制不夠到位，巡視作用尚未充分發揮，領導幹部插手工程招

---

[28] 「中央第十一巡視組向遼寧省回饋巡視情況」，中央紀委國家監委網站，2014 年 7 月 7 日，http://www.ccdi.gov.cn/special/zyxszt/2014dylxs/fkqk_2014dyl_zyxs/201407/t20140715_25197.html。

投標、土地和礦產資源交易等反映突出，利用婚喪嫁娶大
操大辦、違規公務用車、多占住房、公款高消費娛樂等問
題仍多有反映，黨政機關辦協會、企業截留行政權力，
「亂收費、亂罰款、亂攤派」、「吃拿卡要」等問題仍較
為普遍，「小金庫」沒有認真清理，形式主義依然存在，
經濟資料存在弄虛作假的現象；在執行民主集中制和幹部
選拔任用方面，選任幹部溝通醞釀不夠充分，幹部任用領
導打招呼、拉票跑要之風較為突出，幹部調整頻繁，超職
數配備，幹部檔案記載不實問題嚴重。

　　從各輪巡視回饋報告中，並沒有直接點名或處理特定領導幹
部。主要在王岐山的設定下，中央巡視組主要是發現、報告問
題，一般不直接處理問題。回歸巡視工作最主要職能，在於發現領
導幹部是否存在違紀違法問題、違反「四風」問題、違反政治紀律
問題與選人用人上的腐敗問題。中央巡視組亦能直接到組織部門
調取領導幹部報告的個人有關事項，並對其真實性進行核實。[29] 比
如在各省巡視回饋中，可以發現不同省分存在「幹部插手工程」、
「官商勾結」等狀況。以前遼寧省委書記王珉「雙開」為例，依
據審計署之報告，審計發現 2012 年王珉涉嫌在土地出讓中違規
操作，2015 年 4 月，審計署將此問題線索移送中央紀委調查。[30] 至
2016 年 8 月，中央決定開除王珉黨籍與公職，其理由可以連結前
述巡視反饋報告：[31]

---

29 「專家析中央巡視組『下沉一級』：盯住省部地廳兩層」，**中新網**；「十問新
　　版《中國共產黨巡視工作條例》新在哪？」，**新華網**。

30 審計署，「審計署 2018 年第 42 號公告：審計署移送違紀違法問題線索查
　　處情況」，**長春市審計局**，2019 年 1 月 21 日，http://sjj.changchun.gov.cn/
　　sjdt/tzgg/201901/t201901 21_1763619.html。

31 「遼寧省委原書記王珉嚴重違紀被開除黨籍和公職」，**人民網**，2016 年 8 月
　　11 日，http://leaders.people.com.cn/n1/2016/0811/c58278-28627830.html。

王珉嚴重違反政治紀律和政治規矩，身爲省委書記沒有履行管黨治黨政治責任，未按照中央要求履行換屆工作第一責任人的職責，對遼寧省有關選舉發生拉票賄選問題負有主要領導責任和直接責任；履行全面從嚴治黨主體責任不力，公開妄議並違反中央八項規定精神，公款大吃大喝、頂風違紀，對抗組織審查；違反組織紀律，利用職權和職務影響，在幹部選拔任用等方面爲他人提供幫助並收受財物；違反廉潔紀律，在企業經營等方面爲他人謀取利益，其親屬從利益輸送中獲得經濟利益；利用職權和職務影響爲他人謀取利益並收受財物，涉嫌受賄犯罪。

如王岐山特別提到「山西系統性、塌方式腐敗，湖南衡陽破壞選舉案，四川南充和遼寧拉票賄選案等重大問題線索都是巡視發現的」。[32] 而如表5-9所示，從第九輪巡視開始，每輪都安排對四個省區市開展「回頭看」，王岐山也指出「巡視是政治體檢，『回頭看』就是政治複查，中央巡視組既查找老問題，檢查整改落實情況，更注重發現新問題，對沒見底的問題再了解，發現黃興國、王珉等嚴重違紀違法問題線索，釋放出『巡視不是一陣風』的強烈信號」。[33]

此外，在「回頭看」的報告中，最引外界關注的就是孫政才掌重慶時，「清除薄王思想餘毒不徹底」：[34]

黨的領導弱化，擔當意識不強，學習貫徹習近平總書記系

---

32 王岐山，「巡視是黨內監督戰略性制度安排 彰顯中國特色社會主義民主監督優勢」。

33 王岐山，「巡視是黨內監督戰略性制度安排 彰顯中國特色社會主義民主監督優勢」。

34 重慶市巡視回饋內容爲：請參閱「中央第十一巡視組向重慶市委回饋巡視『回頭看』情況」，**中央紀委國家監委網站**，2017年2月13日，http://www.ccdi.gov.cn/special/zyxszt/dshiyilxs_zyxs/fgqg_xs11_zyxs/201702/t20170223_94513.html。

表 5-9　2016 中央巡視組「回頭看」巡視缺點狀況

項目　排名／總數	1	2	3*
問題總數	陝／20	吉／19	滇／18*
習指示與中央決策	滇／3	陝、吉、蒙／2	桂、京、渝、隴、皖／1
黨風廉政	湘／6	渝、滇／5	京、陝／6
八項規定	魯、蒙、皖、陝／3	津、吉／2	其餘省分／1
選人用人	吉、滇、隴／4	遼、湘、津、蒙、皖、陝／3	京、贛／2
黨建紀律	贛／10	鄂、魯／8	豫、隴、吉／7
經濟社會	蒙／3	桂、陝、吉／2	滇、渝、贛／1

說明：＊排名第 4 為海南，有 17 項問題。
資料來源：筆者整理自各輪中央巡視組巡視資料。

列重要講話精神有差距，統籌推進「五位一體」總體布
局有偏差，選人用人把關不嚴，一些幹部「帶病提拔」。
黨的建設缺失，市委以上率下抓得不夠「嚴」，黨口部門
和區縣黨委抓得不夠「專」，基層黨組織抓得不夠「實」。
全面從嚴治黨不力，「兩個責任」落實不到位，一些重
點領域腐敗問題突出，一些領導幹部十八大後不收斂不
收手。上輪巡視發現的一些重點問題整改不到位，清除
「薄、王」思想遺毒不徹底，國企腐敗形勢依然嚴峻，違
反中央八項規定精神問題沒有得到有效遏制。

　　2017 年 5 月，孫政才再度當選重慶市委書記，然而不到兩個
月就被調離崗位，中央也在 9 月公布對孫政才「雙開」之決定：[35]

---

[35] 「中共中央決定給予孫政才開除黨籍、開除公職處分 將孫政才涉嫌犯罪
問題及線索移送司法機關依法處理」，新華網，2017 年 9 月 29 日，http://

經查，孫政才動搖理想信念，背棄黨的宗旨，喪失政治立場，嚴重違反黨的政治紀律和政治規矩；嚴重違反中央八項規定和群眾紀律，講排場、搞特權；嚴重違反組織紀律，選人用人唯親唯利，洩露組織秘密；嚴重違反廉潔紀律，利用職權和影響爲他人謀取利益，本人或夥同特定關係人收受巨額財物，爲親屬經營活動謀取巨額利益，收受貴重禮品；嚴重違反工作紀律，官僚主義嚴重，庸懶無爲；嚴重違反生活紀律，腐化墮落，搞權色交易。其中，孫政才利用職權爲他人謀取利益並收受財物問題涉嫌犯罪。

但事實上，其餘被「回頭看」之省分，也都有黨的領導弱化、搞團伙、帶病提拔、重點腐敗問題以及四個意識不強的缺失，甚至雲南也存在「肅清白恩培、仇和餘毒不徹底」。這也意味「薄王餘毒」已經不單指個人，而是指涉各省普遍的「狀態」。透過表 5-10 第三輪巡視來看，習近平時期相較於胡時期重更加重視政治紀律，強調對習近平指示與中央決策的服從。也因此未來幹部遭查處的原因也更加多元化，牽連範圍也跟著擴大，連帶也影響整個領導班子。因此成爲新紀委與巡視工作的主要對象，也影響菁英的進退動態。

除了政治巡視外，《巡視工作條例》與新階段《巡視工作規劃》，其目標如圖 5-5 所示，形成中央與省的巡視與市縣的巡察上下聯動監督網，中央巡視結果必須層層傳達，並由下而上通報整改成果。以遼寧省爲例，依據中央巡視組向遼寧省回饋巡視情況後，遼寧省委與接受巡視之主要城市如瀋陽、大連必須傳達學習並組成「中央巡視反饋意見整改落實工作領導小組」，完成「巡視整改進展情況的通報」。遼寧省委巡視組巡視省內城市如鞍山市與所

---

www.xinhuanet.com/politics/2017-09/29/c_1121747644.htm。

表 5-10　2018 中央巡視組各省巡視缺點狀況

項目 ＼ 排名／總數	1	2	3*
問題總數	遼、粵／14	閩／13	川／11*
習指示與中央決策	遼／6	冀、魯、粵、閩／3	晉、黑、寧、蘇、貴、川／2
黨風廉政	遼／4	冀、粵／3	豫、瓊、川／2
八項規定	晉、豫、瓊、川、粵／2	黑、蘇、貴、魯、閩、冀、遼／1	其餘省分／0
選人用人	湘、閩／5	蘇、豫／4	寧、魯／3
黨建紀律	瓊、貴／3	閩／2	冀、晉、川、粵、寧、魯、蘇、豫、湘／1
經濟社會	粵／3	川／2	黑、遼、寧、魯、閩、瓊／1

說明：* 排名第 4 為海南、山東與河南，有 10 項問題。
資料來源：筆者整理自各輪中央巡視組巡視資料。

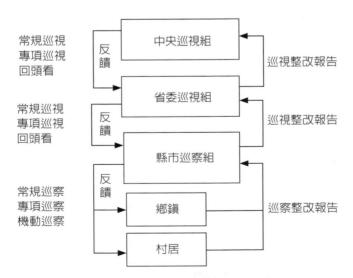

圖 5-5　中央地方巡視巡察上下聯動

資料來源：筆者自製。

轄縣市（如海城市），市委亦組成「省委巡視反饋意見整改落實工作領導小組」，並完成「關於省委巡視整改情況的通報」。而市縣的巡察至村居，鄉鎮黨政班子同樣須進行落實巡視反饋之通報。

自毛時期以來，黨國爲保證社會改造的合法性（legitimacy）和有效性（effectiveness），常透過嚴密有序的科層制組織制度，貫徹自上而下的命令和政策意圖。學界對此雖有不同的定義，無論是「革命教化政體」或「間歇性極權」，都有類似的行爲特徵。爲了確保各級政府與中央的步調一致，以認同中央權力爲核心的價值觀念制度，對各級黨政幹部和社會進行政治規整（political alignment）。中央爲了監測各省合作態度與績效，進行一波波的巡視工作展示其強制力，糾正政策的偏離。這種來往的過程，正如大陸學者所描述，正是透過由上而下不斷「敲打」（鞭策），迫使各級必須正視且要「正確」回應。[36]

附表 1　歷次中共中央巡視組巡視概況

2013第一輪巡視（2013年5月）			
組別	進駐單位	組長	備註
1	中國儲備糧管理總公司	劉偉	
2	湖北省	杜德印	
3	水利部	孫曉群	
4	內蒙古自治區	薛延忠	
5	重慶市	徐光春	
6	貴州省	張文岳	
7	中國出版集團	馬鐵山	
8	江西省	王鴻舉	

---

[36] 訪談中國社科院政治所研究員，2019 年 8 月 23 日。

| 9 | 中國進出口銀行 | 陳光林 | |
| 10 | 中國人民大學 | 陳際瓦 | |

2013第二輪巡視（2013年11月）			
組別	進駐單位	組長	備註
1	商務部	陳光林	
2	新華社	李景田	
3	國土資源部	楊曉渡	
4	吉林省	項宗西	
5	雲南省	徐光春	
6	山西省	葉冬松	
7	安徽省	馬鐵山	
8	廣東省	張文岳	
9	中國長江三峽集團公司	侯凱	
10	湖南省	陳際瓦	

2014第一輪巡視（2014年3月）			
組別	進駐單位	組長	備註
1	甘肅省	楊松	
2	北京市	徐光春	
3	寧夏回族自治區	馬鐵山	
4	山東省	張文岳	
5	天津市	王明方	
6	新疆維吾爾自治區、新疆生產建設兵團	張基堯	
7	海南省	項宗西	
8	河南省	歐陽淞	
9	福建省	王正福	
10	科技部	令狐安	

11	遼寧省	陳光林	
12	復旦大學	董宏	
13	中糧集團	朱保成	
2014第二輪巡視（2014年7月）			
組別	進駐單位	組長	備註
1	廣西壯族自治區	項宗西	
2	上海市	張文岳	
3	青海省	馬鐵山	
4	西藏自治區	葉冬松	
5	浙江省	吉林	
6	河北省	王正福	
7	陝西省	劉偉	
8	黑龍江省	張基堯	
9	四川省	杜德印	
10	中國科學院	令狐安	
11	國家體育總局	張化為	
12	江蘇省	徐光春	
13	中國第一汽車集團公司	朱保成	
2014第三輪巡視（2014年11月）			
組別	進駐單位	組長	備註
1	南航集團	李宏	
2	文化部	劉偉	
3	環保部	吉林	
4	中國國際廣播電台	馬瑞民	
5	全國工商聯	馬鐵山	
6	中石化	趙文波	

7	中船集團	劉卒	
8	中國聯通	寧延令	
9	中國海運	佟延成	
10	中國科協	葉東松	
11	中國華電	張化為	
12	神華集團	董宏	
13	東風汽車	朱保成	
\multicolumn{4}{c}{2015第一輪巡視（2015年3月）}
組別	進駐單位	組長	備註
1	中國核工業集團公司、中國核工業建設集團公司	李宏	
2	中國石油天然氣集團公司、中國海洋石油總公司	李五四	
3	中國東方電氣集團有限公司、國家開發投資公司	王立英	
4	中國電子科技集團公司、中國電子信息產業集團有限公司	馬瑞民	
5	中國電力投資集團公司、國家核電技術公司	桑竹梅	
6	中國五礦集團公司、中國中化集團公司	趙文波	
7	中國建築工程總公司、中國華能集團公司	劉卒	
8	中國南方電網公司、國家電網公司	寧延令	
9	中國遠洋運輸總公司、中國船舶重工集團公司	佟延成	
10	中國通用技術集團公司、中國機械工業集團有限公司	胡新元	
11	中國大唐集團公司、中國國電集團公司	張化為	
12	中國電信集團公司、中國移動通信集團公司	董宏	
13	寶鋼集團有限公司、武漢鋼鐵（集團）公司	朱保成	
\multicolumn{4}{c}{2015第二輪巡視（2015年7月）}
組別	進駐單位	組長	備註
1	中國航空集團公司、中國航空工業集團公司	李宏	

2	國家機關事務管理局、國務院扶貧開發領導小組辦公室	李五四	
3	中國航天科技集團公司、中國航天科工集團	李熙	
4	求是雜誌社、人民日報社	馬瑞民	
5	國務院台灣事務辦公室、中央直屬機關事務管理局	桑竹梅	
6	中國華潤總公司、中國郵政集團公司	趙文波	
7	中國兵器裝備集團公司、中國兵器工業集團公司	劉卒	
8	國家鐵路局、中國鐵路總公司	寧延令	
9	中國東方航空集團、中國商用飛機有限責任公司	佟延成	
10	招商局集團、中國港中旅集團	胡新元	
11	哈爾濱電氣集團公司、中國第一重型機械集團公司	謝秀蘭	
12	交通運輸部、中國民用航空局	王懷臣	
13	鞍山鋼鐵集團公司、中國鋁業公司	朱保成	
2015第三輪巡視（2015年10月）			
組別	進駐單位	組長	備註
1	中共中央黨史研究室、中國社會科學院	王懷臣	
2	共青團中央、中國文聯	李五四	
3	中國銀行股份有限公司、中國農業銀行股份有限公司	曲淑輝	
4	中國工商銀行股份有限公司、交通銀行股份有限公司	馬瑞民	
5	國家開發銀行股份有限公司、中國農業發展銀行	桑竹梅	
6	中國人民銀行、國家外匯管理局	趙文波	
7	中國證券監督管理委員會、上海證券交易所、深圳證券交易所	劉卒	
8	國家統計局、教育部	甯延令	
9	國家林業局、中國氣象局	吳瀚飛	

10	中國人壽保險（集團）公司、中國太平保險集團有限責任公司	胡新元	
11	中國人民保險集團股份有限公司、中國出口信用保險公司	謝秀蘭	
12	中國銀行業監督管理委員會、中國建設銀行股份有限公司	武在平	
13	中國投資有限責任公司、中國中信集團有限公司	朱保成	
14	中國保險監督管理委員會、中國光大集團股份公司	許傳智	
15	國務院三峽工程建設委員會辦公室、國務院南水北調工程建設委員會辦公室	楊文明	
2016第一輪巡視（2016年2月）			
組別	進駐單位	組長	備註
1	中央宣傳部、國家新聞出版廣電總局	王懷臣	
2	工業和信息化部、國家國防科技工業局、國家菸草專賣局	張立軍	
3	遼寧省、山東省	葉青純	回頭看
4	國家工商行政管理總局、國家質量監督檢驗檢疫總局	馬瑞民	
5	安徽省、湖南省	桑竹梅	回頭看
6	司法部、國家文物局	陳瑞萍	
7	海關總署、國家旅遊局	劉卒	
8	農業部、中國農業科學研究院、中華全國供銷合作總社	寧延令	
9	民政部、全國老齡辦、國家信訪局	吳瀚飛	
10	國家民族事務委員會、國家宗教局	胡新元	
11	人力資源和社會保障部、國家公務員局、國家外國專家局	陳小江	
12	全國總工會、全國婦聯	武在平	
13	國家發改委、國家糧食局、國家能源局	朱保成	

14	國務院國資委、國家郵政局	陶治國	
15	國家衛生和計劃生育委員會、國家食品藥品監督管理總局、國家中醫藥管理局	楊文明	
2016第二輪巡視（2016年6月）			
組別	進駐單位	組長	備註
1	中央國家機關工作委員會、國務院參事室、國務院法制辦公室	王懷臣	
2	審計署、全國社會保障基金理事會	趙鳳桐	
3	天津市、湖北省	葉青純	回頭看
4	中央對外聯絡部、中國人民對外友好協會	馬瑞民	
5	全國政協機關	桑竹梅	
6	住房和城鄉建設部、中國地震局	陳瑞萍	
7	全國人大常委會機關	劉卒	
8	國務院僑務辦公室、國務院港澳事務辦公室、中國國際貿易促進委員會	寧延令	
9	中央統戰部、中央社會主義學院	吳瀚飛	
10	國家安全生產監督管理總局、國家知識產權局	胡新元	
11	江西省、河南省	徐令義	回頭看
12	外交部、中國人民外交學會	武在平	
13	財政部、國家稅務總局	朱保成	
14	中央防範和處理邪教問題領導小組辦公室、公安部	陶治國	
15	中央機構編制委員會辦公室、中央直屬機關工作委員會	楊文明	
2016第三輪巡視（2016年11月）			
組別	進駐單位	組長	備註
1	光明日報社、中國日報社、經濟日報社	王懷臣	
2	最高人民法院	葉青純	

3	甘肅省、廣西壯族自治區	傅自應	回頭看
4	中華全國歸國華僑聯合會、中華全國台灣同胞聯誼會	馬瑞民	
5	中央編譯局、中國外文局	劉維佳	
6	中國作家協會、中華全國新聞工作者協會	陳瑞萍	
7	最高人民檢察院	劉卒	
8	中國工程院、國家自然科學基金委員會、中國工程物理研究院	寧延令	
9	中國紅十字會、中國宋慶齡基金會	吳瀚飛	
10	國務院發展研究中心、中國殘疾人聯合會	胡新元	
11	北京市、重慶市	徐令義	回頭看
12	中國浦東幹部學院、中國井岡山幹部學院、中國延安幹部學院	武在平	
13	中共中央黨校（國家行政學院）	朱保成	
14	中央人民廣播電台、中央電視台	陶治國	
15	中央文獻研究室、中國法學會	楊文明	
2017第一輪巡視（2017年3月）			
組別	進駐單位	組長	備註
1	中國農業大學、南開大學、天津大學	王懷臣	
2	內蒙古自治區、吉林省	葉青純	回頭看
3	廈門大學、中山大學	劉維佳	
4	南京大學、東南大學、中國科學技術大學	馬瑞民	
5	北京航空航天大學、北京理工大學、哈爾濱工業大學	桑竹梅	
6	中國鐵路總公司、中國船舶重工集團公司	陳瑞萍	
7	清華大學、山東大學	劉卒	
8	中央網絡安全和信息化領導小組辦公室、國務院扶貧開發領導小組辦公室	寧延令	
9	重慶大學、四川大學	吳瀚飛	

10	武漢大學、華中科技大學、中南大學	胡新元	
11	雲南省、陝西省	徐令義	回頭看
12	北京師範大學、大連理工大學、吉林大學	武在平	
13	北京大學、蘭州大學	朱保成	
14	上海交通大學、同濟大學、浙江大學	李五四	
15	西安交通大學、西北農林科技大學、西北工業大學	楊文明	
2018第一輪巡視（2018年2月）			
組別	進駐單位	組長	備註
1	福建省（含廈門市四套班子黨委黨組）、河南省	羅志軍	
2	中國通用技術集團公司、中國郵政集團公司	薛利	
3	國家體育總局、國家統計局	陳瑞萍	
4	四川省（含成都市四套班子黨委黨組）、貴州省	趙鳳桐	
5	文化部（現文化和旅遊部）、新華社	桑竹梅	
6	遼寧省（含瀋陽市、大連市四套班子黨委黨組）黑龍江省（含哈爾濱市四套班子黨委黨組）	王榮軍	
7	江蘇省（含南京市四套班子黨委黨組）山東省（含濟南市、青島市四套班子黨委黨組）	張立軍	
8	湖南省、寧夏回族自治區	寧延令	
9	中國遠洋海運集團有限公司、中國旅遊集團有限公司	吳瀚飛	
10	中國核工業集團有限公司、中國華電集團	喻紅秋	
11	住房和城鄉建設部國家食品藥品監督管理總局（現屬國家市場監管總局）	劉維佳	
12	廣東省（含廣州市、深圳市四套班子黨委黨組）、海南省	武在平	
13	中糧集團有限公司、中國儲備糧管理集團有限公司	楊藝文	
14	商務部、海關總署	楊鑫	

15	河北省、山西省	劉實	
2018第二輪巡視（2018年10月）			
組別	進駐單位	組長	備註
1	青海省、甘肅省	黃先耀	
2	湖北省、廣西壯族自治區	薛利	
3	西藏自治區	孫也剛	
4	重慶市、陝西省	趙鳳桐	
5	教育部、國家衛生健康委員會	桑竹梅	
6	新疆維吾爾自治區	王榮軍	
7	國家發展和改革委員會、住房城鄉建設部	郭旭明	
8	內蒙古自治區、吉林省	寧延令	
9	水利部、交通運輸部	吳瀚飛	
10	財政部、人力資源和社會保障部	吳海英	
11	安徽省、江西省	劉維佳	
12	雲南省	武在平	
13	國務院扶貧開發領導小組辦公室	李炎溪	
14	農業農村部、民政部	劉彥平	
15	中國農業發展銀行、中國農業銀行	蘇波	
2019第一輪巡視（2019年3月）			
組別	進駐單位	組長	備註
1	哈爾濱電器集團有限公司、中國東方電器集團有限公司、中國一重集團有限公司	黃先耀	
2	中國石油天然氣集團有限公司、中國海洋石油集團有限公司、中國石油化工集團有限公司	薛利	
3	國務院國有資產監督管理委員會、國家能源局、國家國防科技工業局	張立軍	
4	中國商用飛機有限責任公司、中國航空工業集團有限公司、中國航空發動機集團有限公司	趙鳳桐	

5	中國兵器工業集團有限公司、中國兵器裝備集團有限公司、中國電子信息產業集團有限公司	王衛東	
6	中國移動通信集團有限公司、中國聯合網絡通信集團有限公司、中國電信集團有限公司	王榮軍	
7	中國第一汽車集團有限公司、中國長江三峽集團有限公司、東風汽車集團有限公司	郭旭明	
8	國家能源投資集團有限責任公司、中國華能集團有限公司、中國大唐集團有限公司	寧延令	
9	中國航天科工集團有限公司、中國航天科技集團有限公司、中國電子科技集團有限公司	吳瀚飛	
10	中國寶武鋼鐵集團有限公司、鞍鋼集團有限公司、中國鋁業集團有限公司	周新建	
11	中國南方電網有限責任公司、國家電網有限公司、國家電力投資集團有限公司	劉維佳	
12	招商局集團有限公司、華潤（集團）有限公司、國家開發投資集團有限公司	武在平	
13	中國東方航空集團有限公司、中國南方航空集團有限公司、中國航空集團有限公司	李炎溪	
14	中國中化集團有限公司、中國建築集團有限公司、中國五礦集團有限公司	劉彥平	
15	中國機械工業集團有限公司、中國船舶重工業集團有限公司、中國船舶工業團有限公司	蘇波	
2019第二輪巡視（2019年9月）			
組別	進駐單位	組長	備註
1	中央台灣工作辦公室、中華全國台灣同胞聯誼會	黃先耀	
2	科學技術部、國家自然科學基金委員會、科技日報社	薛利	
3	中華全國總工會、共青團中央、中華全國婦女聯合會	龔堂華	
4	最高人民法院、最高人民檢察院	趙鳳桐	
5	外交部、中國人民對外友好協會、中國人民外交學會	楊正超	

6	中國文學藝術界聯合會、中國作家協會、中華全國新聞工作者協會	王榮軍	
7	國家民族事務委員會、中華全國歸國華僑聯合會	郭旭明	
8	司法部、中國法學會	寧延令	
9	中央機構編制委員會辦公室、中央黨校（國家行政學院）	羅志軍	
10	中國浦東幹部學院、中國井岡山幹部學院、中國延安幹部學院	馬森述	
11	中央和國家機關工作委員會、中央直屬機關事務管理局、國家機關事務管理局	劉維佳	
12	中國工程院、中國科學技術協會	武在平	
13	中央對外聯絡部、中央外事工作委員會辦公室、國家國際發展合作署	李炎溪	
14	中央統戰部、中央社會主義學院	劉彥平	
15	中國科學院、中國社會科學院	蘇波	
2019第三輪巡視（2019年12月）			
組別	進駐單位	組長	備註
1	青海省、甘肅省	黃先耀	回頭看
2	廣西壯族自治區、湖北省	薛利	回頭看
3	西藏自治區	孫也剛	回頭看
4	重慶市、陝西省	趙鳳桐	回頭看
5	國家衛生健康委員會、教育部	楊正超	回頭看
6	新疆維吾爾自治區	王榮軍	回頭看
7	國家發展和改革委員會、住房和城鄉建設部	郭旭明	回頭看
8	內蒙古自治區、吉林省	寧延令	回頭看
9	水利部、交通運輸部	吳瀚飛	回頭看
10	財政部、人力資源和社會保障部	馬森述	回頭看
11	安徽省、江西省	劉維佳	回頭看

12	雲南省	武在平	回頭看
13	國務院扶貧開發領導小組辦公室	李炎溪	回頭看
14	農業農村部、民政部	劉彥平	回頭看
15	中國農業發展銀行、中國農業銀行	蘇波	回頭看
2020第一輪巡視（2020年5月）			
組別	進駐單位	組長	備註
1	中華全國供銷合作總社、中華全國工商業聯合會	許傳智	
2	國家市場監督管理總局、國家藥品監督管理局、國家智慧財產權局	薛利	
3	工業和資訊化部、國家煙草專賣局	辛維光	
4	中央政法委、國家信訪局	趙鳳桐	
5	中國紅十字會、中國宋慶齡基金會	楊正超	
6	國家林業和草原局、中國地質調查局	王榮軍	
7	中國外文局、中國出版集團有限公司	郭旭明	
8	應急管理部、國家煤礦安全監察局、中國地震局	寧延令	
9	人民日報社、求是雜誌社	吳瀚飛	
10	光明日報社、中國日報社、經濟日報社	苗慶旺	
11	國家廣播電視總局、中央廣播電視總台	劉維佳	
12	生態環境部、中國氣象局	武在平	
13	中央檔案館、中央黨史和文獻研究院	李炎溪	
14	中央宣傳部（中央文明辦）、中央網路安全和資訊化委員會	劉彥平	
15	國務院參事室、國家文物局、國務院發展研究中心	蘇波	
2020第二輪巡視（2020年10月）			
組別	進駐單位	組長	備註
1	公安部、國家移民管理局	許傳智	
2	湖北省、廣西壯族自治區	薛利	

3	財政部、中國殘疾人聯合會	辛維光	
4	上海市、浙江省	趙鳳桐	
5	安徽省、江西省	楊正超	
6	新疆維吾爾自治區、新疆生產建設兵團	王榮軍	
7	全國政協、中國國際貿易促進委員會	郭旭明	
8	內蒙古自治區、吉林省	寧延令	
9	水利部、農業農村部、中國農業科學院	吳瀚飛	
10	雲南省、西藏自治區	苗慶旺	
11	北京市、天津市	劉維佳	
12	重慶市、陝西省	武在平	
13	全國人大常委會、審計署	李炎溪	
14	國家衛生健康委員會、國家醫療保障局、國家中醫藥管理局	高飛	
15	甘肅省、青海省	蘇波	

資料來源：筆者整理自中央紀委國家監察委網站歷年資料。

第六章
從行政問責到政治問責

　　課責（accountability）常作為衡量政府治理能力的判準，也被視為自由民主的正當性基礎。其目標除防止公權力遭濫用與腐化，也確保公共資源合理使用，並改善公共政策效能。[1]對中國大陸而言，2003 年的 SARS（或稱「非典」）事件使黨政幹部問責制眞正地登上政治舞臺。近年來在對重大責任事故、事件的處理，逐漸建立黨風廉政責任制與黨內監督的問責制，從而形成一股「政治運動式」的問責風暴。除了責任追究、治理整頓，還透過政治動員，在懲處相關黨政幹部後，把事件作爲反面教材教育幹部與群眾。

　　習近平接班後，在政治局會議提出新「八項」[2]進行整風、或者在中紀委會議上強調「老虎蒼蠅一起打」、「把權力關進制度的籠子裡」。[3]透過修訂《中國共產黨巡視工作條例（試行）》，改造巡視工作與強化紀檢的條條關係。外界對習近平接班後的整風反腐運動並不感到陌生，不過自 2013 年 6 月中共「黨的群眾路線教育實踐活動」正式展開，配合中央巡視組雷厲風行進行整風反腐。使得從胡錦濤時期建立的問責體系，到習近平時期加上更多「黨建」標的，使得對黨政幹部的問責，逐步內化到黨中央的幹部管理體系。

---

[1]　Matthew Flinders, *The Politics of Accountability in the Modern State* (Burlington, Vt.: Ashgate, 2001), p. 9.

[2]　包括調研輕車簡從不安排宴請、嚴控以中央名義召開的會議、無實質內容簡報一律不發、出訪一般不安排機場迎送、減少交通管制一般不得封路、壓縮政治局委員報導數量字數、個人原則上不出書不題詞、嚴格執行房車配備待遇等規定。請參考「中共中央政治局會議 習近平主持」，新華網，2012 年 12 月 4 日，http://www.xinhuanet.com//politics/2012-12/04/c_113906913.htm。

[3]　「習近平：老虎蒼蠅一起打 權力關進制度籠」，文匯報網，2013 年 1 月 23 日，http://paper.wenweipo.com/2013/01/23/YO1301230001.htm。

壹、中國大陸問責制的發展

在新制度主義典範中，行為者的偏好（preference）與制度（institution）是主要的解析對象。從行為者的角度，雖然共產政權對社會表現了高度的自主性。即使到了改革開放，仍著重在國家力量退出與重構的複雜過程。但相對地，隨著民間社會的日益壯大與公民要求參與公共事務的呼聲，必然引起治理結構的變遷需求。這一點在改革開放以後的中國大陸尤其明顯，也意味國家雖然被視為一個支配、整合與自主的「核心」（center），但國家的能力同所聯繫的社會緊密相關，其政策方向也受社會運作所影響。[4] 依此觀察中國大陸問責制度的發展，一方面說明何種結構誘因導致社會產生對問責制度的需求；另一方面則說明國家透過何種途徑回應社會壓力。

2004 年第十屆全國人大四次會議，國務院總理溫家寶在政府工作報告中提出「建立健全行政問責制，提高政府執行力和公信力」，讓「問責」成為新一輪政治改革的「亮點」。之後出臺包括《國務院依法行政綱要》、《公務員法》等，主要是針對黨政幹部的行政作為和決策的過程進行問責，包括自然災害、事故災難、公共衛生、社會安全和工作失職及濫權等。問責制主要的動力仍是由中央所發起的，這樣的政治改革推動，除了試圖導正黨政幹部的作為與思想外，如何制約領導幹部違法與不作為，是中央推動問責制的目標所在。只是當「問責」開始啟動，如何從「風暴」朝「制度化」發展，必須從歷年的發展與案例，觀察問責主體、對象、內容、規範與懲處之特徵。

4　Joel S. Migdal, *State in society: Studying How States and Societies Transform and Constitute One Another* (New York: Cambridge University Press, 2001), pp. 41-94.

一、從「責任制」到「問責制」

「文革」的災難記憶，使「民主集中制」重新成為黨與國家的組織及運作規範。因此 1980 年中共十一屆五中全會通過《關於黨內政治生活的若干准則》，重提「集體領導與個人分工相結合」，並且要明確地規定每個領導成員所負的具體責任。[5] 而《八二憲法》與《地方人大與政府組織法》的通過，以全國人民代表大會作為國家最高權力機關（地方為各級人民代表大會），而權力執行機關「一府兩院」（政府、最高人民法院、最高人民檢察院）則由全國人民代表大會產生，其位階從屬於人大，接受人大的領導與監督。除了行政機關採首長負責制（如總理負責制、省長負責制），權力機關對執行機關也有質詢與罷免權力，體現出一元化的單向權力關係，也明確體系外部的問責機制。

中共希望跳脫文革陰影，所突出的是如何使國家權力法制化，並在此基礎上要求政府依法辦事，因此在正式制度上確立外部與內部、官僚與法律的責任架構。但是如第二章所提到，長期以來黨政結構特徵，可能存在問責啟動管道單一化的特徵。以立法機構為例，人大體制保證了人大代表面對單一且相對明確的預期，就是成為政權代理人，不利於人民主權觀念中的「政治控制」與「責任政治」的體現。而在社會層面，國家統合主義的運作，意味執政者對合法社會組織的獨占權，預防對權威的潛在挑戰者，成為一種政治代表與國家干預形式的制度化複合體。當體制外部缺少社會的監督與對人民需求的回應，也抑制了問責改革的成效。

在政權內部，從 SARS 疫情、山西奴工到三鹿奶粉一連串事件，背後暴露出虛假治理、官員瀆職、官商勾結與政府的被動反應，反映一個「弱勢政府」的特徵，亦顯示中國大陸公共治理結構

---

5 「關於黨內政治生活的若干准則」，**中國政府網**，2007 年 7 月 6 日，http://cpc.people.com.cn/BIG5/64162/71380/71387/71588/4854595.html。

極需改革。[6]另一方面，共黨幹部瀆職與腐敗的迅速擴展，顯示出市場化改革和政治體制間的矛盾，並體現在幹部的權力維繫（power persistence），將政治影響力與網絡帶入市場經濟的運作。2007年中國藥監局長鄭筱萸案證明，監管者們一直在利用他們手中的公共平臺爲自己的利益尋租，缺乏監督又無透明性的行政審批權，運作往往容易變異。[7]前上海市委書記陳良宇案也顯示上海社保基金也是處於「自我監督」的模式，而被非法挪用。[8]這些事件，迫使得中共從1980年代強調決策過程的有效性，轉爲強調權力制約。胡錦濤接班後，積極推動代表機構、決策與紀檢體制的改革，比如通過了《黨內監督條例》、《紀律處分條例》，將十四、十五屆中紀委的反腐措施加以制度化；並針對黨政幹部利益迴避、集體決策、人事任免提出六項法規與文件。[9]除了強化紀檢的獨立性與巡視制度，並藉「官員問責」追究幹部的責任，強化對權力的監督，希望形成制度上的制衡關係。

　　在政權外部，2002年香港所推行的「主要官員問責制」，成爲隔年中國大陸「問責風暴」的參考對象。[10]在2002年6月19日由香

---

6 「山西黑磚窯案追蹤」，人民網，http://society.people.com.cn/GB/8217/85991/index.html；「『三聚氰胺』毒奶粉事件十年回顧」，端傳媒，2018年8月4日，https://theinitium.com/article/20180804- mainland-melamine-trailer。

7 2007年2月中國藥監局長鄭筱萸一家四口涉嫌收受好處買賣藥品批文，動搖「國藥准字」的公信力。「中國藥監局整頓風暴：揪出心存僥倖者」，多維新聞網，2007年7月6日，http://www2. chinesenewsnet.com/MainNews/SinoNews/Mainland/2007_2_5_19_25_36_370.html。

8 「中國社保基金竟成貪官『提款機』」，美國之音中文網，2007年4月13日，http://www.voanews.com/chinese/archive/2007-04/w2007-04-13-voa18.cfm。

9 大陸稱爲「5+1」規定，即《對黨政領導幹部在企業兼職進行清理的通知》、《黨政領導幹部辭職從事經營活動有關問題的意見》、《地方黨委全委會對下一級黨政正職擬任人選和推薦人選表決辦法》、《公開選拔黨政領導幹部工作暫行規定》、《黨政機關競爭上崗工作暫行規定》與《黨政領導幹部辭職暫行規定》。

10 訪談北京中國社科院政治所研究員，2009年10月28日。

港立法會通過，同年 7 月 1 日實行「主要官員問責制」的制度。官員須爲其主管範疇內的政策負責，如出現嚴重失誤、或個人操守等問題，可能須離職負責。[11] 大陸學者認爲問責制的概念引入，始於兩個方面的因素：一是香港「主要官員問責制」帶來了「問責」這個概念；二是 SARS 事件引發了社會對「官員問責制」的廣泛關注，帶動了對行政問責的理論研究和實踐的探索。[12]

從前述可知，中國大陸在 SARS 之前的首長責任制，就字面來說，透過黨委領導進行決策，再由行政首長分管各職的責任制。換言之，黨委具有決策權，責任卻主要由分管政職的首長擔負。總體來說力度是較弱，適用領域的範圍也相當有限。主要是以重大事故發生後，採取臨時啓動的懲罰措施。而黨政幹部問責制是從黨委制與行政首長負責制的兩個層面出發，對黨委與行政首長分別追求相關的責任。隨著 SARS 疫情與後來「問責風暴」事件影響，相關問責法規相繼地出臺。

二、問責規範

由於黨國體制的特性，中共建政以來一直存在著兩套規範，一爲憲法之下的法體系；另一則以中共中央制定的政策性規定，由中共中央各部委、國務院及各部制定的文件所形成的「實質法規」，

---

[11] 當年香港官僚體制從原有 3 司 16 局改爲 3 司 11 局（3 司維持不變，16 局併爲 11 局），這 14 位司局的主要官員由時任特首董建華任命，各司局長以合約形式聘任，直接向董建華負責，任期與任命他們的董建華的任期相同，且均爲行政會議成員。請參考「香港概況：三、政制架構」，中國外交部駐香港特派員公署網，http://www.fmcoprc.gov.hk/chn/topic/xgjk/t54953.htm。

[12] 宋濤，「行政問責模式與中國的可行性選擇」，中國行政管理（北京），第 2 期（2007 年），頁 10-11；周亞越，「制定《行政問責法》：法理和實踐的雙重需要」，理論前沿（北京），第 2 期（2006 年），頁 36-37。

兩者一直對外產生普遍性的效力，成為中國政治的現實，也是問責制度發展的一大特徵。

如前所述，中國大陸接連發生重大安全事故，問責風暴相繼刮起：辭職、引咎辭職、責令辭職、免職等，但問責的標準為何？成為中共積極探究的新課題，並在制度上進行修補（表6-1）。SARS事件後，由地方政府為主導，開始探索推動「官員問責」的制度化。從2003年8月長沙市首推以政府部門行政首長為主要對象的《長沙市人民政府行政問責暫行辦法》，到2005年12月深圳市公布《深圳市人民政府部門行政首長問責暫行辦法》，短短的兩年多時間內，各級地方政府相繼推出了以政府部門行政首長為主要對象的問責制度。[13]

2004年，中共中央批准實施《黨政領導幹部辭職暫行規定》，除規範「辭職」內容與引咎辭職條件，也明確適用對象各級黨政機構領導人；2005年通過的《中華人民共和國公務員法》則是首部明確規範公務員的條件、責任和義務之法律，除了定義領導幹部的職務層級，另方面也專章規定辭職與辭退制度。[14]如表6-1所列，除了中央法規與黨內法規外，[15]地方政府也頒布相關問責規章。[16]為整合並銜接相關法規，中共中央與國務院於2009年7月公布《關

13　宋濤，「行政問責模式與中國的可行性選擇」，頁11。

14　如第16條規定「公務員職務分為領導職務和非領導職務。領導職務層次分為：國家級正職、國家級副職、省部級正職、省部級副職、廳局級正職、廳局級副職、縣處級正職、縣處級副職、鄉科級正職、鄉科級副職」。

15　如《安全生產法》、《行政監察法》、《行政許可法》、《特大安全事故責任追究規定》、《環保違法違紀行為處分規定》。

16　如《四川省黨政領導幹部引咎辭職暫行辦法》、《重慶市國土房管局行政過錯問責暫行辦法》、《天津市人民政府行政責任問責制試行辦法》、《海南省行政首長問責暫行規定》、《重慶市政府部門行政首長問責暫行辦法》、《寧夏回族自治區消防安全責任制實施辦法》、《天津市行政許可違法責任追究暫行辦法》。

表 6-1　根據《黨政領導幹部問責的暫行規定》的七種問責內容對各法規的判定

問責法規　　　　　　　　　　　　　問責內容	決策失誤	工作失職	監督不力	濫用職權	處置失當	用人失察	重大損失
《特別重大事故調查程序暫行規定》	X	O	O	O	X	X	X
《國家公務員暫行條例》	X	O	O	O	O	X	X
《關於實行黨風廉政建設責任制的規定》	X	O	O	O	O	O	O
《關於特大安全事故行政責任追究的規定》	X	O	O	O	O	X	X
《中華人民共和國安全生產法》	X	O	O	O	O	X	X
《黨政領導幹部選拔任用工作暫行條例》	X	O	O	O	O	X	X
《突發公共衛生事件應急條例》	X	O	O	O	O	X	X
《中華人民共和國行政許可法》	X	O	O	O	O	X	X
《中國共產黨紀律處分條例》	O	O	O	O	O	O	O
《中國共產黨黨內監督條例（試行）》	X	O	O	O	X	X	X
《黨政領導幹部辭職暫行規定》	O	O	O	O	O	O	O
《中華人民共和國公務員法》	X	O	O	O	O	X	X
《行政機關公務員處分條例》	X	O	O	O	O	X	X

資料來源：張執中、謝政新，「課責或究責？—對中國大陸黨政幹部問責制的實證分析」，發表於 2010 中國研究年會，臺北：政治大學，2010 年 12 月 18 日。

於實行黨政領導幹部問責的暫行規定》，全文四章 26 條，是首部較為完整的幹部問責規範。[17] 中國大陸對問責主體、問責事項、問責程序與問責結果等基本要素也有了基本規定，並且問責依據也不限於公共安全事故，包括行政過失、效能不彰、不依法行政、環境保

---

[17] 請參考「中共中央辦公廳、國務院辦公廳《關於實行黨政領導幹部問責的暫行規定》」，人民網，2009 年 7 月 13 日，http://leaders.people.com.cn/BIG5/9639620.html。

護、行政不作為、整頓和規範市場經濟秩序不力、信訪工作失職等都可以啟動問責程序。問責主體包括各級黨委、政府、人大和法院，對相關責任黨政幹部進行包括黨內批評、黨內警告、黨內嚴重警告、黨內撤職、批評檢查、警告、記過、大過、停職、降級、引咎辭職、責令辭職、免職、撤職、「一票否決」[18] 到追究法律責任等，以完善幹部問責體系。

　　歸納胡錦濤時期的法規，可將問責內容分為：決策失誤、工作失職、監督不力、濫用職權、處置失當、用人失察和重大損失等七種主要情形，這七種情形最終也都名列於《關於實行黨政領導幹部問責的暫行規定》中。事實上，從表 6-1 來看，早期的問責法規，以《中國共產黨紀律處分條例》和《黨政領導幹部辭職暫行規定》較為全面性，且問責內容多以「工作失職、監督不力、濫用職權」三項為主軸。依據筆者歸納，各省市問責法規也與中央法規有相同特點，顯示問責內容偏重於對幹部在工作失職、監督不力、濫用職權這三方面的問題。相對來說，「決策失誤」的問責內容較少著墨，說明問責法規在這部分仍有加強的空間。

三、問責主體

　　在中共黨國體系下，問責機關（主體）為各級黨委，依據「黨

---

[18] 「一票否決」原指集體決策時本質上是實行全體一致的決策方式，某人的一張否決票即導致方案無法通過。但是當前中國大陸政府績效考核亦採取「一票否決」，包括中央對地方、上級對下級政府或部門。針對政府績效中的某些指標，如計畫生育、節能減排等，若沒有達到合格要求時，政府的整體績效也就被認為沒有達到合格的標準。甚至對領導人或幹部的全年工作成績「全面否決」，使其無法晉級升職、不能獎勵與調動。這也意謂「一票否決」本質上是提高了考核指標體系中個別指標的權重，使之在對考核物件的評定過程中具有決定性的作用。請參考向俊傑，「地方政府績效考核中的「一票否決」問題分析」，黑龍江社會科學，第 1 期（2008 年），頁 43-44。

管幹部」原則，黨委掌握對幹部任免權。而從表 6-2 可以發現，在黨中央和中央政府的問責法規所明文規定的問責機關，其基本組成可分為三種不同職能：調查、審核與決定的功能。調查是指紀檢機關（監察部門），在問責程序中，紀檢機關對幹部的責任追究進行調查，釐清責任的歸屬；審核的部分為組織（人事）部門。由組織（人事）部門對該幹部的任免進行審查，以確保該幹部的權益；最後，決定的功能是指黨委的權限，黨委影響最終結果。

表 6-2　中央問責法規中的問責主體

黨中央和中央政府的法規	問責主體
《特別重大事故調查程序暫行規定》	◎國務院特大事故調查組（第 17 條）
《國家公務員暫行條例》	◎任免機關或者行政監察機關決定（第 35 條）
《關於實行黨風廉政建設責任制的規定》	◎黨委（黨組）、政府以及黨委和政府的職能部門領導班子的正職（第 5 條）
《關於特大安全事故行政責任追究的規定》	◎國務院（第 19 條）
《中華人民共和國安全生產法》	◎國務院負責安全生產監督管理的部門（第 9 條）
《黨政領導幹部選拔任用工作暫行條例》	◎黨委（黨組）及組織（人事）部門（幹部管理許可權）（第 5 條）
《突發公共衛生事件應急條例》	◎國務院（第 3 條）
《中華人民共和國行政許可法》	◎上級行政機關或者監察機關（第 74 條）
《中國共產黨紀律處分條例》	◎黨委、紀委（第 29 條）
《中國共產黨黨內監督條例（試行）》	◎黨委（第 6 條）紀委協助黨委（第 8 條）
《黨政領導幹部辭職暫行規定》	◎組織（人事）部門審核、紀檢機關（監察部門）提出意見、黨委決定（第 16 條）
《中華人民共和國公務員法》	◎處分決定機關（第 57 條）、任免機關（第 80 條）
《行政機關公務員處分條例》	◎中央政府：由國務院向全國人大或人大常委會提出。罷免或者免職前，國務院可決定暫停其職（第 35 條）。

表 6-2 中央問責法規中的問責主體（續）

黨中央和中央政府的法規	問責主體
	◎地方政府：對經地方各級人民代表大會及其常務委員會選舉或者決定任命地方各級政府領導人，由上一級政府決定處分（第 36 條）；對地方各級政府部門正職領導人，由本級政府決定處分；給予撤職、開除處分，由本級政府向同級人大常委員會提出免職建議。免職前，本級政府或者上級政府可決定暫停其職（第 37 條）。
《關於實行黨政領導幹部問責的暫行規定》	◎紀檢監察機關、組織人事部門、問責決定機關（幹部管理許可權）（第 12 條）

資料來源：筆者摘自人民網、煙台市人民政府網、中國網、新華網、中國政府網、中國監察部網、國家質檢總局人事司網。

在地方的運作上，問責機關主要是以任免機關或者監察機關所組成。由任免機關決定問責結果，監察機關則負責調查。在政府部門中，各級人民政府是處理問責程序與決定問責結果，由隸屬的監察部門或該職能部門進行調查。一旦該級政府領導人受到問責，則由上一級政府來受理；而該級政府部門的首長受問責時，則由該級政府決定其懲處。另一個特點是單一化的問責啟動機制，也就是影響組織內部的權力之垂直指揮系統。顯示地方法規的問責制度仍屬於內部問責的機制。在地方黨委的問責文件，所設定的問責機關，基本上與中央法規所設定的黨委、組織（人事）部門和紀檢機關（監察部門）的架構相同。所以，在各省市的問責機關主要是以各級黨委與政府作為問責過程的決策者，人事（組織）部門協助審理及紀檢（監察）部門進行執行與調查的工作。按照黨委下管一級幹部的思維，地方政府的部門首長的管理權屬於地方黨委。因此，在實際上，地方黨委書記掌握對政府首長的決策，或是對政府部門行政首長的管理。[19]

---

[19] 張執中、謝政新，「課責或究責？—對中國大陸黨政幹部問責制的實證分析」。

綜合上述，幹部問責的層級依據該級幹部管理的權限，政府領導人的處分可由其上級政府決定，而該級政府部門領導人（部門首長）則由同級政府決定，除非是關於撤職、開除，才交由同級人大常委員會審議。在特大事故或突發事件，可以看出國務院的影響力，這突顯中央在重大問責事件上，仍具有主導地位。最後，黨委、紀檢在問責機制的角色與作用，黨委仍扮演關鍵性的角色，作為最後問責結果的決定者。基本上，這三個部門：黨委、組織（人事）部門和紀檢機關（監察部門）的地位，在問責法規來看顯然已是確立，一方面維持黨委領導，另一方面則是「下管一級」。

貳、胡錦濤時期大陸問責制的特徵

依據前述問責制的發展，筆者蒐集胡錦濤時期的問責個案分析。由於幹部問責在中國大陸是重要的政務類訊息，而大陸對政務類訊息的權威性報導，主要來自黨報系統與官方網站。因此以「人民日報」與「中國青年報」，兩者皆為具權威性的黨報，並補充官方網站「新華網」與「人民網」資料，以 2003 年至 2009 年，每日所報導的問責事件和問責對象為樣本，共 150 個問責個案。問責對象達共計 649 人。依據上述課責理論指標加以歸類，並就每一問責事件之主體、對象、層級、內容、法規、結果、類型等指標進行分類編碼。

歸納在胡錦濤時期中國大陸問責制度的發展，並觀察中國大陸問責主體、問責議題與問責對象具有以下特徵：

一、以公衛災難與幹部失職為主軸的問責內容

在前述 150 個問責個案中，因事故災難、公共衛生與工作失職

就有 108 件，其比例達 72%（表 6-3）。而民眾對於政府治理信任感的降低，以及對特定部門（如公安、城管、土地）執法作為之不滿，最直接的表現就是群眾事件頻率與規模均不斷擴增 [20]，也迫使中央必須透過問責進行事後的補救。

表 6-3　2003-2009 問責內容統計

事件性質	問責事件時間							總計
	2003	2004	2005	2006	2007	2008	2009	
土地違法	0	1	1	1	1	0	0	4
工作失職	5	2	5	0	3	7	3	25
公共衛生	8	4	1	3	1	3	3	23
用人失察	2	0	0	0	0	0	0	2
考核未過	0	0	1	0	0	0	0	1
自然災害	0	0	2	0	0	1	0	3
行政過失	1	2	0	0	0	0	0	3
事故災難	4	10	14	6	6	8	12	60
社會安全	0	0	0	0	0	2	2	4
效率不佳	0	0	2	0	0	0	1	3
違法聚賭	0	0	0	0	0	1	0	1
違規收費	1	0	0	0	0	0	1	2
監管不力	3	1	1	2	1	0	2	10
擅離職守	2	0	1	0	0	0	0	3
濫用職權	1	1	2	0	0	0	2	6
總計	27	21	30	12	12	22	26	150

資料來源：筆者自行整理。

---

[20] 訪談復旦大學社會系與上海大學社會系教授，2008 年 7 月 18 日。

二、黨內與行政問責並行

　　649 位被問責對象，省部級、廳局級、縣處級三個職級幹部占了將近 85%，說明了黨政幹部問責制主要是以官僚問責的型態。而數據顯示出問責對象多落於廳局級行政（副）23.1%，以及縣處級行政（副）23.4%，表示說問責對象多是以行政分管副職爲主。從該層級的黨委正副職區塊來看，廳局級黨委（正副職）的總數只有 3.6%，而縣處級黨委（正副職）的總數也占 12.7%，也證明問責對象的職務多半是以行政首長和部門首長爲主。而三個層級問責對象比例，縣處局的行政（正副職）占了整個問責對象的職務層級的 40%，說明了胡時期問責對象層級是以縣處局爲主要的問責官員層級。可以看出胡時期的問責屬性以官僚（行政）問責爲主。這主要也基於各級政府在雙重管理體制下，形成下管一級和向上負責的制度邏輯。在事件上採分級與主管負責，因此按事件的嚴重程度逐集向上問責。另從黨政幹部懲處觀察，免除行政職務（含撤職、免職、責令辭職、引咎辭職、開除），以及免除黨內職務（黨內撤職）處分達 34%，並且黨內懲處與行政懲處並行。此外，黨內問責和行政問責兩者相加將近有 668 人次，說明了懲處方式不只是有單一處分，也有可能雙重處分，也就是所謂官員可能因情節的輕重受到「一責一罰」或者是「一責多罰」的處分。在黨內問責的數據占全部問責懲處的 34.4%，而行政問責卻有高達 65.6%，說明了問責懲處方式多是透過行政問責，間接表示多是由行政官員來接受處分。

三、上級黨政部門爲問責主體

　　前述問責屬性主要是官僚（行政）問責，事實上從問責啓動問責主體也是集中在上級黨政部門與同級黨委部門。相較於「人大」在問責體系中，雖有罷免制度，主要是對已確認違法犯罪的官員才進行，因此「人大」在問責體系中，多屬於「追認」動作，作爲一個確認的角色，仍無法扮演問責啓動者之角色。

　　整合前述，從胡時期的法規內容與運作模式不難看出以紀檢和組織系統主導，司法與立法體系背書的規劃，使問責也成為黨內權力運作邏輯的一部分。這樣的改革過程，仍會面臨既有體制結構的挑戰。

參、習近平時期的整風與問責

　　胡錦濤時期建立起幹部問責的框架，但是自「十八大」以來，習近平由「黨建」抓起，藉由「整風」與「反腐」樹立黨政幹部的行為準則與個人權威，並逐步將紀檢體制改革的成果固化為制度，包括《黨政機關厲行節約反對浪費條例》，《中國共產黨黨員領導幹部廉潔從政若干準則》、《中國共產黨紀律處分條例》、《中國共產黨巡視工作條例》與《中國共產黨問責條例》等，使得「統一思想」與「政治標準」成為與反腐並列的幹部甄補條件與問責主因。也因此，在習近平時期，前述引用官方媒體的報導，相對也更多呈現的幹部因違反紀律遭調查與黨紀政紀問責的新聞。

一、中央「八項精神」與問責

　　前述習近平接班後，在政治局會議提出新「八項」進行整風，自 2013 年 6 月中共「黨的群眾路線教育實踐活動」正式展開，中共中央在巡視工作外，各級領導幹部的政治紀律仍須透過「整風」來鞏固，也就是在巡視工作中緊扣包括理論路線、八項規定與四風、黨風廉政路線、民主集中制與幹部選拔任用等「四個著力」，建立政治生活的「新常態」，迫使各級黨政幹部在思想、政治與行動上和黨中央保持高度一致。

　　如圖6-1所示，依據筆者蒐集 2013 年 9 月至 2021 年 11 月的「中

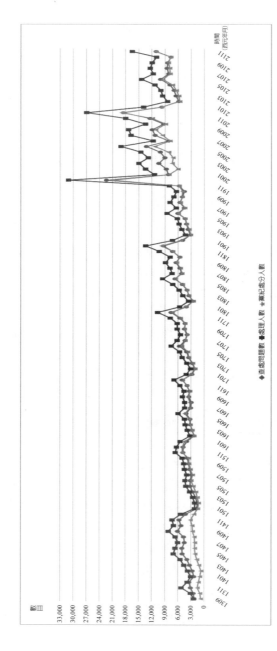

圖 6-1　中共查處違法中央八項規定精神問題與處分人數 （2013.9-2021.11）

資料來源：筆者整理自中紀委國家監察委網站，https://www.ccdi.gov.cn。

央八項規定精神」資料，其重點在常態性的查處，全中國大陸從省部級到鄉科級，共查處違反八項規定問題 55 萬多筆，處理黨員幹部 78 萬多人，給予黨紀處分人數約 49 萬 6,000 人，占 64%。但是若將中紀委所公布的數據加以細分，可以發現被處理和被處分的幹部中，九成爲鄉科級（圖 6-2）。這樣的數字有幾個意義：一是整風對象以基層爲主，符合「群眾路線」訴求，二是如前章所述，各省必須定時查處，「上繳」整風額度，使「八項規定」精神融入各級黨政幹部行爲規範。

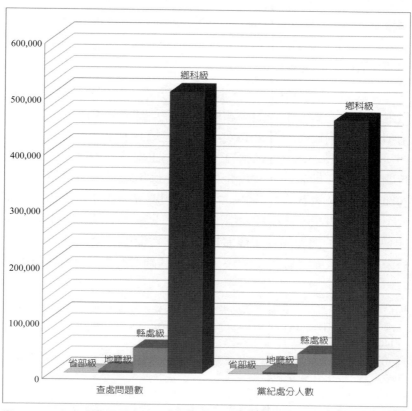

圖 6-2　中共查處違反中央八項規定精神問題與處分級別（2013.9-2021.11）

資料來源：筆者整理自中紀委國家監察委員網站，https://www.ccdi.gov.cn。

　　從數據上看，被處理的縣處級以上幹部較少，除了不同級別幹部人數的差異外，大陸學者也認為，可能縣處級這一層級以上的幹部違規情況確實比較少；另一種情況可能是在對更高權力的監督方面還有盲點。[21] 一般來說，自從中央提出八項規定後，迫使幹部調整行為模式。[22] 對於基層而言，本來一些中央政策在落實時就會被打折扣，再加上傳統軟預算約束與改革開放後對政商關係的開放，助推公款吃喝的風氣。因此在本書第四章（表4-5）所顯示，習近平推動「新八項」後，主要的審查指標包括「樓堂場所違規」、「公款吃喝」、「違規使用公務車」、「國內公款旅遊」、「公款出國旅遊」、「大辦婚喪喜慶」、「收受節禮」、「違規發放津貼或福利」、「違反工作紀律」與「其他」（接受或用公款餐與高消費娛樂和健身活動）等違規行為。[23]

　　從圖6-3分類指標觀察，長期以來，除了初期以「其他」（接受或用公款餐與高消費娛樂和健身活動）與「違規使用公務車」兩項違規比例較高，但2015年新增「違規發放津貼或福利」後，則「收受節禮」、「公款吃喝」一直成為主要違規項目。搭配查處時間，又和年節有關。也就是中國大陸每年的重要節日如元旦、春節、清明、「五一」、端午、中秋與國慶等。比如在今年中秋前夕，中紀委書記王岐山發文指出：「節日期間，人情往來密集，往往是『四風』問題的集中爆發期，公款送節禮、公款吃喝、公款旅遊等不正之風容易蔓延。……嚴防花樣翻新的高價月餅『死灰復

---

21 「違反『八項規定』通報單未現省級官員 專家：不夠全面」，大公網，2013年11月19日，http://news.takungpao.com/mainland/focus/2013-11/2047604.html。

22 比如筆者在北京訪談過程中，不同學者都指出過去幾家有名「高檔消費」的商店、餐館，如今都已經關門了。

23 上述指標在不同年份有調整，如2014年才新增「收受節禮」與「違反工作紀律」，2015年新增「違規發放津貼或福利」，但取消「違反工作紀律」，而維持穩定數據至2019年底再次修正。

燃』」。[24] 又如湖南省提出「點穴式」檢查治療「節日病」，指前述元旦起各節日的重要時間節點，省紀委要堅持一個節日一個節日抓，也說明了這種「間歇式」動員的緣由。[25]

　　就如前章所提到，巡視指標必須連結習近平的路線設定與權力鞏固的步調觀察，而「八項規定」精神也依據習近平在不同時期的主要矛盾而修訂。因此 2019 年 12 月起，重新調整前述違反中央八項規定精神問題類型，是為了「貫徹落實習近平總書記關於加強作風建設重要指示批示精神」，以「四風」問題為主，分為「形式主義與官僚主義問題」、「享樂主義、奢靡之風問題」兩大類。後者是基本囊括前面八年指標，而形式主義與官僚主義問題則包含：[26]

（一）貫徹黨中央重大決策部署有令不行、或者表態多、調門高、行動少、落實差、脫離實際、脫離群眾，造成嚴重後果。

（二）在履行職責、服務經濟社會發展和生態環境保護方面不擔當、不作為、亂作為、假作為，嚴重影響高質量發展。

（三）在聯繫服務群眾中消極應付、冷硬橫推、效率低下、損害群眾利益，群眾反映強烈。

（四）文山會海反彈回潮，文風會風不實不正，督查檢查考核過多過頻，過度留痕，給基層造成嚴重負擔。

---

[24] 王岐山，「發揮巡視監督作用 助力全面從嚴治黨」，人民日報，2015 年 8 月 21 日，版 2。

[25] 「湖南嚴查『四風』問題 上半年處理黨員幹部 612 人」，人民網，2015 年 8 月 6 日，http://politics.people.com.cn/n/2015/0806/c1001-27418570.html。

[26] 「中央紀委國家監委調整違反中央八項規定精神問題資料統計指標查處形式主義官僚主義問題資料首次公布」，中央紀委國家監委網站，2020 年 1 月 19 日，https://www.ccdi.gov.cn/toutiao/202001/t20200119_208006.html。

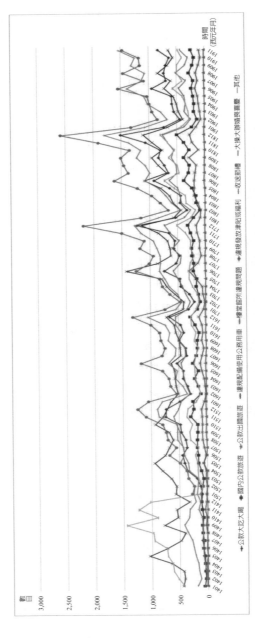

圖 6-3　中共查處違反中央八項規定精神問題項目（2014.1-2019.11）

資料來源：筆者整理自中紀委國家監察委網站，https://www.ccdi.gov.cn。

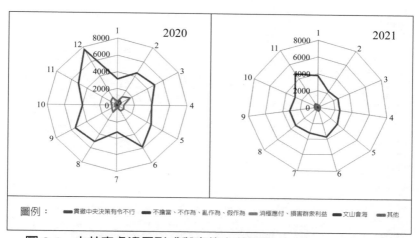

圖 6-4　中共查處違反形式與官僚主義問題（2020.1-2021.11）

資料來源：筆者整理自中紀委國家監察委網站，https://www.ccdi.gov.cn。

　　從圖 6-4 觀察指標修訂後的形式主義與官僚主義問題，很明顯以第二項指標（不擔當、不作為、亂作為、假作為）數據最為突出，其次才是對中央有令不行，兩者基本上都是針對官員怠政問題，該數據也可以解釋（圖 6-1）在 2019 年 11 月至 2020 年 1 月數據陡升之現象。

　　另從圖 6-5 觀察享樂主義與奢靡之風問題，與前六年「違規發放津貼或福利」、「收受節禮」、「公款吃喝」三項主要違規項目對比，主要問題變成「違規收受禮金禮品」，「違規發放津貼或福利」為次。但也可以發現習近平執政九年來，持續針對基層幹部治理的主要矛盾進行糾偏，希望能實現群眾路線目標。

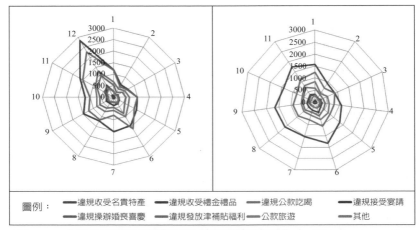

圖例： ━━違規收受名貴特產 ━━違規收受禮金禮品 ━━違規公款吃喝 ━━違規接受宴請
　　　 ━━違規操辦婚喪喜慶 ━━違規發放津補貼福利 ━━公款旅遊 ━━其他

圖 6-5　中共查處違反享樂主義、奢靡之風問題（2020.1-2021.11）

資料來源：筆者整理自中紀委國家監察委網站，https://www.ccdi.gov.cn。

二、《問責條例》與政治問責

　　2015 年中共十八屆五中全會召開前的中央政治局會議，審議通過《中國共產黨紀律處分條例》（以下簡稱《紀律條例》），頗能體現習的治理邏輯與思路。《紀律條例》的頒布，除了刪除與法律重疊之處，主要還是將習所提出的政治紀律、政治規矩與八項規定加以制度化。[27] 其中最引起外界關注的是《紀律條例》第六章（第 45-62 條）對政治紀律的規範，包括公開違背四項基本規範、妄議中央大政方針、黨內結黨營私、違背黨和國家方針政策之懲處。依據中央紀委法規室主任馬森述的說法，「黨中央在制定重大方針政策時，通過不同管道和方式，充分聽取有關黨組織和黨員意見建議，但有些人『當面不說、背後亂說』、『會上不說、會後亂

---

[27]「中共中央印發《中國共產黨紀律處分條例》」，新華網，2015 年 10 月 21 日，http://news.xinhuanet.com/2015-10/21/c_1116897567.htm。

說』、『臺上不說、臺下亂說』，不僅擾亂了人們的思想，有的還造成嚴重後果，破壞了黨的集中統一，妨礙了中央方針政策的貫徹落實，嚴重違反了民主集中制的原則」。[28]

比如 2015 年 10 月，中紀委通報前河北省委書記周本順的立案調查結果，周存在「嚴重違反政治紀律和政治規矩，在重大問題上發表違背中央精神的言論」等一系列嚴重問題，最後遭開除黨籍與公職；[29] 而新疆日報社前黨委書記、總編輯趙新尉遭到雙開（開除黨籍與公職），其理由是在「公開發表反對中央和自治區黨委關於新疆工作重大部署要求的言論；故意作出與中央和自治區黨委重大新聞工作部署相違背的決定；在反對民族分裂主義、暴力恐怖主義、宗教極端主義等重大原則問題上，言行不能與中央和自治區黨委保持一致」，成為《紀律條例》修正後，首位因「妄議中央」遭雙開之幹部。[30] 中共「十九大」後，再次修訂《黨政領導幹部選拔任用工作條例》，除了寫入「習近平新時代中國特色社會主義思想」，其重點在突出「政治標準」。比如新華社在「十九大」後披露中共新一屆高層領導人選名單產生過程，包括中央政治局常委會會議成立十九大幹部考察領導小組，由習近平親自擔任組長。改採個別談話調研形式，面對面聽取推薦意見，主要重點包括（一）政治標準「一票否決」；（二）調研與深入談話取代海推，以取代過往會議投票所存在拉票賄選等弊端。[31]

---

[28] 「中紀委法規室主任詳解啥是『妄議中央』」，新華網，2015 年 11 月 3 日，http://www.xinhuanet.com/politics/2015-11/03/c_128386939.htm。

[29] 「河北省委原書記、省人大常委會原主任周本順嚴重違紀被開除黨籍和公職」，人民網，2015 年 10 月 16 日，http://politics.people.com.cn/n/2015/1016/c1001-27706649.html。

[30] 「新疆日報社原總編輯、副社長趙新尉被雙開」，人民網，2015 年 11 月 2 日，http://fanfu.people. com.cn/BIG5/n/2015/1102/c64371-27764303.html。

[31] 「領航新時代的堅強領導集體—黨的新一屆中央領導機構產生紀實」，新華

　　但隨著「整風」與「反腐」成效所衍生出來的現象，一是自殺或「非自然死亡」（如溺死或酗酒死亡）之官員比例明顯上升，據媒體報導，習上臺至 2016 年中已有 120 人，比胡錦濤主政期間的 68 人多出近一倍。[32] 另一則是行政效率與官員怠政之問題。包括前述（圖 6-4）對於形式與官僚主義的整風，或者如國務院總理李克強批評政策遲遲不落地，「政令不出中南海」讓中央的改革舉措無法落地生根，甚至在地方遇到「掛空檔」的局面，給當前中國大陸的經濟運行增加摩擦力。因此，2015 年國務院開始處理地方官員怠政行為，第一批督察七省，第二批擴及 24 省，2016 年第三批督察中，包括地廳級在內則有 900 多名幹部被問責。主要針對公租房閒置、民生專案資金大量結存等方面的不落實、不作為問題，分別採取開除、撤職、降職、記過等方式予以問責。[33]

　　對於官員怠政問題，習近平以「為官不為」稱之。習認為當前「為官不為」主要有三種情況：一是能力不足而「不能為」；二是動力不足而「不想為」；三是擔當不足而「不敢為」。因此習近平主張要清楚區隔幹部問責的理由，包括「把在推進改革中因缺乏經驗、先行先試出現的失誤和錯誤，同明知故犯的違紀違法行為區分開來；把上級尚無明確限制的探索性試驗中的失誤和錯誤，同上級明令禁止後依然我行我素的違紀違法行為區分開來；把為推動發展的無意過失，同為謀取私利的違紀違法行為區分開來」。[34]

網，2017 年 10 月 26 日，http://www.xinhuanet.com/politics/19cpcnc/2017-10/26/c_1121860147.htm。

[32] Xiangwei Wang, "Amid rash of suicides, it's time to boost morale of Chinese bureaucrats," *South China Morning Post*, Jun. 19, 2016, https://www.scmp.com/news/china/policies-politics/article/1977753/amid-rash-suicides-its-time-boost-morale-chinese.

[33] 「因懶政怠政不作為 1148 名幹部被問責」，北京青年報，2016 年 1 月 29 日，版 A03。

[34] 「習近平在省部級主要領導幹部學習貫徹黨的十八屆五中全會精神專題

　　不過，在前述胡錦濤時期以來中共的問責相關法規中，在黨內與問責相關的共有 119 部。這些法規制度對事件、事故等行政問責規定多，對管黨治黨不力問責少，存在問責主體不明確、事項過於原則、方式不統一等問題。隨著全面從嚴治黨，迫切需要整合規範問責制度，實現問責內容、物件、事項、主體、程序、方式的制度化、程序化。[35] 對此，習近平認為主要問題在於「抓安全事故等行政問責多、抓管黨治黨不力問責少，問責規定零散、內容不聚焦」。因此「要整合問責制度，健全問責機制，堅持有責必問、問責必嚴，把監督檢查、目標考核、責任追究有機結合起來，實現問責內容、物件、事項、主體、程序方式的制度化、程序化。[36]

　　2016 年 6 月，中共中央政治局會議審議通過《中國共產黨問責條例》（以下簡稱《問責條例》），是繼胡錦濤時期推動黨政幹部問責制，並於 2009 年公布《關於實行黨政領導幹部問責的暫行規定》後，確立黨內問責規範。該《條例》共 13 條，除整合現行黨內 119 部與問責相關的法規，並對問責內容、對象、主體、程序加以制度化。時任中紀委書記王岐山，在人民日報發表署名文章「用擔當的行動詮釋對黨和人民的忠誠」解讀《問責條例》，該文點出當前各級幹部無法貫徹中央的路線方針，並以形式主義應對。比如以「會議貫徹會議」、「以文件落實文件」，把中央決策變成標語和口號。因此王岐山提出「動員千遍不如問責一次」，藉《條例》表達黨中央的決心，讓「問責」常態化，解決「不擔當、亂擔當」的

　　研討班上的講話」，**共產黨員網**，2016 年 5 月 10 日，https://news.12371. cn/2016/05/10/ARTI1462820587609178.shtml。

35　新華社評論員，「進一步紮緊從嚴治黨的制度籠子—一論貫徹落實《中國共產黨問責條例》」，新華網，2016 年 7 月 17 日，http://news.xinhuanet. com/politics/2016-07/17/c_1119232155.htm。

36　「習近平：在第十八屆中央紀律檢查委員會第六次全體會議上的講話」，人民網，2016 年 1 月 12 日，http://cpc.people.com.cn/n1/2017/0105/c64094-29000964.html。

問題。[37] 相較於胡錦濤時期藉問責解決幹部失職濫權，習近平時期則著眼於幹部「講政治」與解決官員怠政現況。

前述胡錦濤時期開始探索推動「官員問責」的制度化。包括2004年頒布《中國共產黨黨內監督條例（試行）》、《黨政領導幹部辭職暫行規定》、2005年通過《中華人民共和國公務員法》。中共中央爲整合並銜接前述法規，於2009年7月公布《關於實行黨政領導幹部問責的暫行規定》，全文四章26條，是首部較爲完整的幹部問責規範。包含問責啓動的條件（依據幹部因決策嚴重失誤、工作失職、監督不力、濫用職權、對群體與突發性事件處置失當、違反幹部選拔任用，引發重大事故或群體事件，造成重大損失或惡劣影響）；問責方式（分爲責令公開道歉、停職檢查、引咎辭職、責令辭職、免職）。並且在《暫行規定》中，針對信息公開（第20條）、作假隱瞞與干擾調查的加重問責（第8條）、重回崗位的條件（第10條）等進行規定，以完善幹部問責體系。

不過，如王岐山在前述署名文章中，提到「現行黨內法規中對事故事件的黨政問責規定多，對黨的建設缺失、落實黨中央決策部署不力的問責規定少」。[38] 因此新出臺的《問責條例》，主要目標是整合既有問責法規，包括規定此前發布之問責規定與《問責條例》不一致者，皆按照該《條例》執行（第13條），並圍繞黨的領導與加強黨的建設。比如在問責啓動的條件上，第6條規定違反黨章黨規，不履行或不正確履行職責的六個情況包括黨的領導弱化（沒有貫徹中央決策部署、領導不力導致重大失誤）、黨的建設缺失（黨內政治、組織生活不健全、八項規定不落實、幹部選任問題突出）、全面從嚴治黨不力（治黨寬鬆、監督乏力、沒發現與不處

---

37 王岐山，「用擔當的行動詮釋對黨和人民的忠誠」，人民日報，2016年7月19日，版2。

38 王岐山，「用擔當的行動詮釋對黨和人民的忠誠」。

置問題）、維護黨的紀律不力（維護政治紀律與規矩表現失職、拉幫結派）、黨風與反腐工作不堅決（管轄範圍無法遏制腐敗蔓延、問題突出者）情況者，將予以問責。

再者，《問責條例》第 3 條到第 5 條對於問責對象的設定，一方面細化責任，包括各級黨委（黨組）、黨的工作部門與領導成員、各級紀委（紀檢組）與領導部門，讓責任也分解到的組織、宣傳、統戰、政法等工作部門；另一方面主要聚焦「關鍵少數」，因此《條例》強調問責重點是「主要負責人」。黨組織領導班子在職責範圍內負有全面領導責任，領導班子主要負責人和直接主管的班子成員承擔主要領導責任，參與決策和工作的班子其他成員承擔重要領導責任。舉例而言，前章提到湖北省衛健委黨組書記與主任都被免職，湖北省委書記也由原上海市長應勇接任蔣超良。[39] 而 2020 年 7 月鄭州大水事件後，國務院調查組報告指出：[40]

> 鄭州市委市政府及有關區縣（市）、部門和單位風險意識不強，對這場特大災害認識準備不足、防範組織不力、應急處置不當，存在失職瀆職行為，特別是發生了地鐵、隧道等本不應該發生的傷亡事件。鄭州市及有關區縣（市）黨委、政府主要負責人對此負有領導責任，其他有關負責人和相關部門、單位有關負責人負有領導責任或直接責任。
>
> 鄭州市委、市政府貫徹落實黨中央、國務院關於防汛救災

---

39 「湖北省衛健委黨組書記主任雙雙被免職」，新浪網，2020 年 2 月 11 日，https://finance.sina.com.cn/china/2020-02-11/doc-iimxyqvz1878020.shtml；「湖北省委主要負責同志職務調整」，人民網，2020 年 2 月 13 日，http://politics.people.com.cn/BIG5/n1/2020/0213/c1001-31585363.html。

40 「河南鄭州『7・20』特大暴雨災害調查報告公布」，中國政府網，2022 年 1 月 21 日，http://www.gov.cn/xinwen/2022-01/21/content_5669723.htm。

決策部署和河南省委、省政府部署要求不力，沒有履行好黨委政府防汛救災主體責任，對極端氣象災害風險認識嚴重不足，沒有壓緊壓實各級領導幹部責任，災難面前沒有充分發揮統一領導作用，存在形式主義、官僚主義問題；黨政主要負責人見事遲、行動慢，未有效組織開展災前綜合研判和社會動員，關鍵時刻統一指揮缺失，失去有力有序有效應對災害的主動權；災情資訊報送存在遲報瞞報問題，對下級黨委政府和有關部門遲報瞞報問題失察失責。

而問責的方式（第 7 條）則區分對象，對黨組織採取檢查、通報、改組等方式；對黨的領導幹部採取通報、誡勉、組織調整或組織處理（如停職檢查、調整職務、責令辭職、降職、免職）、紀律處分等。為了避免問責流於形式，成為「異地升遷」（如三鹿奶粉事件的懲處對象）的代名詞，《條例》特別規定實行「終身問責」（第 10 條），對「失職失責性質惡劣、後果嚴重的，不論其責任人是否調離轉崗、提拔或者退休，都應當嚴肅問責」。

整體觀察，《問責條例》希望以問責解決怠政，從中央到地方落實分級負責。並且避免把「從嚴治黨」等同「反腐」，就如王岐山提出運用監督執紀「四種形態」：[41]（一）黨內關係要正常化，批評和自我批評要經常開展，讓咬耳扯袖、紅臉出汗成為常態；（二）黨紀輕處分和組織處理要成為大多數；（三）對嚴重違紀的重處分、作出重大職務調整應當是少數；（四）嚴重違紀涉嫌違法立案審查的只能是極極少數，以改變當前「要麼是好同志、要麼是階下囚」的狀況。

---

41 「王岐山：把握運用監督執紀『四種形態』」，新華網，2015 年 9 月 26 日，http://www.xinhuanet.com/politics/2015-09/26/c_1116687031.htm。

三、紀律處分優於問責

　　本書第四章提到，習近平上任至今已有近 300 名副省部與軍級以上幹部因違紀或涉貪落馬。相較於前述違反「八項」精神的懲處主要在「鄉科」一級，本節整理 2016 年 3 月至 2021 年 9 月以來遭黨紀政紀懲處（包括留黨察看、開除黨籍、開除黨籍與公職）之「中管幹部」[42] 共 141 名之數據如表 6-4。在編碼上，主要對照前章中央巡視之分類，分為：

　　（一）習指示與中央決策：「兩個維護」、「兩面人」及「政治野心」、「對抗組織審查」。

　　（二）黨風廉政：「營利活動」（營利、牟利、謀利、牟取利益、謀取利益）、「廉潔紀律」。

　　（三）黨建紀律：政治、組織、工作、生活紀律。

　　（四）理念初心：初心（初心、黨性、理念信念）、怠政（背離決策部署、陽奉陰違、消極應付）。

　　（五）八項規定。

　　前述習近平在 2016 年中共十六屆六中全會的說明中，指出當前黨內生態的困境與高級幹部的問題，並對當時黨內生態困境，提出具代表性的陳述，並以周永康、薄熙來、郭伯雄、徐才厚、令計劃等案為經驗教訓。[43] 特別之後對於「兩面人」的批判以及公布孫政才的「罪狀」，顯示習近平的中央對於「對抗中央指示」與背棄

---

[42] 指黨中央在「幹部職務名稱表」（Nomenklatura）所列管的重要職位，請參閱「一九九〇年中共中央組織部關於修訂中共中央管理的幹部職務名稱表的通知」，載於中國共產黨黨內法規制度手冊（北京：紅旗出版社，1997年），頁 536-539。

[43] 習近平，「關於《關於新形勢下黨內政治生活的若干準則》和《中國共產黨黨內監督條例》的說明」；《關於新形勢下黨內政治生活的若干準則》，新華網，2016 年 11 月 2 日，http://news.xinhuanet.com/politics/2016-11/02/c_1119838382.htm。

表 6-4　中共中央對「中管幹部」處分決定理由（2016.3-2021.9）

	2016	2017	2018	2019	2020	2021	總計
兩個維護	0	0	0	0	2	3	5
兩面人	0	0	1	3	2	3	9
政治野心	0	0	0	0	0	1	1
八項規定	16	21	17	17	12	24	107
對抗組織審查	16	24	10	12	9	17	88
營利活動	1	6	4	7	11	13	42
廉潔紀律	18	32	21	20	14	24	129
政治紀律	18	30	18	18	10	23	117
組織紀律	18	28	19	18	14	25	120
工作紀律	11	16	9	10	6	10	62
生活紀律	2	15	11	17	8	21	74
初心	18	22	18	21	12	23	114
怠政	0	2	1	2	5	5	15
總計	118	196	127	145	105	192	883

資料來源：筆者整理自中紀委國家監察委網站數據，https://www.ccdi.gov.cn。

「兩個維護」最為重視。

　　遭指控「兩面人」的中管幹部，基本上除「政治野心」項目外，幾乎違背每一項指標；而「政治野心」與背棄「兩個維護」之幹部，全屬政法系統幹部。這也涉及中共於 2020 年 7 月召開「全國政法隊伍教育整頓試點工作動員會」，四項主要任務包括清除害群之馬、整治頑瘴痼疾、弘揚英模精神與提升能力素質。2021 年起自下而上逐級在全國政法系統推動，目標在 2022 年第一季完成全國政法隊伍教育整頓任務。中央政法委秘書長暨試點辦公室主任

陳一新還將此試點，視爲政法系統的自我革命與延安整風。[44] 中共中央除了成立「全國政法隊伍教育整頓領導小組」，囊括政法委、公檢法、中紀委、中組部與中宣部等領導。並向各省市派出 16 個中央督導組。[45]2020 年以來也超過 150 名廳局級以上幹部遭查除，包括公安部副部長孫力軍、上海市公安局長龔道安、重慶市公安局長鄧恢林、山西省公安廳原廳長劉新雲、河南省政法委書記甘榮坤及最高人民法院執行局局長孟祥等，目標在 2022 年第一季完成政法系統整頓。

最引外界注目的，是中央公布對公安部副部長孫力軍「雙開」的理由：[46]

> 孫力軍從未眞正樹立理想信念，背棄「兩個維護」，毫無「四個意識」，政治野心極度膨脹，政治品質極爲惡劣，權力觀、政績觀極度扭曲，妄議黨中央大政方針，製造散布政治謠言，陽奉陰違，欺上瞞下，撈取政治資本；爲實現個人政治目的，不擇手段，操弄權術，在黨內大搞團團夥夥、拉幫結派、培植個人勢力，形成利益集團，成夥作勢控制要害部門，嚴重破壞黨的團結統一，嚴重危害政治安全；狂妄自大，恣意妄爲，大搞特權，在抗擊新冠肺炎

[44] 「陳一新：來一場刀刃向內、刮骨療毒式的自我革命」，中國長安網，2020 年 7 月 8 日，http://www.chinapeace.gov.cn/chinapeace/c100007/2020-07/08/content_12369578.shtml。

[45] 領導小組成員包含組長郭聲琨、副組長趙克志、周強、張軍、喻紅秋、傅興國、陳一新、陳文清、唐一軍等。請參考「16 個中央督導組進駐到位！政法隊伍教育整頓再發力」，人民網，2021 年 3 月 31 日，http://society.people.com.cn/n1/2021/0331/c1008-32066217.html。

[46] 「公安部原黨委委員、副部長孫力軍嚴重違紀違法被開除黨籍和公職」，中央紀委國家監委網站，2021 年 9 月 30 日，https://www.ccdi.gov.cn/scdcn/202109/t20210930_154631.html。

疫情一線擅離職守，私藏私放大量涉密材料，長期搞迷信活動；使用公安偵查手段對抗組織審查。違背組織原則，在組織函詢時不如實說明問題，大肆賣官鬻爵、安插親信、布局人事，嚴重破壞公安政法系統政治生態；無視中央八項規定精神，生活腐化墮落，長期收受大量貴重物品，長期接受可能影響公正執行公務的宴請和高檔消費娛樂活動，長期安排私營企業主租用高檔寓所供其使用，長期沉溺於各種奢靡服務；毫無道德底線，大搞權色、錢色交易；極度貪婪，大肆進行權錢交易，非法收受巨額財物。

指其「政治野心極度膨脹」，也是在中央的懲處上首次出現，顯示中央對政法系統作為「刀把子」在政治忠誠上的質疑，迫使公安部須立即和孫力軍劃清界線，並向中央保證純潔、忠誠與可靠。[47]

而在涉及怠政之懲處，雖然前述從王岐山修訂《問責條例》，與習近平皆希望能徹底處理幹部怠政問題。但是在數據上只占了1.7%，主要的控訴仍在對中央種決策部署不力與敷衍應付。比如前甘肅省委書記王三運被控「對黨中央重大決策部署消極應付、嚴重失職失責」、前原中央防範和處理邪教問題領導小組辦公室副主任彭波，則被控「背離黨中央關於開展網上輿論鬥爭的決策部署，放棄對互聯網陣地的管理」，皆屬嚴重失職。再者，在141位被懲處的中管幹部中，全部都依據《紀律條例》，僅有四位同時依以《紀律條例》加上《問責條例》，包含前述王三運、陝西前省長馮新柱、中紀委駐國家民委紀檢組長曲淑輝與民政部原部長李立國和副部長

---

[47] 「公安部：堅決擁護黨中央對孫力軍的處理決定，堅決徹底肅清孫力軍流毒影響」，央視網，2021 年 10 月 1 日，https://news.cctv.com/2021/10/01/ARTIHm7nNxvnJ2IRIjGP4XkT211001.shtml。

竇玉沛。[48] 除此之外，在同樣時間範圍遭懲處的 132 位中央一級黨和國家機關幹部，和 860 位省管幹部，也都依據紀律處分條例懲處，而非問責條例。顯示習近平時期對於中管幹部問責理由與問責主體都已經納入黨風與紀律的範疇，比如失職與黨員的初心及怠政的聯結，甚至陽奉陰違與「兩面人」之指控，因此即使在修訂《問責條例》後，中央仍習於從黨的紀律層次進行問責。

---

[48] 曲淑輝因履行全面從嚴治黨監督責任不力被問責；李立國和副部長竇玉沛因履行管黨治黨政治責任不力被問責。

第七章
結論

　　2021 年 11 月，美中經濟與安全審查委員會（U.S.-China Economic and Security Review Commission, USCC）公布年度報告，指出當前中共「既自信、又缺乏安全感」的矛盾心態。在百年黨慶期間，中共宣稱其制度優勢對比美國與自由秩序的衰落，習近平藉此提出馬克思主義新模式。但在自信背後，習近平又不斷警告與防範對政權的威脅因子，也就是在「勝利者敘事」（triumphalist narrative）背後，其實存在一系列的內外挑戰，包括理念（意識形態）、黨建弱化，與外國敵意等。[1]

　　而在大陸內部，同一時間中共通過《百年決議》，其重點在「成就與經驗」，以「十八大」以來習近平在黨的領導、道路問題以及中國與世界關係的改革成果，並將下個百年的目標與習近平的核心角色相結合，創造習在「二十大」續任的正當性。但正如本書首章所提到傅士卓（Joseph Fewsmith）與黎安友（Andrew J. Nathan）就「威權韌性」的制度化因子，相對於「全能主席」（chairman of everything）集權之間矛盾關係的討論。[2] 如果高層「權力平衡」、「代理困境」與「碎裂威權」問題一直存在，到底是哪些原因造成？中央又透過哪些變革來應對？本書從習近平接班後的組織與決策改造、重整意識形態，並導引至整風與幹部任用，透過巡視與問責進行糾偏，以「整合」碎片化（integrated fragmentation），也就是習近平不斷強調的「全國一盤棋」。對於中共最高層運作的制度化、權力集中與整風運動，在不同時期重複出現，這三者間的關聯以及

---

[1]　"USCC 2021 Annual Report," *U.S.-China Economic and Security Review Commission*, Nov. 2021, https://www.uscc.gov/sites/default/files/2021-11/2021_Annual_Report_to_Congress.pdf. 又比如中共十九大「政治報告」特別指名嚴密防範和堅決打擊各種滲透顛覆破壞活動、暴力恐怖活動、民族分裂活動、宗教極端活動。

[2]　Joseph Fewsmith and Andrew J. Nathan, "Authoritarian Resilience Revisited: Joseph Fewsmith with Response from Andrew J. Nathan," *Journal of Contemporary China*, Vol. 28, Iss. 116(Mar. 2019), pp. 167-179.

衍生出對幹部的監督與動員過程與影響，在習近平時期提供了更多案例供學界參考。

壹、威權韌性與制度化

一、制度化與規範

黎安友認為習近平若打破年齡與任期限制留任，不代表制度的全面瓦解。習的固權仍是在現有黨的架構，並企圖將政治運作限制在特定渠道，即是制度化體現。[3] 習近平成為毛、鄧、江之後，第四位被賦予「核心」稱號的領導人，差別在於江的核心是強人（鄧）的加持、胡的「核心」僅在 2005 年兩會前「曇花一現」。[4] 但是對習近平而言，十八屆六中全會確立「習核心」，對外象徵的是領導集體的意志與共識，意義自然不同。事實上，無論確立「習核心」、「十九大」確立「習思想」到十九屆六中全會通過《百年決議》。對中共而言，會議是依據「民主集中制」以實現參與和集體領導之決策模式，可以為中共自上而下指令性統治的主要意志表達。即使強調「核心」的決策角色，仍須將個人意志轉換為集體意志才能獲得正當性。另一方面，中共中央要推展任何一項重要工作，一般都需要經過傳達、試點、計畫、組織、指揮、協調、總結這七大工作環節。因此會議文件程序上是要通過領導集體共同討論、反覆修改形成，除了象徵領導集體之意志，也表明了集體共識的存在。因此，在結構上，「黨和國家領導體制」仍是中共運作的本質與共識。

---

[3] Fewsmith and Nathan, "Authoritarian Resilience Revisited," pp. 10-13.

[4] 「胡錦濤兩會前被稱為黨領導『核心』」，**BBC 中文網**，2005 年 2 月 28 日，http://news.bbc.co.uk/ chinese/trad/hi/newsid_4300000/ newsid_4306300/4306321.stm。

　　然而，傅士卓也提出「制度化」（institutionalization）與「規範」（norms）的差異。相較於「制度化」，「規範」可以指涉當前中共「進退流轉」之正式與非正式規定，但比較容易遭到變動或扭曲。而「制度化」則是不易改變，且廣泛被接受的規則，比如定期召開代表大會或者任期與退休年齡，特別涉及領導人的選任與晉用，影響權力的和平轉移。但制度化的過程若少了社會或所謂「第三方」制約，即使在「黨和國家領導體制」下，領導人常能按其意願與利益調整制度形式，使得「規則」（rules）難以限制領導人，隨時可能遭「擱置」。[5]在強人政治下，就如白魯恂（Lucian Pye）對中國政治的描述，強調特殊性與高度人格化特質，最主要的政治權威存在於對領導與上下級關係的理解，而非客觀化的法律或道德準則中。[6]以毛澤東來說，並不存在外來的監督者，他所提出「三要三不要」原則是為他人遵守和內化的的規則與習慣，不適用於毛本人；即使自己的政策明顯導向災難，面對來自接班人的威脅，最終仍不惜或實際上透過社會動員尋求個人意志的貫徹。

　　另外如鄒讜教授的觀點，長期以來圍繞著核心領導人的權力結構，通常是與一系列黨內鬥爭同步發展起來的，黨不能有兩個聲音或兩個司令部，是已經建立起來的規則和習慣。[7]也因此中共政治體制在這樣的背景下時有變動，除了經歷四部憲法，國家主席權力自「五四憲法」授權統率全國武裝力量，到「七五憲法」廢除國家主席一職，源於毛澤東對劉少奇的鬥爭。「八二憲法」重新恢復國家

5　Joseph Fewsmith, "Balances, Norms and Institutions: Why Elite Politics in the CCP Have Not Institutionalized," *The China Quarterly*, Vol. 248(Nov. 2021), pp. 267-268.

6　Lucian W. Pye, "Factions and the Politics of Guanxi: Paradoxes in Chinese Administrative and Political Behavior," *The China Journal*, No. 34 (Jul. 1995), p. 39.

7　鄒讜，二十世紀中國政治（香港：牛津大學出版社，1994 年），頁 162-168。

主席，但取消了「五四憲法」時期召開最高國務會議與統率全國武裝力量之權，走向虛位。不過國家主席一旦兼任黨總書記與中央軍委主席時，則虛位的國家主席又成為掌握黨、政、軍的實權元首。

在李先念與楊尚昆擔任國家主席期間，最高權力歸屬於軍委主席鄧小平。鄧小平為避免重蹈毛時期的個人崇拜與權力過度集中，積極重建「民主集中制」所規範的集體領導制度，同時為解決幹部終身制的問題，在《八二憲法》中，除中央軍委主席外，規定了國家主席與「一府二院」連續任職不得超過兩屆，並建立黨政領導幹部退休年齡界線。然而 1989 年江澤民接任總書記後，鄧小平為強化江的合法性，除了提出「三代」領導集體與核心的概念，也迅速地讓江接任軍委主席與國家主席，使江澤民成為毛澤東以後「三位一體」的權力中心。

江澤民在「十六大」延續鄧模式，以一介黨員身分續任軍委主席，形成所謂「交班不交槍」的接班形態。江澤民在 2004 年十六屆四中全會辭去軍委主席後，9 月召開中央軍委擴大會議交棒胡錦濤，提出「黨的總書記、國家主席、軍委主席三位一體這樣的領導體制和領導形式，對我們這樣一個大黨、大國來說，不僅是必要的，而且是最妥當的辦法」。[8] 胡錦濤接班後，並沒有對總書記與軍委主席的任期有任何處理，制度上的模糊，增加外界對胡沿用江模式交班的想像空間。但胡錦濤「裸退」前的薄案到習近平接班後處理周、令、徐案，其重點主要在不同世代領導集體背後政治勢力與派系利益的矛盾，如同本書首章引用李成所提「強勢派系與弱勢領導」、「強勢利益集團與弱勢政府」的對立關係，使習在第一任期必須傾全力肅清周令餘毒，樹立核心地位鞏固權力。繼江澤民之後，2018 年修憲取消任期制時再次提出「三位一體」，其共同特徵

8　江澤民，「我的心永遠同人民軍隊在一起」，江澤民文選，http://cpc.people.com.cn/GB/64184/ 64185/180139/10818589.html。

都在於現任領導人破壞任期制時提出，這也正好說明「任期制」是「三位一體」最重要的保障，而取消任期制後，新的強勢領導與派系力量延伸，雖然有利於現任領導人「整合碎裂」，推動政策，然繼任者接班後，恐仍陷於「強」、「弱」間的處境而陷入權力失衡的循環。

二、制度化與權力鞏固

前述問題說明了威權黨國體制的壓力主要來自黨內的權力平衡，其中制度化涉及菁英利益分配，菁英政治的制度化意味關係網絡（或派系）必須在符合既有程序與標準的前提下發揮影響，除減緩了權力鬥爭的頻率，讓中共菁英政治間存在「平衡權力」的機制。[9] 但傅士卓也發現，中共在這樣的機制下，總書記在他的第二個任期內能夠增加盟友，從而變得更強大，亦即快速提拔自身人選，並擺入關鍵職務上，甚至卸任後仍能通過其派系成員繼續施加影響力。[10] 相對而言，習近平上任以來的作為，無論是取消國家主席任期或利用紀檢系統清理派系的作法，目標仍在鞏固高層權力，這也讓黨內規範與列寧主義體制集權傾向間一直存在張力。[11]

習近平上任至今已有 330 名以上副省部與軍級以上幹部因違紀或涉貪落馬，因為樣本數大，學者得以從中觀察派系與紀律處分的相關性，Zeng 與 Yang 以 377 名省委常委與 178 名副省長的母體

9　寇健文，中共菁英政治的演變—制度化與權力轉移（臺北：五南圖書，2010 年），頁 43-51、361-375；Zhiyue Bo, "Political Succession and Elite Politics in Twenty-First Century China: Toward a Perspective of 'Power Balancing'," *Issues & Studies*, Vol. 41, No. 1(2005), pp. 162-189.

10　Fewsmith, "Balances, Norms and Institutions," pp. 268-269.

11　比如《百年決議》中提出解決周永康、薄熙來、孫政才、令計劃、郭伯雄、徐才厚、房峰輝等大案，「消除了黨、國家、軍隊內部存在的嚴重隱患」。

中，143名歸類為與現任七位政治局常委有派系關係，其中有三位（2.1%）遭調查，但有派系關係的副省長沒有人遭調查；無派系關係的412名幹部中，則有29名（7%）被抓。[12] 張士峰也發現，與習近平具同質性的幹部，如陝西、清華、知青、縣委書記與工作經歷等，多數均在兩年內快速從副部晉升至正部級，不合格者也快速離任，除顯示習近平掌控人事權，同時也顯示習無法跳脫「用人唯親」的理念。[13] 此發現試圖說明領導層影響遴選團體（selectorate）或鞏固勝利聯盟（winning coalition），也就是建立領導人的「內圈」（inner circle），利用其自由裁量空間，提供追隨者安全保障。也為前述後鄧時期的菁英研究，提供更多派系運作的證據。

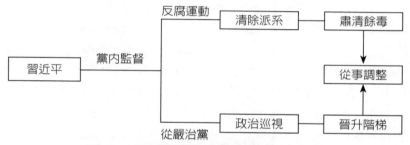

圖 7-1　習近平時期黨內監督與制度效應

資料來源：筆者自製。

Li Ling 更進一步從黨紀制度的典範轉變，認為習近平時期的紀律和意識形態運動，是習為進行固權運動的兩個分支，兩者同步且相互促進，意識形態運動定義了紀律整風的政治前景；而紀律

---

[12] Qingjie Zeng and Yujeong Yang, "Informal Networks as Safety Nets: The Role of Personal Ties in China's Anti-corruption Campaign," *China: An International Journal*, Vol. 15, No. 3(Aug. 2017), pp. 26-57.

[13] 張士峰，習近平的人事調動：減緩代理問題（臺北：政治大學東亞研究所碩士論文，2017年7月）。

整風為意識形態運動提供績效（與學習資料）。體現在黨紀的政治化、刑責強化黨紀效能、簡化舉證程序，最終強化中紀委與巡視組的調查權力。如圖 7-1 所示，這也意謂習近平在推動反腐的目標外，同步也得以清除敵對派系，相對也強化紀檢系統的權威，使習近平得以利用該系統監視幹部的不合作行為、控管中央路線並影響菁英晉升管道，如此一來，地方幹部晉升風險增加，必須更高度配合習近平路線。[14]

三、整風成為韌性來源

在《百年決議》中提到，鄧後時間的黨建問題，包括「黨內存在不少對堅持黨的領導認識模糊、行動乏力問題，存在不少落實黨的領導弱化、虛化、淡化、邊緣化問題，特別是對黨中央重大決策部署執行不力，有的搞上有政策、下有對策，甚至口是心非、擅自行事」。在「從嚴治黨」層面也提出「一些地方和部門選人用人風氣不正，形式主義、官僚主義、享樂主義和奢靡之風盛行，特權思想和特權現象較為普遍存在」，嚴重影響黨的形象和威信。[15]

學者整理了「人民日報」五十年的報導數據研究也發現，反官僚主義的「幽靈」始終縈繞著中國的國家機器，從毛時期批判舊社會與蘇修，以維繫革命動力；到後毛時期轉為對腐敗與政策錯誤的恐懼，最特別的是，「官僚主義」與「形式主義」的聯繫明顯增加，到 2020 年，「官僚主義」都伴隨著「形式主義」，而對「形式

---

[14] Ling Li, "Politics of Anticorruption in China: Paradigm Change of the Party's Disciplinary Regime 2012-2017," *Journal of Contemporary China*, Vol. 28, No. 115(2019), pp. 47-63.

[15] 「中共中央關於黨的百年奮鬥重大成就和歷史經驗的決議」，新華網，2021年 11 月 16 日，http://www.news.cn/2021-11/16/c_1128069706.htm。

主義」的關注甚至超越「官僚主義」。[16] 這顯示中共的意識形態目標同常規化與理性化目標並存時，並意圖在兩者間尋求平衡所存在的張力。雖然整風反腐一方面顯現習近平的意志與核心角色外；但另一方面，落馬幹部背後的鉅額賄款、結黨營私與帶病提拔，卻也體現體制的脆弱性。這些《百年決議》所提的「許多長期想解決而沒有解決的難題」，除了體現黨對執政合法性的關注，也是中共維持其「韌性」的重要來源。

在比較威權與比較共黨研究上，就如 Martin Dimitrov 所說，共黨政權歷經意識形態調整、經濟改革成果、體制包容性與體制的課責性而有較強的生存力。[17] 也如吳玉山教授所說，把共黨體制僅僅視爲威權體制之一，將會遺落其重要的制度特徵。[18] Barrett McCormick 和 Maria Hirszowicz 也都認爲，列寧黨國的核心非由統治階級（ruling class），而是由統治體制（ruling institution）所支配。不僅基於經濟基礎，而且藉由政治秩序（political order）賜予其在社會上的支配地位。黨直接控制訊息形式，或掌握對訊息的解釋權，預防觸及體系合法性。[19] 因此在觀察威權政體持續（durability）與韌性（resilience），除了關注制度與組織作爲自變項，也需要更多證據闡明變項與結果的關係。

---

[16] Iza Ding and Michael Thompson-Brusstar, "The Anti-Bureaucratic Ghost in China's Bureaucratic Machine," *The China Quarterly*, Vol. 248(Nov. 2021), pp. 116-140.

[17] Martin K. Dimitrov, ed., *Why Communism Did Not Collapse: Understanding Authoritarian Regime Resilience in Asia and Europe* (New York: Cambridge University Press, 2013), pp. 304-309.

[18] 吳玉山，「從比較共產主義看中共百年」，政治學報，第 71 期（2021 年 6 月），頁 13-16。

[19] Barrett L. McCormick, *Political Reform in Post-Mao China: Democracy and Bureaucracy in a Leninist State* (California: University of California Press, 1990); Maria Hirszowicz, *Coercion and Control in Communist Society: The Visible Hand in a Command Economy* (New York: St. Martin's, 1986).

貳、幹部監督與動員

一、巡視與糾偏

本書從制度互補和補償（institutional complementarity and compensation）觀點來探討習近平時期的中央巡視組運作，也是解釋前述統治體制之概念。以中國大陸這樣一個龐大的黨國體制，在制度發展上，中央已經有一套可量化指標對幹部進行獎懲，也透過對幹部（如省委書記、省紀委書記）異地交流、中央提名人選等機制，降低監控的風險。因此在既有的「下管一級」與「雙重領導」體制下，透過設立中央與地方巡視工作領導小組，派遣巡視組與巡察組，來補償地方既有監督制度上的不足。而這樣的發展，也是來自建政以來的經驗逐步制度化的結果（如圖 7-2）。

中共「十八大」以來，中央巡視組對 31 省市各輪巡視成果，說明在巡視組定監督地方幹部的施政，迫使地方幹部必須逐級回應中央路線與審查意見，可以看出習近平如何藉由巡視組的定期且全覆蓋這樣緊迫盯人方式，糾正政策偏離，建立中央地方互動「新常態」的企圖。不過，就如大陸學者的質疑，為什麼幾十萬人的紀檢隊伍難解決的問題，幾百人的巡視隊伍卻能發揮重大作用，主因仍在於巡視的獨立性，而這樣的獨立性又必須結合核心領導人的支持與權力鞏固。[20] 另一方面，中共的巡視或紀檢機構的「雙重屬性」（dual nature），包括監督與自我監督的「雙重使命」（dual mission）、外部監督與充分自主的「雙重環境」（dual environment），以及兼顧黨和職務的「雙重忠誠」（dual loyalty）問

---

[20] 吳雪峰、楊磊，「國家監察委試點背後玄機：中央重拳改革的信號」，搜狐新聞，2016 年 11 月 10 日，http://news.sohu.com/20161110/n472770223.shtml。

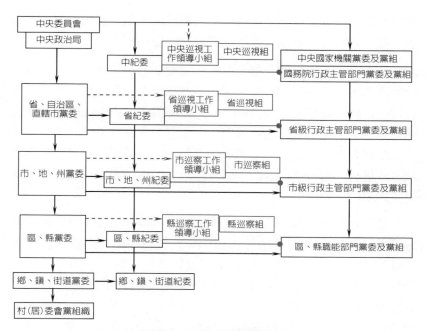

圖 7-2　中共巡視制度

說明：———→　領導；- - - →　設立。

資料來源：筆者自製。

題，都顯示與核心領導人的密切關係。[21]

　　習近平持續肅清「周令」與「薄王」餘毒，主要就是藉由紀檢系統與巡視組的巡視結果作為揭露腐敗與黨性之依據，得以瓦解敵對派系與潛在不合作對象。就如王岐山在人民日報專文中指出「政治腐敗是最大的腐敗，一是結成利益集團，妄圖竊取黨和國家權力；二是山頭主義宗派主義搞非組織活動，破壞黨的集中統一」。[22]

---

[21] Stephen K. Ma, "The dual nature of anti-corruption agencies in China," *Crime, Law and Social Change*, Vol. 49, No. 2(Jan. 2008), pp. 162-164.

[22] 王岐山，「開啓新時代 踏上新征程」，人民日報，2017年11月7日，版2。

甚至有學者認為，此套系統為高層鬥爭提供一個方便且相對不流血的平臺，同時也有效擴大習近平的權力規模。[23]

依據筆者蒐集數據分析，習近平延續並強化胡錦濤時期的巡視制度改革，掌控巡視組人事，並定期透過中央—省—縣—鄉鎮各級巡視，逐級傳達中央政策目標、糾正路線偏離，中央也透過巡視反饋結果，了解領導幹部的治理成效，在書記負責制下，必要時可掃除不合格的領導幹部。加上習近平自與王岐山共同打造幹部汰換機制，[24]讓有問題的幹部者落馬或提前退居二線，習近平也得以獲得更多人事的調配空間。

此外，本書所提供巡視結果與省級領導幹部落馬，可以產生部分連結，而所謂部分連結，意謂中央對於巡視結果的選擇性或差異化的處理，在於平衡中央權威以及對代理人的要求考量，取決於習近平對個別菁英的態度。但是紀檢與巡視制度的功能，並不止於監視每個幹部，更重要的是，在習近平的支持下，當前紀檢系統對這些被點名的幹部，在任何時間都形成威脅且具有足夠的懲罰能力。比如孫政才快速被調離崗位，抑或王珉、趙正永進入二線後仍遭起訴。另一方面，上下聯動的巡視雖然對地方領導幹部帶來更多壓力，但對中央來說，卻能藉此觀察地方政策是否符合中央要求，並確定他們解決問題的能力，緩解中央對於地方代理人資訊不對稱問題。並且讓中央得以控制敵對派系與潛在不合作對象，比如前述遼寧省的巡視整改通報中，至今仍持續要求肅清薄熙來與王珉的影響便是一例。

---

[23] Victor C. Shih, "Contentious Elites in China: New Evidence and approaches," *Journal of East Asian Studies*, Vol. 16, Iss. 1(May 2016), pp. 6-7.

[24] 包括《黨政領導幹部選拔任用條例（2014）》、《2014—2018年全國黨政領導班子建設規劃綱要》、《推進領導幹部能上能下若干規定（試行）》、《中國共產黨問責條例》、《中國紀律處分條例》等規範。

二、常規化與動員式治理

中國大陸「運動式治理」常常採用大張旗鼓、製造輿論聲勢、全面動員的形式，但是在中央主導下，「運動」卻是建立在特有的、穩定的組織基礎和象徵性資源之上。從後毛時期的改革開放到習近平的「四個全面」，這些現象的重複再現的確是一個令人深思的問題。對當前中國大陸而言，中共的執政合法性仍然維繫於社會改造的有效性，在強大的績效合法性壓力之下，國家推行社會改造的意願仍然十分強烈。其次，國家滯後的基礎權力在面對「現代化」的目標，仍然需要不時「調動一切積極因素」，以「集中力量辦大事」的方式向前發展，而國家強大的專斷權力，使其在「運動」過程中，較不受社會力的制約。[25]

本書在連結習近平時期的決策模式、應急管理體制的建立，以及中央地方長期建立的文件政治與幹部考核與問責等，使得中國大陸在面對新官疫情這類大型的跨界危機時，以「一方有難、八方支援」的動員，進行任務分解與責任包幹，背後則結合責任與考核體系，以及在同一任務下地方間的政績競爭，成為觀察中共得以有效動員抗疫之範本。

但是，從本文彙整 31 省市的官媒報導，至中央發號前，地方清一色集中於實踐習近平路線、地方兩會與春節活動，並以兩會勝利成功為目標。因此即使在兩會期間，亦不見媒體甚至人大政協的公報對防疫之呼籲。類似的情況也反映在第三章與第六章所提到地方各省進行「八項」整治的時間點，除了在中央發動初期的積極表現，到「十九大」前顯示穩定氣氛。如圖 7-3 所示，在全國兩會期間，就和疫情期間的湖北省與武漢市一樣，可能以維護兩會期間

---

25 馮仕政，「中國國家運動的形成與變異：基於政體的整體性解釋」，開放時代，第 1 期（2011 年），頁 93。

穩定爲基調，因而在數據上呈現低點。而查處高峰，就如第六章所提和年節有關。也就是中國大陸每年的重要節日如元旦、春節、清明、「五一」、端午、中秋與國慶期間，這樣的週期性值得未來進一步研究探討。

因此在強調舉國體制的有效動員另一面，我們也可以發現疫情爆發以來，包括地方到中央衛健委的權責劃分、地方政府輕忽防疫、防疫物資管理失控與國家社會間對疫情資訊的不同調，無論是「吹哨人」或「發哨人」所表達的，都顯示地方與中央在疫情資訊的不透明與官僚維穩的慣性，必須爲本次肺炎失控負起相當責任。雖然習近平以「治理現代化」爲名推動改革，但不意味政府運作典範眞正轉變，主要原因在於「治理」仍落在維繫共黨統治的邏輯中，包括治理所需的課責、參與、透明等指標，都融入當前黨和國家領導體制下，而在這個強化社會控制能力、削減社會力量發展空間的過程，在本次新冠肺炎疫情中都一覽無遺。雖然黨國最終仍被證明爲唯一的拯救者，然而在疫情發展過程中，對於唯上是從的地方政府、無法預警監督的兩會、發帖與刪帖的輿論管制、是否準確的官方數據以及濫捕野生動物的陋習，從十七年前的 SARS 至當前的新冠肺炎，都有類似且重複的特徵，也是習近平在「新時代」必須繼續解決的問題。如果只是看到舉國體制在後來控制疫情中的有效動員，而忽略地方的官僚習性與向上依附之決策，拖延對災情因地制宜的反應能力，其中維穩目標與專業精神，正向宣傳與社會自主的對立性等種種問題，那本次新冠疫情的教訓最終仍是被黨國抗疫勝利的宣傳所取代。

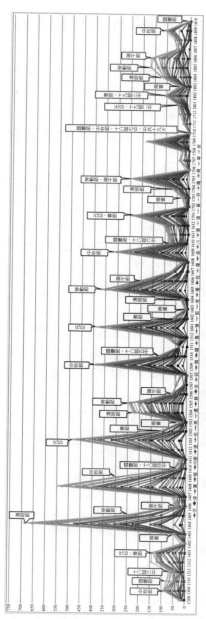

圖 7-3 31 省市查處違反中央八項規定波段 (2013.8-2018.10)

資料來源：筆者自製。

參、委託與代理的雙重困境

　　動員式治理顯現中共權威體制與有效治理之間的矛盾，集中表現在叫停原有的常規機制，打斷其慣性和節奏；以及中央管轄權與地方治理權間的緊張。這種常常由自上而下的指令啓動，甚至來自上級領導主觀意志的運動式治理模式，背後的制度邏輯與組織基礎爲何？

　　回顧大陸學者的論點，長期來央地之間決策權力的分散與政治責任的集中狀況一直沒有改變。從分稅制以來，將中央對地方的權力下放制度化。伴隨著財政收支向地方分權，行政審批許可權也下放了，但是控制後果的政治責任卻高度集中於中央。這主要表現在兩個方面：首先，各種分散的決策，特別是地方黨委、政府、各國有企業的決策依據在於中央確立的政策與目標；其次，對正在和已經作出的決策及決策的過程進行控制、規範、評價、監督、懲罰、獎勵的權力全部集中在中央。從決策依據的角度看，各種決策，特別是地方黨委、政府、國有企業的決策都是依據中央政策與要求和部署進行的。由於決策者進行決策的依據來自黨中央確定的目標和要求，將公權力分派給具體決策者進行決策的權力（責任）在各級黨委，所以黨的各種組織無法超然評價、監控與獎懲大大小小的決策者，特別是難以進行監控與懲罰。除非決策者違法，不然負面的監控與懲罰，有可能發展爲對決策依據的適當性的否定，發展爲對任命的適當性的否定，就有可能發展爲對自身的否定，所以是不可能的。[26]

　　另一方面，責任集中的更重要表現在於控制、督導、獎懲各個決策。首先，地方黨委、政府與國有企業的人事任免是自上而下進

---

[26] 賴海榕，「從決策權力的分散與政治責任的集中看當前我國政治體制的主要矛盾」，當代世界與社會主義（北京），第 6 期（2007 年），頁 104-105。

行的，其中的政治責任也就可以自下而上追溯到中央。決策者所做出的決策是否合適、是否達到效果，評價的主體是中央。獎勵好的決策、懲罰壞的決策，責任也在中央。[27] 當前中央對地方、各級政府在對下級政府實行績效考核時，「一票否決」的考核指標越來越多，有的已高達有十多項。[28] 相關政府部門在對下級部門進行考核時，也設置了相應的「一票否決」考核指標。績效考核過程中眾多「一票否決」指標，使被考核的地方政府及相關領導者不堪重負。[29] 而面對一項無法迴避的工作，理性的地方政府會認真地在努力工作與弄虛作假之間進行成本與收益的權衡，最終也常迫使地方政府「弄虛作假」，無論從早期為了在計畫生育中「達標」而「改年齡、改出生」及編造假資料、假報表；[30] 到當前地方為了展示中央推動的扶貧政績，而將農村房屋全部刷白的「刷白牆」事件；[31] 以及緊接著又是全省全面清查「形式主義官僚主義問題」的動員過程。[32]

---

[27] 賴海榕，「從決策權力的分散與政治責任的集中看當前我國政治體制的主要矛盾」，頁 105-107。

[28] 如廉政建設、計畫生育、安全生產、信訪治安、集體上訪、招商引資、民工工資、下崗再就業等。

[29] 向俊傑，「地方政府績效考核中的「一票否決」問題分析」，黑龍江社會科學，第 1 期（2008 年），頁 43-44。

[30] 比如為了在計畫生育中「達標」，年終不被「一票否決」，鄉黨委書記認可副鄉長提出「改年齡、改出生」及編造假資料、假報表的提議。經全鄉統一口徑進行「技術處理」後，使該鄉計畫率從 46.7% 提高到 69.9%，超生率由 11.38% 降至 7.41%，在年終全縣計畫生育工作排名中，由第 57 位上升至 21 位，並獲得獎金。不過最後被組織發現，處以嚴重警告處分。請參考古崗，「『一票否決』產生的負效應」，鄉鎮論壇（北京），第 5 期（1994 年），頁 14。

[31] 「安徽阜陽脫貧亂象：60 萬拍脫貧宣傳片 390 萬刷白牆」，新浪網，2019 年 6 月 27 日，https://news.sina.com.cn/c/2019-06-27/doc-ihytcerk9728453.shtml。

[32] 張藝，「阜陽『刷白牆』事件後，安徽再查 915 個形式主義官僚主義問題」，中國青年報，2019 年 8 月 16 日，版 1，http://zqb.cyol.com/html/2019-

　　當前對地方幹部而言，習近平的政治標準改變了傳統政績導向的甄補規則，往常發揮地方積極性的作法，如今必須考量政治風險而觀望停滯。[33]因而限縮地方的自主權與創新動力，形成「不搶跑、不滯後」的附隨心態，但又可能陷入中央對怠政或形式主義之控訴。因此黨中央的代理困境，在地方幹部眼中問題反而出自委託人身上，未來中共的重大決策將更取決於習近平的個人意志，中央必須且只能持續巡視工作與政治動員以維繫改革動力。

08/16/nw.D110000zgqnb_20190816_6-01.htm。

33　比如學者透過訪談，發現地方政府官員借助公款消費（尤其是公款吃喝），建立和加強了人際關係互動，進而更高效地調動資源促進地方經濟發展。而反腐運動以提升地方政府廉潔程度為目標，但是短期來看，也導致了政府組織成員互動頻率減少和懶政問題的蔓延，削弱了政府調動資源發展地方經濟的積極性。請參閱 Peng Wang and Xia Yan, "Bureaucratic Slack in China: The Anti-corruption Campaign and the Decline of Patronage Networks in Developing Local Economies," *The China Quarterly*, Vol. 241(Sep. 2020), pp. 611-634.

參考文獻

一、中文部分

「8 人散布肺炎不實信息被處理」，楚天都市報（武漢），2020
年 1 月 2 日，版 A01，https://ctdsbepaper.hubeidaily.net/pc/
column/202001/02/node_A01.html。

「16 個中央督導組進駐到位！政法隊伍教育整頓再發力」，
人民網，2021 年 3 月 31 日，http://society.people.com.cn/
n1/2021/0331/c1008-32066217.html。

「31 個省份成立深改組 黨委『一把手』任組長」，中國網，2014
年 3 月 13 日，http://news.china.com.cn/2014lianghui/2014-03/13/
content_31769064.htm。

「600 噸肉奶食品 從內蒙古啓運馳援湖北」，內蒙古日報（呼和浩
特），2020 年 2 月 12 日，版 2，http://szb.northnews.cn/nmgrb/
html/2020-02/12/content_20409_105177.htm。

「人民日報二評立案審查周永康：懲治腐敗 深得人心」，人民網，
2014 年 7 月 31 日，http://opinion.people.com.cn/n/2014/0731/
c1003-25373291.html。

「人民日報三評立案審查周永康：黨紀國法 不容違逆」，人民網，
2014 年 8 月 1 日，http://opinion.people.com.cn/n/2014/0801/
c1003-25380607.html。

「人民日報評立案審查周永康：從嚴治黨 堅定不移」，人民網，
2014 年 7 月 30 日，http://opinion.people.com.cn/n/2014/0730/
c1003-25365894.html。

「十問新版《中國共產黨巡視工作條例》新在哪？」，新
華網，2015 年 8 月 14 日，http://www.xinhuanet.com//
politics/2015-08/14/c_128130421.htm。

「十九屆中央第六輪巡視完成進駐」，中央紀委國家監察委員會網站，2020 年 10 月 15 日，https://www.ccdi.gov.cn/toutiao/202010/t20201015_227134.html。

「『三聚氰胺』毒奶粉事件十年回顧」，端傳媒，2018 年 8 月 4 日，https://theinitium. com/article/20180804- mainland-melamine-trailer。

「三講教育」，人民網，http://cpc.people.com.cn/ GB/33837/2535045.html。

「山西黑磚窯案追蹤」，人民網，http://society.people.com.cn/ GB/8217/85991/ index.html。

「上海成立疫情防控工作領導小組」，解放日報（上海），2020 年 1 月 23 日，版 01，https://www.jfdaily.com/journal/2020-01-23/getArticle.htm?id=286804。

「上海市人民代表大會常務委員會關於全力做好當前新型冠狀病毒感染肺炎疫情防控工作的決定」，上海市人民政府，2020 年 2 月 7 日，http://www.shanghai.gov.cn/nw2/nw2314/nw32419/nw48516/nw48545/nw48635/u26aw63497.html。

「王岐山：把握運用監督執紀『四種形態』」，新華網，2015 年 9 月 26 日，http://www.xinhuanet.com/politics/2015-09/26/c_1116687031.htm。

「公安部原黨委委員、副部長孫力軍嚴重違紀違法被開除黨籍和公職」，中央紀委國家監委網站，2021 年 9 月 30 日，https://www.ccdi.gov.cn/scdcn/202109/t20210930_154631.html。

「公安部：堅決擁護黨中央對孫力軍的處理決定，堅決徹底肅清孫力軍流毒影響」，央視網，2021 年 10 月 1 日，https://news.cctv.com/2021/10/01/ARTIHm7nNxvnJ2IRIjGP4XkT211001.shtml。

「中石油黨組：堅決擁護黨中央對周永康的審查決定」，人民網，2014 年 7 月 31 日，http://politics.people.com.cn/n/2014/0731/

c1001-25376767.html。

「中央政治局委員 書記處書記 全國人大常委會 國務院 全國政協黨組成員 最高人民法院 最高人民檢察院黨組書記向黨中央和習近平總書記述職」，新華網，2021 年 2 月 28 日，http://www.xinhuanet.com/politics/leaders/2021-02/28/c_1127149441.htm。

「中央紀委國家監委調整違反中央八項規定精神問題資料統計指標查處形式主義官僚主義問題資料首次公布」，中央紀委國家監委網站，2020 年 1 月 19 日，https://www.ccdi.gov.cn/toutiao/202001/t20200119_208006.html。

「中央第二巡視組向湖北省回饋巡視情況」，中央紀委國家監委網站，2014 年 2 月 26 日，http://www.ccdi.gov.cn/special/zyxszt/2013dyl_zyxs/fkqk_dyl_zyxs/201402/t20140226_19115.html。

「中央第十一巡視組向遼寧省回饋巡視情況」，中央紀委國家監委網站，2014 年 7 月 7 日，http://www.ccdi.gov.cn/special/zyxszt/2014dylxs/fkqk_2014dyl_zyxs/201407/t20140715_25197.html。

「中央第十一巡視組向重慶市委回饋巡視『回頭看』情況」，中央紀委國家監委網站，2017 年 2 月 13 日，http://www.ccdi.gov.cn/special/zyxszt/dshiyilxs_zyxs/fgqg_xs11_zyxs/201702/t20170223_94513.html。

「中共大老虎『餘毒』郭徐流毒軍中難除」，多維新聞網，2017 年 1 月 13 日，http://china.dwnews.com/news/2017-01-13/59793933.html。

「中共中央決定對周永康嚴重違紀問題立案審查」，新華網，2014 年 7 月 29 日，http://news.xinhuanet.com/politics/2014-07/29/c_1111853756.htm。

「中共中央決定給予周永康開除黨籍處分將周永康涉嫌犯罪問題及線索移送司 法機關依法處理」，新華網，2014 年 12 月 6 日，

http://news.xinhuanet.com/politics/2014-12/06/c_1113542222.
htm。

「中共中央決定給予孫政才開除黨籍、開除公職處分 將孫政才涉
嫌犯罪問題及線索移送司法機關依法處理」，新華網，2017
年 9 月 29 日，http://www.xinhuanet.com/politics/2017-09/29/
c_1121747644.htm。

「中共中央政治局會議 習近平主持」，新華網，2012 年 12 月 4
日，http://www.xinhuanet.com//politics/2012-12/04/c_113906913.
htm。

「中共中央政治局常務委員會召開會議 習近平主持」，新華
網，2020 年 1 月 7 日，http://www.xinhuanet.com/politics/
leaders/2020-01/07/c_1125432339.htm。

「中共中央政治局常務委員會召開會議 研究新型冠狀病毒感染
的肺炎疫情防控工作 中共中央總書記習近平主持會議」，新
華網，2020 年 1 月 25 日，http://www.xinhuanet.com/politics/
leaders/2020-01/25/c_1125502052.htm。

「中共中央關於加強黨同人民群眾聯繫的決定」，人民網，1990 年
3 月 12 日，http://cpc.people.com.cn/GB/64162/71380/71387/715
88/4854605.html。

「中共中央關於加強黨的建設幾個重大問題的決定」，載於中共中
央文獻室編，十一屆三中全會以來黨的歷次全國代表大會中央
全會重要文件選編（下）（北京：中共中央文獻出版社，1997
年），頁 303-325。

「中共中央關於全面深化改革若干重大問題的決定」，新
華網，2013 年 11 月 15 日，http://news.xinhuanet.com/
politics/2013-11/15/c_118164235.htm。

「中共中央關於深化黨和國家機構改革的決定」，新華網，2018
年 3 月 4 日，http://www.xinhuanet.com/politics/2018-03/04/
c_1122485476.htm。

「中共中央辦公廳、國務院辦公廳《關於實行黨政領導幹部問責的暫行規定》」，人民網，2009 年 7 月 13 日，http://leaders. people.com.cn/BIG5/9639620.html。

「中共中央關於堅持和完善中國特色社會主義制度 推進國家治理體系和治理能力現代化若干重大問題的決定」，新華網，2019 年 11 月 5 日，http://www.xinhuanet.com/politics/2019-11/05/c_ 1125195786.htm。

「中共中央印發《深化黨和國家機構改革方案》」，新華網，2018 年 3 月 21 日，http://www.xinhuanet.com/politics/2018-03/21/ c_1122570517.htm。

「中共中央印發《中國共產黨紀律處分條例》」，新華網，2015 年 10 月 21 日，http://news.xinhuanet.com/2015-10/21/ c_1116897567.htm。

「中共中央印發《黨政領導幹部選拔任用工作條例》」，新華網，2019 年 3 月 71 日，http://www.xinhuanet.com/ politics/2019-03/17/c_1124245012.htm。

「中共中央印發《中國共產黨中央委員會工作條例》」，新華網，2020 年 10 月 12 日，http://www.xinhuanet.com/ politics/2020-10/12/c_1126597105.htm。

「中共中央辦公廳印發《中央巡視工作規劃（2018-2022 年）」，鳳凰網，2018 年 3 月 1 日，http://news.ifeng.com/ a/20140905/41879973_0.shtml。

「中共中央關於黨的百年奮鬥重大成就和歷史經驗的決議」，新華網，2021 年 11 月 16 日，http://www.news.cn/2021-11/16/ c_1128069706.htm。

「中共中央紀委關於建立巡視制度的試行辦法」，中共山東省紀委網站，1996 年 3 月 13 日，http://www.sdjj.gov.cn/gzdt/ xsxc/199603/t19960313_11231433.htm。

「中共第 18 屆中央紀律檢查委員會第 4 次全體會議在京舉行」，

中央紀委國家監委網站，2014 年 7 月 29 日，http://www.ccdi. gov.cn/xwtt/201410/t20141025_29353.html。

「中紀委首次披露令計劃兩舊部被處理」，**多維新聞網**，2017 年 1 月 8 日，http://china.dwnews.com/news/2017- 01-08/59792870. html。

「中紀委法規室主任詳解啥是『妄議中央』」，**新華網**，2015 年 11 月 3 日，http://www.xinhuanet.com/politics/2015-11/03/ c_128386939.htm。

「中組部發出通知要求在『三嚴三實』專題教育中聯繫反面典型深入開展研討」，**人民網**，2015 年 7 月 28 日，http://dangjian. people.com.cn/n/2015/0728/c117092- 27370004.html。

「中組部負責人就修訂頒布《黨政領導幹部選拔任用工作條例》答記者問」，**新華網**，2019 年 3 月 18 日，http://www.xinhuanet. com/politics/2019-03/18/c_1124250450.htm。

「中組部：要注重在疫情防控阻擊戰一線考察識別領導班子和領導幹部」，**新華網**，2020 年 1 月 29 日，http://www.xinhuanet. com/politics/2020-01/29/c_1125510815.htm?fbclid=IwAR1jBaL1 PdidkOb8rydwgU3x7xPtnjHu0mzQ3TmmEe8M1-Jfpj-f4nIWSO8。

「中國共產黨章程」，**人民日報（北京）**，2002 年 9 月 19 日，版 1。

「中國共產黨黨內監督條例（試行）」，**人民網**，2004 年 2 月 17 日，http://www.people.com.cn/GB/shizheng/1026/2344222.html。

「中國共產黨黨內監督條例」，**新華網**，2016 年 11 月 2 日，http:// news.xinhuanet.com/politics/2016 -11/02/c_1119838242.htm。

「中國共產黨巡視工作條例（試行）」，**人民網**，http://cpc.people. com.cn/GB/64162/71380/182420/12300957.html。

「中國共產黨巡視工作條例」，**新華網**，2015 年 8 月 13 日 http:// www.xinhuanet.com/politics/2015-08/13/c_1116248322.htm。

「中國共產黨巡視工作條例」，**人民網**，2017 年 7 月 15 日，http:// politics.people.com.cn/BIG5/n1/2017/0715/c1001-29406516.html。

「『中國共產黨紀律處分條例』修訂前後對照表」，共產黨員網，2018 年 8 月 27 日，https://www.12371.cn/2018/08/27/ARTI1535329 325351544.shtml。

「中國共產黨第十八屆中央委員會第三次全體會議公報」，新華網，2013 年 11 月 12 日，http://news.xinhuanet.com/politics/2013-11/12/c_118113455.htm。

「中國共產黨第十九屆中央委員會第三次全體會議公報」，新華網，2018 年 2 月 28 日，http://www.xinhuanet.com/politics/2018-02/28/c_1122468000.htm。

「中國社保基金竟成貪官『提款機』」，美國之音中文網，2007 年 4 月 13 日，http://www.voanews.com/chinese/archive/2007-04/w2007-04-13-voa18.cfm。

「中國藥監局整頓風暴：揪出心存僥倖者」，多維新聞網，2007 年 7 月 6 日，http://www2.chinesenewsnet.com/MainNews/SinoNews/Mainland/2007_2_5_19_25_36_370.html。

「中華人民共和國國民經濟和社會發展第十四個五年規劃和 2035 年遠景目標綱要」，中國政府網，2021 年 3 月 13 日，http://www.gov.cn/xinwen/2021-03/13/content_5592681.htm。

「中華人民共和國國民經濟和社會發展第十二個五年規劃綱要」，新華網，2011 年 3 月 16 日，http://news.xinhuanet.com/politics/2011-03/16/c_121193916.htm。

「升副部，他是全國提拔級別最高的援鄂官員」，新京報網，2020 年 3 月 3 日，http://www.bjnew.com.cn/feature/2020/03/03/698497.html?fbclid=IwAR2ep1NBqtx-dSUBVWBAQVNTARQs5I1EZWXSsPkaVGou9SVojpV_YC4eSBA。

「支援湖北不影響 廣東救治能力」，南方日報（廣州），2020 年 2 月 13 日，版 A02，http://epaper.southcn.com/nfdaily/html/2020-02/12/content_7868392.htm。

「甘肅省黨的機關公文處理暫行規定」，甘肅檔案信息網，2013 年

4 月 7 日，http://www.cngsda.net/art/2013/4/7/art_86_25509_1.
html。

「天津檢察機關依法對周永康案提起公訴」，**中新網**，2015 年 4 月
3 日，http://www.chinanews.com/gn/2015/04-03/7181751.shtml。

「令計劃被雙開批捕 40 個月家族政商關係網崩塌」，**南華早報
網**（香港），2015 年 7 月 21 日，http://www.nanzao.com/tc/
national/14eae6d5ba046a1/ling-ji-hua-bei-shuang-kai-pi-bu-40-
yue-jia-zu-zheng-shang-guan-xi-wang-beng-ta。

「北京深化改革設 14 個專項小組」，**北青網**，2014 年 4 月 3
日，http://epaper.ynet.com/html/2014-04/03/content_50110.
htm?div=-1。

「因懶政怠政不作爲 1148 名幹部被問責」，**北京青年報**，2016 年 1
月 29 日，版 A03。

「安徽阜陽脫貧亂象：60 萬拍脫貧宣傳片 390 萬刷白牆」，**新浪
網**，2019 年 6 月 27 日，https://news.sina.com.cn/c/2019-06-27/
doc-ihytcerk9728453.shtml。

「李克強在中國工會第十六次全國代表大會上的經濟形勢報
告」，**人民網**，2013 年 11 月 4 日，http://cpc.people.com.cn/
n/2013/1104/c64094-23421964-2.html。

「我省首批支援荊門醫療隊出征」，**浙江日報**（杭州），2020 年
2 月 13 日，版 1，http://zjrb.zjol.com.cn/html/2020- 02/13/
content_3306315.htm?div=-1。

「社評：堅定支持中央修憲建議，這是理性也是信仰」，**環
球網**，2018 年 2 月 25 日，https://opinion.huanqiu.com/
article/9CaKrnK6Lbk。

「社會學家周雪光談肺炎危機（下）：當務之急不是社會適應
政府，而是政府適應社會」，**端傳媒**，2020 年 2 月 19 日，
https://theinitium.com/article/20200219 -opinion-zhouxueguang-
epidemics -state-and-society。

「河北省委原書記、省人大常委會原主任周本順嚴重違紀被開除黨籍和公職」，人民網，2015 年 10 月 16 日，http://politics.people.com.cn/n/2015/1016/c1001-27706649.html。

「河南鄭州『7·20』特大暴雨災害調查報告公布」，中國政府網，2022 年 1 月 21 日，http://www.gov.cn/xinwen/2022-01/21/content_5669723.htm。

「保持共產黨員先進性教育活動」，人民網，http://cpc.people.com.cn/BIG5/134999/135000/8111117.html。

「香港概況：三、政制架構」，中國外交部駐香港特派員公署網，http://www.fmcoprc.gov.hk/chn/topic/xgjk/t54953.htm。

「肺炎病原體為新型冠狀病毒」，楚天都市報（武漢），2020 年 1 月 10 日，版 A01，https://ctdsbepaper.hubeidaily.net/pc/column/202001/10/node_A01.html。

「武漢市衛健委發布肺炎疫情通報」，楚天都市報（武漢），2020 年 1 月 1 日，版 A05，https://ctdsbepaper.hubeidaily.net/pc/content/202001/01/content_15119.html。

「武漢市衛生健康委關於不明原因的病毒性肺炎情況通報」，中華人民共和國國家衛生健康委員會，2020 年 1 月 11 日，http://www.nhc.gov.cn/xcs/yqtb/202001/1beb46f061704372b7ca41ef3e682229.shtml。

「武漢市 2020 年政府工作報告」，武漢市人民政府網，2020 年 1 月 11 日，http://www.wuhan.gov.cn/zwgk/xxgk/ghjh/zfgzbg/202003/t20200316_970158.shtml。

「武漢確診 41 例感染新型冠狀病毒肺炎患者」，楚天都市報（武漢），2020 年 1 月 12 日，版 A05，https://ctdsbepaper.hubeidaily.net/pc/content/202001/12/content_16975.html。

「建立健全懲治和預防腐敗體 2013-2017 年工作規劃」，人民網，2020 年 12 月 26 日，http://fanfu.people.com.cn/n/2013/1226/c64371-23947331.html。

「政府工作報告－2020 年 1 月 12 日在湖北省第十三屆人民代表大會第三次會議上」，**湖北日報**（武漢），2020 年 1 月 21 日，版 A01，https://epaper.hubeidaily.net/pc/content/202001/21/content_18713.html。

「政治局常委的小組職務」，**人民網**，2014 年 6 月 23 日，http://cpc.people.com.cn/BIG5/n/2014/0623/c64387-25184008.html。

「建立健全懲治和預防腐敗體 2013-2017 年工作規劃」，**中國共產黨新聞網**，2013 年 12 月 26 日，http://fanfu.people.com.cn/n/2013/1226/c64371-23947331.html。

「孟建柱：政法系統要徹底肅清周永康案影響」，**新京報網**，2015 年 1 月 21 日，http://www.bjnews.com.cn/news/2015/01/21/350839.html。

「胡錦濤兩會前被稱爲黨領導『核心』」，**BBC 中文網**，2005 年 2 月 28 日，http://news.bbc.co.uk/chinese/trad/hi/newsid_4300000/newsid_4306300/4306321.stm。

「胡錦濤總結改革開放經驗在於『十個結合』」，**中新網**，2008 年 12 月 18 日，http://www.chinanews.com/gn/news/2008/12-18/1492845.shtml。

「胡錦濤稱新領導層『以習近平爲總書記的黨中央』」，**鳳凰網**（香港），2012 年 11 月 15 日，http://news.ifeng.com/mainland/special/zhonggong18da/content-3/detail_2012_11/15/19205376_0.shtml?_from_ralated。

「胡錦濤在中國共產黨第十八次全國代表大會上的報告」，**人民網**，2012 年 11 月 18 日，http://cpc.people.com.cn/BIG5/n/2012/1118/c64094-19612151.html。

「持續肅清部隊流毒 軍報 17 次痛批郭徐」，**多維新聞網**，2016 年 12 月 27 日，http://chinadwnews.com/news/2016-12-27/59790772.html。

「重慶市赴孝感市新冠肺炎防治工作對口支援隊出征」，重慶

日報，2020 年 2 月 12 日，版 1，https://epaper.cqrb.cn/html/cqrb/2020-02/12/001/content_253999.htm。

「栗戰書：肅清令計劃餘毒」，大公網，2015 年 8 月 11 日，http://news.takungpao.com.hk/paper/q/2015/0811/3112587.html。

「海南馳援湖北荊州冬季熱帶果蔬發車儀式舉行」，海南日報（海口），2020 年 2 月 14 日，版 A01，http://hnrb.hinews.cn/html/2020-02/14/content_1_3.htm。

「陳一新：來一場刀刃向內、刮骨療毒式的自我革命」，中國長安網，2020 年 7 月 8 日，http://www.chinapeace.gov.cn/chinapeace/c100007/2020-07/08/content_12369578.shtml。

「習近平：老虎蒼蠅一起打 權力關進制度籠」，文匯網，2013 年 1 月 23 日，http://paper.wenweipo.com/2013/01/23/YO1301230001.htm。

「習近平新政：七不講後又有十六條」，BBC 中文網，2013 年 5 月 28 日，https://www.bbc.com/zhongwen/trad/china/2013/05/130528_china_thought_control_youth。

「習近平主持召開中央全面深化改革領導小組第十四次會議」，新華網，2015 年 7 月 1 日，http://news.xinhuanet.com/2015-07/01/c_1115787597.htm。

「習近平在省部級主要領導幹部學習貫徹黨的十八屆五中全會精神專題研討班上的講話」，共產黨員網，2016 年 5 月 10 日，https://news.12371.cn/2016/05/10/ARTI1462820587609178.shtml。

「習近平：在第十八屆中央紀律檢查委員會第六次全體會議上的講話」，人民網，2016 年 1 月 12 日，http://cpc.people.com.cn/n1/2017/0105/c64094-29000964.html。

「習近平：決勝全面建成小康社會 奪取新時代中國特色社會主義偉大勝利─在中國共產黨第十九次全國代表大會上的報告」新華網，2017 年 10 月 27 日，http://news.xinhuanet.com/

politics/19cpcnc/2017-10/27/c_1121867529.htm。

「習近平視察北京香山革命紀念地」，**新華網**，2019 年 9 月 12 日，http://www.xinhuanet.com/politics/2019-09/12/c_1124992479.htm。

「習近平對新型冠狀病毒感染的肺炎疫情作出重要指示 強調要把人民群眾生命安全和身體健康放在第一位 堅決遏制疫情蔓延勢頭 李克強作出批示」，**新華網**，2020 年 1 月 20 日，http://big5.xinhuanet.com/gate/big5/www.xinhuanet.com/2020-01/20/c_1125486561.htm。

「習近平在北京調研指導新冠肺炎疫情防控工作時強調以更堅定的信心更頑強的意志更果斷的措施」，**湖北日報（武漢）**，2020 年 2 月 11 日，版 01，https://epaper.hubeidaily.net/pc/content/202002/11/content_20941.html。

「國家質檢總局局長等辭職帶來問責制常態化的曙光」，**新華網**，2008 年 9 月 22 日，http://news.xinhuanet.com/politics/2008-09/22/content_10093296.htm。

「國家旅遊局原副局長霍克嚴重違紀違法被雙開」，**新華網**，2015 年 8 月 12 日，http://news.xinhuanet.com/legal/2015-08/12/c_128120506.htm。

「國家衛健委發布新型冠狀病毒疫情防控情況：仍可防可控 傳染來源尚未找到」，**新華網**，2020 年 1 月 19 日，http://big5.xinhuanet.com/gate/big5/big5.asean-china-center.org/gate/big5/www.xinhuanet.com/2020-01/19/c_1125483020.htm。

「專家析中央巡視組『下沉一級』：盯住省部地廳兩層」，**中新網**，2013 年 6 月 8 日，http://www.chinanews.com/fz/2013/06-08/4911718.shtml。

「陸社科院前副院長趙勝軒證實違紀去職」，**中央社**，2016 年 7 月 26 日，http://www.cna.com.tw/news/acn/201607260282-1.aspx。

「第二批廣東對口支援湖北荊州醫療隊啟程物資裝了滿滿一飛

機」，南方日報（廣州），2020 年 2 月 12 日，版 A03，http://epaper.southcn.com/nfdaily/html/2020-02/12/content_7868392.htm。

「黑龍江省援助湖北孝感醫療隊出征 張慶偉到機場送行」，黑龍江日報（哈爾濱），2020 年 2 月 13 日，版 1，http://epaper.hljnews.cn/hljrb/20200213/460601.html。

「湖北省衛健委黨組書記主任雙雙被免職」，新浪網，2020 年 2 月 11 日，https://finance.sina.com.cn/china/2020-02-11/doc-iimxyqvz1878020.shtml。

「湖北省委主要負責同志職務調整」，人民網，2020 年 2 月 13 日，http://politics.people.com.cn/BIG5/n1/2020/0213/c1001-31585363.html。

「湖南嚴查『四風』問題 上半年處理黨員幹部 612 人」，人民網，2015 年 8 月 6 日，http://politics.people.com.cn/n/2015/0806/c1001-27418570.html。

「違反『八項規定』通報單未現省級官員專家：不夠全面」，大公網，2013 年 11 月 19 日，http://news.takungpao.com/mainland/focus/2013-11/2047604.html。

「新型冠狀病毒感染肺炎疫情：已確認存在人傳人和醫務人員感染」，新華網，2020 年 1 月 20 日，http://big5.xinhuanet.com/gate/big5/www.xinhuanet.com/politics/2020-01/20/c_1125487200.htm。

「新疆日報社原總編輯、副社長趙新尉被雙開」，人民網，2015 年 11 月 2 日，http://fanfu.people.com.cn/BIG5/n/2015/1102/c64371-27764303.html。

「領航新時代的堅強領導集體─黨的新一屆中央領導機構產生紀實」，新華網，2017 年 10 月 26 日，http://www.xinhuanet.com/politics/19cpcnc/2017-10/26/c_1121860147.htm。

「傳達學習貫徹習近平總書記重要指示精神 嚴格落實全市聯

防聯控機制」，**解放日報**（上海），2020 年 1 月 23 日，版 01，https://www.jfdaily.com/journal/2020-01-23/getArticle. htm?id=286808。

「遼寧省委原書記王珉嚴重違紀被開除黨籍和公職」，**人民網**，2016 年 8 月 11 日，http://leaders.people.com.cn/n1/2016/0811/ c58278-28627830.html。

「襄汾潰壩事件究責 山西省長孟學農辭職」，**星島環球網**，2008 年 9 月 14 日，http://www.stnn.cc/china/200809/t20080914_ 863963. html。

「舉全國之力 集優質資源 堅決打贏疫情防治阻擊戰」，**湖北日報**（武漢），2020 年 2 月 11 日，版 02，https://epaper.hubeidaily. net/pc/content/202002/11/content_ 20949.html。

「關於黨內政治生活的若干准則」，**中國政府網**，2007 年 7 月 6 日，http://cpc.people.com.cn/BIG5/64162/71380/71387/71588/48 54595.html。

「關於新形勢下黨內政治生活的若干準則」，**新華網**，2016 年 11 月 2 日，http://news.xinhuanet.com/politics/2016-11/02/ c_1119838382.htm。

于澤遠，「從中共高官談話看胡錦濤領導地位」，**中國選舉與治理網**，2002 年 11 月 27 日，http://www.chinaelections.com/ article/115/28081.html。

毛澤東，**毛澤東選集**，第二卷（北京：人民出版社，1990 年）。

王岐山，「發揮巡視監督作用 助力全面從嚴治黨」，**人民日報**，2015 年 8 月 21 日，版 2。

王岐山，「用擔當的行動詮釋對黨和人民的忠誠」，**人民日報**，2016 年 7 月 19 日，版 2。

王岐山，「巡視是黨內監督戰略性制度安排 彰顯中國特色社會主義民主監督優勢」，**人民日報**，2017 年 7 月 17 日，版 2。

王岐山，「開啓新時代 踏上新征程」，人民日報，2017 年 11 月 7 日，版 2。

王長江，蘇共：一個大黨衰落的啓示（鄭州：河南人民出版社，2002 年）。

王嘉州，「政治利益與資源分配：中國大陸各省政策影響力模型之建立與檢定」，遠景基金會季刊，第 10 卷第 1 期（2009 年 1 月），頁 89-133。

中央編譯局中國現實問題研究中心課題組，「蘇共民主化改革失敗的教訓」，載於薛曉源、李惠斌主編，中國現實問題研究前沿報告：2006-2007（上海：華東師範大學出版社，2007 年），頁 193-210。

中國社會科學研究院編，中國共產黨黨內法規制度手冊（北京：紅旗出版社，1997 年）。

尹振東，「垂直管理與屬地管理：行政管理體制的選擇」，經濟研究（北京），第 4 期（2011 年），頁 41-54。

孔繁斌，「治理與善治制度移植：中國選擇的邏輯」，馬克思主義與現實（北京），第 2 期（2003 年），頁 60-64。

石之瑜，「中國政經轉型的常態異例？一本土化微觀轉型議程蒐例」，問題與研究，第 39 卷第 8 期（2000 年 8 月），頁 1-16。

矢板明夫，習近平：共產中國最弱勢的領袖（臺北：天下雜誌，2012 年）。

古崗，「『一票否決』產生的負效應」，鄉鎮論壇（北京），第 5 期（1994 年），頁 14。

朱光磊，當代中國政府過程（天津：天津人民出版社，2006 年）。

江迅，「改革開放三十年‧普世價值‧零八憲章」，亞洲週刊，第 51 期（2008 年），https://www.yzzk.com/cfm/content_archive.cfm?id=1365995910645&docissue=2008-51。

江迅，「新四人幫奪權破滅周永康案揭開內幕」，亞洲週刊，第 25 期（2015 年），http://www.yzzk.com/cfm/content_archive.

cfm?id=1434599263571&docissue= 2015-25。

江澤民，「在慶祝中國共產黨成立八十週年大會上的講話」，人民日報（海外版），2001 年 7 月 2 日，版 3。

江澤民，「我的心永遠同人民軍隊在一起」，江澤民文選，http://cpc.people.com.cn/GB/64184/64185/180139/10818589.html。

安東尼奧 ‧ 葛蘭西著，獄中札記（臺北：谷風出版社，1988 年）。

向俊傑，「地方政府績效考核中的「一票否決」問題分析」，黑龍江社會科學，第 1 期（2008 年），頁 43-45。

吳玉山，「宏觀中國：後極權資本主義發展國家─蘇東與東亞模式的揉合」，載於徐斯儉、吳玉山主編，黨國蛻變：中共政權的菁英與政策（臺北：五南圖書，2007 年），頁 309-335。

吳玉山，「從比較共產主義看中共百年」，政治學報，第71 期（2021年 6 月），頁 1-31。

吳恆權，「序」，載於張建偉主編，省級黨報版面備要（北京：人民出版社，2013 年）。

吳國光，逐鹿十五大：中國權力棋局（臺北：遠景出版社，1997年）。

吳國光，「改革的終結與歷史的接續」，二十一世紀（香港），第 71期（2002 年 6 月），頁 4-13。

吳雪峰、楊磊，「國家監察委試點背後玄機：中央重拳改革的信號」，搜狐新聞，2016 年 11 月 10 日，http://news.sohu.com/20161110/n472770223.shtml。

吳曉林，「『小組政治』研究：內涵、功能與研究展望」，求實（南昌），第 3 期（2009 年），頁 64-69。

何毅亭，「習近平新時代中國特色社會主義思想是 21 世紀馬克思主義」，人民網，2020 年 6 月 15 日，http://theory.people.com.cn/BIG5/n1/2020/0615/c40531- 31746437.html。

李慶滑，「我國省際對口支援的實踐、理論與制度完善」，中共浙江省委黨校學報（杭州），第 5 期（2010 年），頁 55-58。

宋濤，「行政問責模式與中國的可行性選擇」，**中國行政管理**（北京），第 2 期（2007 年），頁 9-13。

林佳龍、徐斯儉，「退化的極權主義與中國未來發展」，載於林佳龍主編，**未來中國─退化的極權主義**（臺北：時報文化，2004年），頁 11-30。

林亦辰，「『周徐蘇令』中央爲何打這四虎：劍有所指」，人民網，2014 年 12 月 27 日，http://politics.people.com.cn/n/2014/1227/c1001-26285049.html。

周亞越，「制定《行政問責法》：法理和實踐的雙重需要」，**理論前沿**（北京），第 2 期（2006 年），頁 36-37。

周望，「中國『小組政治』組織模式分析」，**南京社會科學**，第 2 期（2010 年），頁 77-81。

周強，「切實強化權力運行監督 全面深化司法體制改革」，**中國紀檢監察報**，2015 年 3 月 17 日，http://csr.mos.gov.cn/content/2015-03/17/content_3783.htm。

周雪光、艾雲、葛建華、顧慧君、李蘭、盧清蓮、趙偉、朱靈，「中國地方政府官員的空間流動：層級分流模式與經驗證據」，**社會**（上海），第 38 卷第 3 期（2003 年），頁 1-45。

周雪光，「權威體制與有效治理：當代中國國家治理的制度邏輯」，**開放時代**（廣州），第 10 期（2011 年），頁 67-85。

胡建淼，**領導人行政責任問題研究**（杭州：浙江大學出版社，2005年）。

胡偉，**政府過程**（杭州：浙江人民出版社，1998 年）。

胡錦濤，「努力把貫徹落實科學發展觀提高到新水準」，**求是**，第 1 期（2009 年 1 月），http://www.qstheory.cn/zxdk/2009/200901/200906/t20090609_1626.htm。

施從美，「當代中國文件制度的結構與功能解析」，**江海學刊**（南京），第 1 期（2010 年 1 月），頁 130-135。

施從美、王小琴，「『文件政治』研究的方法初探」，**雲南行政學院**

學報，第 4 期（2008 年 8 月），頁 43-46。

徐斯勤，「中國大陸中央與各省關係中的水平性與垂直性權力競爭：1993-2004：菁英政治與投資政策的議題連結分析」，中國大陸研究，第 50 卷第 2 期（2007 年 6 月），頁 1-34。

海克‧霍比爾格（Heike Holbig）著，呂增奎譯，「當代中國的意識型態重構：決定因素、進展和侷限」，國外理論動態（北京），第 12 期（2009 年），頁 45-49。

唐愛軍，「習近平意識形態理論框架和基本思路——一個政治合法性的視角」，中共貴州省委黨校學報，第 5 期（2015 年），頁 20-25。

卿菁，「特大城市疫情防控機制：經驗、困境與重構—以武漢市新冠肺炎疫情防控為例」，湖北大學學報哲學社會科學版（武漢），第 47 卷第 3 期（2020 年 5 月），頁 21-22。

孫彩紅，「協同治理視域下政府資源整合與組織能力分析—以新冠肺炎疫情防控為例」，四川大學學報哲學社會科學版（成都），第 4 期（2020 年），頁 59-66。

張執中，中共黨國邊界的設定與延伸：歷史制度論的觀點（臺北：韋伯出版社，2008 年）。

張執中，「中共強化黨員與幹部教育培訓工作研析」，展望與探索，第 7 卷第 9 期（2009 年 9 月），頁 18-22。

張執中，「舉國體制—新冠疫情初期中國大陸中央與地方防疫措施之連動」，載於銘傳大學兩岸研究中心、國家圖書館、中共研究雜誌社、展望與探索雜誌社編，後新冠疫情下國際與臺海情勢學術研討會論文集（新北：中共研究雜誌社，2020 年），頁 69-87。

張執中，「新冠疫情對中共領導及治理體系之影響評估」，2021 年中共年報（新北：中共研究雜誌社，2021 年），頁 1 之 16-25。

張執中、王占璽、王瑞婷，「中共地方領導幹部選任機制變革：『票決制』與『公推直選』之研究」，臺灣民主季刊，第 12 卷第 3

期（2015 年 9 月），頁 135-183。

張執中、楊博揚，「中共中央與省級紀檢菁英結構與流動—江澤民
　　到習近平時期的分析」，**政治學報**，第 71 期（2021 年 6 月），
　　頁 61-98。

張執中、謝政新，「課責或究責？—對中國大陸黨政幹部問責制的
　　實證分析」，發表於 2010 中國研究年會，臺北：政治大學，
　　2010 年 12 月 18 日。

張士峰，**習近平的人事調動：減緩代理問題**（臺北：政治大學東亞
　　研究所碩士論文，2017 年 7 月）。

張藝，「阜陽『刷白牆』事件後，安徽再查 915 個形式主義官僚主
　　義問題」，**中國青年報**，2019 年 8 月 16 日，版 1，http://zqb.
　　cyol.com/html/2019-08/16/nw.D110000zgqnb_20190816_6-01.
　　htm。

寇健文，**中共菁英政治的演變—制度化與權力轉移**（臺北：五南圖
　　書，2010 年）。

習近平，「關於《中共中央關於全面深化改革若干重大問題的決定》
　　的說明」，**新華網**，2013 年 11 月 15 日，http://news.xinhuanet.
　　com/politics/2013-11/15/c_118164294.htm。

習近平，「關於《關於新形勢下黨內政治生活的若干準則》和
　　《中國共產黨黨內監督條例》的說明」，**新華網**，2016 年
　　11 月 2 日，http://news.xinhuanet.com/politics/2016-11/02/
　　c_1119838382.Htm。

習近平，「關於堅持和發展中國特色社會主義的幾個問題」，**求是
　　網**，2019 年 3 月 31 日，http://www.qstheory.cn/dukan/qs/2019-
　　03/31/c_1124302776.htm。

習近平，「關於《中共中央關於堅持和完善中國特色社會主義制度
　　推進國家治理體系和治理能力現代化若干重大問題的決定》
　　的說明」，**新華網**，2019 年 11 月 15 日，http://www.xinhuanet.
　　com/politics/2019-11/05/c_1125195941.htm。

習近平，「在中央政治局常委會會議研究應對新型冠狀病毒肺炎疫情工作時的講話」，求是（北京），第 4 期（2020 年），http://www.qstheory.cn/dukan/qs/2020-02/15/c_1125572832.htm。

習近平，「在慶祝中國共產黨成立 100 周年大會上的講話」，新華網，2021 年 7 月 1 日，http://www.xinhuanet.com/politics/leaders/2021-07/15/c_1127658385.htm。

陳欽春，「治理的與言語轉折：系譜決觀點之剖析」，銘傳大學 2005 國際學術研討會，臺北：銘傳大學，2005 年 3 月 12 日。

陳敦源著，民主治理─公共行政與民主政治的制度性調和（臺北：五南圖書，2009 年）。

陳燕，「改革開放以來中國共產黨巡視工作的演進」，人民網，2018 年 12 月 12 日，http://theory.people.com.cn/BIG5/n1/2018/1212/c40531-30461063.html。

閆義夫，「十九省『對口支援』湖北：應對新冠肺炎疫情的運作機理及政治保障」，社會科學家（桂林），第 4 期（2020 年），頁 149-155。

國務院新聞辦公室，「抗擊新冠肺炎疫情的中國行動」，人民網，2020 年 6 月 7 日，http://politics.people.com.cn/BIG5/n1/2020/0607/c1001-31737896.html。

黃科，「運動式治理：基於國內研究文獻的述評」，中國行政管理，第 340 期（2013 年 10 月），頁 107-112。

馮仕政，「中國國家運動的形成與變異：基於政體的整體性解釋」，開放時代（廣州），第 1 期（2011 年），頁 73-97。

華清，「引咎辭職官員問責不再紙上談兵」，中國改革報，2006 年 1 月 9 日，版 4。

湯嘯天，「依法、科學、精準、規範：新冠肺炎疫情社區防控的上海實踐」，上海法學研究，第 1 卷（2020 年），頁 187-188。

楊大利，「從大躍進飢荒到農村改革」，二十一世紀（香港），第 48 期（1998 年 8 月），頁 4-12。

楊光斌，「習近平的政治思想體系初探」，**學海**（南京），第 4 期
　　（2017 年），頁 5-11。

楊繼繩，「中國大陸知識份子的左右之爭和中國大陸未來走向」，**東
　　亞研究**，第 45 卷第 1 期（2014 年 1 月），頁 136-170。

新華社評論員，「進一步紮緊從嚴治黨的制度籠子——論貫徹落
　　實《中國共產黨問責條例》」，**新華網**，2016 年 7 月 17 日，
　　http://news.xinhuanet.com/politics/2016-07/17/c_1119232155.htm。

鄒讜，二十世紀中國政治（香港：牛津大學出版社，1994 年）。

趙建民，**中國決策：領導人、結構、機制、過程**（臺北：五南圖
　　書，2014）。

趙建民、蔡文軒，「『黨管一切』或是『部門利益』：以三峽大
　　壩與青藏鐵路的決策爲例」，**中國大陸研究**，第 53 卷第 2 期
　　（2010 年 6 月），頁 39-71。

齊之豐，「學者分析：中國的表態文化與政治」，美國之音中文網，
　　2014 年 8 月 20 日，http://www.voachinese.com/content/loyalty-
　　declaration-20140819/2418898.html。

蔡文軒，**中共政治改革的邏輯—四川、廣東、江蘇的個案比較**（臺
　　北：五南圖書，2011 年）。

劉少奇，**劉少奇選集**（北京：人民出版社，1985 年）。

劉平鄰，「美國學者對中共政治的研究」，載於何思因、吳玉山
　　主編，**邁入廿一世紀的政治學**（臺北：中國政治學會，2000
　　年），頁 497-525。

劉維芳，「新時期幹部選拔任用相關規定的歷史演進」，**當代中國史
　　研究**（北京），第 24 卷第 1 期（2017 年 1 月），頁 50-60。

審計署，「審計署 2018 年第 42 號公告：審計署移送違紀違法問題
　　線索查處情況」，**長春市審計局**，2019 年 1 月 21 日，http://sjj.
　　changchun.gov.cn/sjdt/tzgg/201901/t201901 21_1763619.html。

鄧小平，**鄧小平文選** 1975-1982（北京：人民出版社，1983 年）。

鄧聿文，「中國的表態政治與表態文化」，FT 中文網，2014 年 8 月

8 日，http://www.ftchinese.com/story/001057638?full=y。

蕭功秦，「中國後全能型的權威政治」，**戰略與管理**（北京），第 6 期（2002 年），頁 82-88。

蕭功秦，「改革開放以來意識型態創新的歷史考察」，**天津社會科學**，第 4 期（2006 年），頁 45-49。

蕭功秦，「從轉型政治學看中國意識型態創新的特點」，**浙江學刊**，第 4 期（2006 年），頁 131-136。

賴海榕，「從決策權力的分散與政治責任的集中看當前我國政治體制的主要矛盾」，**當代世界與社會主義**（北京），第 6 期（2007 年），頁 104-107。

謝岳，**當代中國政治溝通**（上海：上海人民出版社，2006 年）。

謝岳，「文件制度：政治溝通的過程與功能」，**上海交通大學學報**，第 15 卷第 6 期（2007 年 11 月），頁 15-23。

謝海濤、王和岩，「周永康的紅與黑二：周永康的三基石：石油、四川、政法」，**財新網**，2014 年 7 月 29 日，http://china.caixin.com/2014-07-29/100710304_all.html#page2。

韓博天著，石磊譯，**紅天鵝：中國非常規決策過程**（香港：中文大學出版社，2018 年）。

羅沙，「最高法發布司法審判白皮書提出一周永康薄熙來搞非組織政治活動」，**北京青年報**，2015 年 3 月 19 日，版 A3。

蘇米，「2021 兩會一52 名副國家級『關鍵少數』述職玄機」，**多維新聞網**，2021 年 3 月 2 日，https://www.dwnews.com/%E4%B8%AD%E5%9C%8B/60231474/2021%E5%85%A9%E6%9C%83 52%E5%90%8D%E5%89%AF%E5%9C%8B%E5%AE%B6%E7%B4%9A%E9%97%9C%E9%8D%B5%E5%B0%91%E6%95%B8%E8%BF%B0%E8%81%B7%E7%8E%84%E6%A9%9F。

鍾開斌，「國家應急指揮體制的『變』與『不變』一基於『非典』、甲流感、新冠肺炎疫情的案例比較研究」，**行政法學研究**（北京），第 3 期（2020 年），頁 11-23。

BBC 中文網

FT 中文網

人民網

人民日報

人民日報（海外版）

大眾日報（山東）

文匯報（香港）（文匯網）

天津日報

今晚報（天津）

太原日報（山西）

中共政治菁英資料庫

中央社

中央紀委國家監察委網

中國改革報

中國青年網（中青網）

中國知網

中國政府網

中國新聞網（中新網）

中國經濟網

內蒙古日報

北京青年報（北青網）

四川日報

北京日報

甘肅日報

共產黨員網

江西日報

吉林日報

西藏日報

亞洲週刊（香港）

河北日報

河南日報

青海日報

南方日報（廣東）

南華早報（香港）

重慶日報

財新網

陝西日報

浙江日報

海南日報

貴州日報

雲南日報

湖北日報

湖南日報

黑龍江日報

福建日報

解放日報（上海）

新安晚報（安徽）

新華日報（江蘇）

新疆日報

新華網

鳳凰網（香港）

齊魯晚報（山東）

寧夏日報

廣西日報

遼寧日報

環球網

二、英文部分

Allison, Graham, "The Chairman of Everything: why Chinese president Xi Jinping will change history," *New Statesman*, Vol. 146, Iss. 5395(Dec. 2017), https://www.newstatesman.com/uncategorized/2017/12/chairman-everything-why-chinese-president-xi-jinping-will-change-history.

Almond, Gabriel A. and G. Bingham Powell Jr., *Comparative Politics: System, Process and Policy* (Boston: Little Brown, 1978).

Althusser, Louis, *Lenin and philosophy and other essays* (New York: Monthly Review Press, 1972).

Ansell, Chris, Arjen Boin and Ann Keller, "Managing Transboundary Crises: Identifying the Building Blocks of an Effective Response System," *Journal of Contingencies and Crisis Management*, Vol. 18, No. 4(Dec. 2010), pp. 195-207.

Art, David, "What Do We Know About Authoritarianism after Ten Years?" *Comparative Politics*, Vol. 44, No. 3(Apr. 2012), pp. 351-373.

Artley, Will, The Performance-based Management handbook: Establishing Accountability for Performance, Vol. 3(Sep. 2001), http://www.orau.gov/pbm/pbmhandbook/Volume%203.pdf.

Arthur, W. Brian, *Increasing Returns and Path Dependence in the Economy* (Ann Arbor: The University of Michigan Press, 1994).

Asian Development Bank (ADB), *Sound Development Management* (Manila: Asian Development Bank, 1999).

Barnett, A Doak, *Communist China and Asia: Challenge to American Policy* (New York: Harper & Brothers, 1960).

Barmé, Geremie R., Linda Jaivin and Jeremy Goldkorn, eds., *Shared Destiny: China Story Yearbook 2014* (Canberra: ANU Press, 2015).

Bennett, Gordon A., *Yundong: mass campaigns in Chinese communist leadership* (Berkeley: University of California, 1976).

Beyer, Jürgen and Jan Wielgohs, "On the Limits of Path Dependency Approach for Explaining Postsocialist Institution Building: In Critical Response to David Stark," *East European Politics and Societies*, Vol. 15, No. 2(Mar. 2001), pp. 356-388.

Bian, Yanjie and John R. Logan, "Market Transition and the Persistence of Power: The Changing Stratification System in Urban China," *American Sociological Review*, Vol. 61, No. 5(Oct. 1996), pp. 739-758.

Bo, Zhiyue, "Political Succession and Elite Politics in Twenty-First Century China: Toward a Perspecative of 'Power Balancing'," *Issues & Studies*, Vol. 41, No. 1(2005), pp. 162-189.

Boix, Carles and Milan W. Svolik, "The Foundations of Limited Authoritarian Government: Institutions, Commitment, and Power-sharing in Dictatorships," *The Journal of Politics*, Vol. 75, No. 2(Apr. 2013), pp. 300-316.

Boin, Arjen, "The Transboundary Crisis: Why we are unprepared and the road ahead," *Journal of Contingencies and Crisis Management*, Vol. 27, No. 1(Jan. 2019), pp. 94-99.

Boyer, Robert, "Coherence, Diversity, and the Evolution of Capitalisms-The Institutional Complementarity Hypothesis," *Evolutionary and Institutional Economics Review*, Vol. 2, Iss. 1(Oct. 2005), pp. 43-80.

Brzezinski, Zbigniew, *The Grand Failure: The Birth and Death of Communism in the Twentieth Century* (New York: Macmillan, 1990).

Brødsgaard, Kjeld E., "'Fragmented Authoritarianism' or 'Integrated Fragmentation'?" in Kjeld Erik Brødsgaard, ed., *Chinese Politics* as *Fragmented Authoritarianism: Earthquakes, Energy and Environment* (New York: Routledge, 2017), pp. 38-55.

Brødsgaard, Kjeld E., "China's political order under Xi Jinping: concepts and perspectives," *China: An International Journal*, Vol. 16, No. 3(Aug. 2018), pp. 1-17.

Bulman, David J. and Kyle A. Jaros, "Localism in Retreat? Central-Provincial Relations in the Xi Jinping Era," *Journal of Contemporary China*, Vol. 30, No. 131(2021), pp. 697-716.

Burns, John, "The People's Republic of China at 50: National Political Reform," *The China Quarterly*, No. 159(Sep. 1999), pp. 580-594.

Cai, Yongshun, *States and Agents in China: Disciplining Government Officials* (Stanford, CA: Stanford University Press, 2015).

Campbell, John L., "The US financial crisis: lessons for theories of institutional complementarity," *Socio-Economic Review*, Vol 9, Iss. 2(Apr. 2011), pp. 211-234.

Campbell, John L. and Ove K. Pedersen, "The Varieties of Capitalism and Hybrid Success: Denmark in the Global Economy," *Comparative Political Studies*, Vol. 40, No. 3(Mar. 2007), pp. 307-332.

Cancian, Francesca M., "Varieties of Functional Analysis," in David L. Sills, ed., *International Encyclopedia of the Social Sciences* (New York: MacMillan, 1968).

Carothers, Thomas, "The End of the Transition Paradigm," *Journal of Democracy*, Vol. 13, No. 1(Jan. 2002), pp. 5-21.

Diamond, Larry, *Developing Democracy: Toward Consolidation* (Baltimore: John Hopkins University Press, 1999).

Diamond, Larry, "Facing Up to the Democratic Recession," *Journal of Democracy*, Vol. 26, Iss. 1(Jan. 2015), pp. 141-155.

Dickson, Bruce J., *Democratization in China and Taiwan: The*

Adaptability of Leninist Parties (Oxford: Clarendon Press, 1997).

Dickson, Bruce J., "Cooptation and Corporatism in China: The Logic of Party Adaptation," *Political Science Quarterly*, Vol. 115, No. 4(Winter 2000-2001), pp. 517-540

Dimitrov, Martin K., ed., *Why Communism Did Not Collapse: Understanding Authoritarian Regime Resilience in Asia and Europe* (New York: Cambridge University Press, 2013).

Ding, Iza and Michael Thompson-Brusstar, "The Anti-Bureaucratic Ghost in China's Bureaucratic Machine," *The China Quarterly*, Vol. 248(Nov. 2021), pp. 116-140.

Dittmer, Lowell, "Thought Reform and Culture Revolution: An Analysis of the Symbolism of Chinese Polemics," *American Political Science Review*, Vol. 71, No. 1(Mar. 1977), pp. 67-85.

Dunn, Delmer, "Accountability, Democratic Theory, and Higher Education," *Educational Policy*, Vol. 17, No. 1(Jan. 2003), pp. 60-79.

Duverger, Maurice, *Political Parties: There Organization and Activity in the Modern State* (London: Lowe & Brydone, 1967).

Easter, Gerald M., "Preference for Presidentialism, Postcommunist Regime Change in Russia and the NIS," *World Politics*, Vol. 49, No. 2(Jan. 1997), pp. 184-211.

Edin, Maria, "State Capacity and Local Agent Control in China: CCP Cadre Management from a Township Perspective," *The China Quarterly*, Vol. 173(Mar. 2003), pp. 35-52.

Eisenhardt, Kathleen M., "Agency Theory: An Assessment and Review," *The Academy of Management Review*, Vol. 14, No. 1(Jan. 1989), pp. 57-74.

Eliassen, Kjell A. and Jan Kooiman, eds., *Managing public organizations: lessons from contemporary European experience*

(London: SAGE, 1993).

Fewsmith, Joseph and Andrew J. Nathan, "Authoritarian Resilience Revisited: Joseph Fewsmith with Response from Andrew J. Nathan," *Journal of Contemporary China*, Vol. 28, Iss. 116(Mar. 2019), pp. 167-179.

Fewsmith, Joseph, "Balances, Norms and Institutions: Why Elite Politics in the CCP Have Not Institutionalized," *The China Quarterly*, Vol. 248(Nov. 2021), pp. 265-282.

Flinders, Matthew, *The Politics of Accountability in the Modern State* (Burlington, Vt.: Ashgate, 2001).

Gandhi, Jennifer and Adam Przeworski, "Authoritarian Institutions and the Survival of Autocrat," *Comparative Political Studies*, Vol. 40, No. 11(Nov. 2007), pp. 1279-1301.

Geddes, Barbara, "What Do We Know About Democratization After Twenty Years?" *Annual Review of Political Science*, Vol. 2(Jun. 1999), pp. 115-144.

Greetz, Clifford, *The Interpretation of Cultures* (New York: Basic Books, 1973).

Hall, Peter A. and Rosemary C. R. Taylor, "The Potential of Historical Institutionalism: a Response to Hay and Wincott," *Political Studies*, Vol. 46, Iss. 5(Dec. 1998), pp. 958-962.

Hamrin, Carol L. and Suisheng Zhao, "Introduction: Core Issues in Understanding the Decision Process," in Carol L. Hamrin and Suisheng Zhao, eds., *Decision-making in Deng's China: Perspectives from Insiders* (Armonk, NY: M. E. Sharpe, 1995).

Hannan, Michael T. and John Freeman, *Organizational Ecology* (Cambridge: Harvard University Press, 1991).

Harding, Harry, "Political Development in Post-Mao China," in A. Doak Barnett and Ralph N. Clough, eds., *Moderning China: Post-Mao*

Reform and Development (Boulder, Co.: Westview Press, 1986), pp. 13-37.

Hay, Colin and Daniel Wincott, "Structure, Agency and Historical Institutionalism," *Political Studies*, Vol. 46, Iss. 5(Dec. 1998), pp. 951-957.

Hausner, Jerzy, Bob Jessop and Klaus Nielsen, eds., *Strategic Choice and Path-Dependency in Post-Socialism: Institutional Dynamics in the Transformation Process* (Aldershot: Edward Elgar, 1995).

Heilmann, Sebastian, *China's Political System* (KINDLE Reader version, 2017).

Hernández, Javier C., "China's 'Chairman of Everything': Behind Xi Jinping's Many Titles," *The New York Times*, Dec. 25, 2017, https://www.nytimes.com/2017/10/25/world/asia/china-xi-jinping-titles-chairman.html?_ga=2.165763645.2017000336.1643269055-2019197225.1643269055.

Hirszowicz, Maria, *Coercion and Control in Communist Society: The Visible Hand in a Command Economy* (New York: St. Martin's, 1986).

Huang, Yasheng, "Managing Chinese Bureaucrats: An Institutional Economics Perspective," *Political Studies*, Vol. 50, No. 1(Mar. 2002), pp. 61-79.

Huntington, Samuel P., "Social and Institutional Dynamics of One-Party Systems," in Samuel P. Huntington and Clement H. Moore, eds., *Authoritarian Politics in Modern Society: The Dynamics of Established One-Party Systems* (New York: Basic Books, 1970), pp. 3-47.

Hsu, S. Philip, "Central-provincial power relations in the fiscal realm of China, 1980-2014," in John A. Donaldson, ed., *Assessing the Balance of Power in Central–Local Relations in China* (New York:

Routledge, 2017), pp. 19-50.

Ingersoll, David E., Richard K. Matthews and Andrew Davison, *The philosophic roots of modern ideology: liberalism, communism, fascism, Islamism*, 3rd ed. (Upper Saddle River, N.J.: Prentice Hall, 2001).

Jowitt, Ken, "Inclusion and Mobilization in European Leninist Regimes," *World Politics*, Vol. 28, No. 1(Oct. 1975), pp. 69-96.

Kalyvas, Stathis N., "The Decay and Breakdown of Communist One-Party Systems," *Annual Review of Politics Science*, Vol. 2(Jun. 1999), pp. 323-343.

Karl, Terry L. and Philippe C. Schmitter, "Modes of Transition in Latin America, Southern and Eastern Europe," *International Social Science Journal*, Vol. 43, No. 128(1991), pp. 269-284.

Kearns, Kevin P., *Managing for Accountability: Preserving the Public Trust in Ppublic and Nonprofit Organizations* (San Francisco: CA: Jossey-Bass, 1996).

Kiser, Edgar, "Comparing Varieties of Agency Theory in Economics, Political Science, and Sociology: An Illustration from State Policy Implementation," *Sociological Theory*, Vol. 17, No. 2(Jul. 1999), pp. 146-170.

Kornhauser, William, *The Politics of Mass Societies* (New York: The Free Press, 1959).

Kou, Chien-wen, "Xi Jinping in Command: Solving the Principal-Agent Problem in CCP-PLA Relations?" *The China Quarterly*, Vol. 232(Dec. 2017), pp. 866-885.

Lampton, David M., "A Plum for a Peach: Bargaining, Interest, and Bureaucratic Politics in China," in Kenneth Lieberthal and David Lampton, eds., *Bureaucracy, Politics, and Decision Making in Post-Mao China* (Berkeley: University of California Press, 1992), pp. 33-58.

Landry, Pierre F., *Decentralized Authoritarianism in China: The Communist Party's Control of Local Elites in the Post-Mao Era* (Cambridge, NY: Cambridge University Press, 2008).

Lapalombara, Joseph and Myron Weiner, eds., *Political Parties and Political Development* (Princeton, N. J.: Princeton University Press, 1966).

Lee, Peter N. S., Carlos Wing-hung Lo and Yonghong Lu, eds., *Remaking China's Public Management* (London: Greenwood Publishing Group, 2001).

Lewis, John W., *Leadership in Communist China* (Ithaca, N. Y.: Cornell University Press, 1963).

Li, Chen, *China' Leaders: The New Generation* (Lanham, Maryland: Rowman & Littlefield Publishers, 2001).

Li, Cheng, "The End of the CCP's Resilient Authoritarianism? A Tripartite Assessment of Shifting Power in China," *The China Quarterly*, Vol. 211(Sep. 2012), pp. 595-623.

Li, Linda C., *Center and Province: China 1978-1993, Power Non-Zero-Sum* (New York: Oxford University Press, 1998).

Li, Ling, "Politics of Anticorruption in China: Paradigm Change of the Party's Disciplinary Regime 2012-2017," *Journal of Contemporary China*, Vol. 28, No. 115(2019), pp. 47-63.

Lieberthal, Kenneth and Michel Oksenberg, *Policy Making in China: Leaders, Structures, and Processes* (Princeton, New Jersey: Princeton University Press, 1988).

Lieberthal, Kenneth and David Lampton, eds., *Bureaucracy, Politics, and Decision Making in Post-Mao China* (Berkeley: University of California Press, 1992).

Linz, Juan J., *Totalitarian and Authoritarian Regimes* (Boulder, Colo.:

Lynne Rienner Publishers, 2000).

Liu, Yia-Ling, "Reform from Below: The Private Economy and Local Politics in Rural Industrialization of Wenzhou," *The China Quarterly*, No. 130 (Jun. 1992), pp. 293-316.

Lowenthal, Richard, "Development vs. Utopia in Communist Policy," in Chalmers Johnson, ed., *Change in Communist Systems* (Stanford, Cal.: Stanford University Press, 1970), pp. 104-117.

Ma, Stephen K., "The dual nature of anti-corruption agencies in China," *Crime, Law and Social Change*, Vol. 49, No. 2(Jan. 2008), pp. 153-165.

Mahoney, James, "Path Dependence in Historical Sociology," *Theory and Society*, Vol. 29, No. 4(Aug. 2000), pp. 507-548.

McCormick, Barrett L., *Political Reform in Post-Mao China: Democracy and Bureaucracy in a Leninist State* (California: University of California Press, 1990).

McCubbins, Mathew D. and Thomas Schwartz, "Congressional Oversight Overlooked: Police Patrols versus Fire Alarms," *American Journal of Political Science*, Vol. 28, No. 1(Feb. 1984), pp. 165-179.

Migdal, Joel S., *State in society: Studying How States and Societies Transform and Constitute One Another* (New York: Cambridge University Press, 2001).

Miller, Gary J., "The Political Evolution of Principal-Agent Models," *Annual Review of Political Science*, Vol. 8(Jun. 2005), pp. 203-225.

Moore, Clement H., "The Single Party as Source of Legitimacy," in Samuel P. Huntington and Clement H. Moore, eds., *Authoritarian Politics in Modern Society: The Dynamics of Established One-Party Systems* (New York: Basic Books, 1970), pp. 48-72.

Mulgan, Richard, *Holding Power to Account: Accountability in Modern*

Democracies (New York: Palgrave Macmillan, 2003).

Nathan, Andrew J., "A Factionalism Model for CCP Politics," *The China Quarterly*, No. 53(Jan. 1973), pp. 34-66.

Nathan, Andrew J., "An Analysis of Factionalism of Chinese Communist Party Politics," in Frank P. Belloni and Dennis C. Beller, eds., *Faction Politics: Political Parties and Factionalism in Comparative Perspective* (Santa Barbara, California: ABC-CLIO, 1978), pp. 387-414.

Nathan, Andrew J., *Chinese Democracy* (New York: Alfred A. Knopf, 1985).

Nathan, Andrew J., "China's Changing of the Guard: Authoritarian Resilience," *Journal of Democracy*, Vol. 14, Iss. 1(Jan. 2013), pp. 6-17.

O'Brien, Kevin J., *Reform Without Liberalization: China's National People's Congress and the Politics of Institutional Change* (New York: Cambridge University Press, 1990).

Oksenberg, Michel, "Methods of Communication within the Chinese Bureaucracy," *The China Quarterly*, No. 57(Mar. 1974), pp. 1-39.

Oksenberg, Michel, "Economic Policy-Making in China: Summer 1981," *The China Quarterly*, No. 90(Jun. 1982), pp. 165-194.

Oksenberg, Michel, "China's Political System: Challengers of the Twenty-first Century," *The China Journal*, No. 45(Jan. 2001), pp. 21-35.

Overbolt, William H., "China after Deng," *Foreign Affairs*, Vol. 75, Iss. 3(May/Jun. 1996), pp. 63-78.

Parsons, Talcott, *Societies: Evolutionary and Comparative Perspectives* (Englewood Cliffs.: Prentice Hall, 1966).

Pei, Minxin, *China's Trapped Transition: The Limits of Development Autocracy* (Cambridge, MA: Harvard University Press, 2006).

Pierre, Jon and B. Guy Peters, *Governance, Politics and the State* (New York: St. Martin's Press, 2000).

Pierson, Paul, "Increasing Returns, Path Dependence, and the Study of Politics," *American Political Science Review*, Vol. 94, No. 2(Jun. 2000), pp. 251-267.

Policzer, Pablo, *The Rise and Fall of Repression in Chile* (Notre Dame, Ind.: University of Notre Dame Press, 2009).

Pempel, T. J., *Regime Shift: Comparative Dynamics of the Japanese Political Economy* (Ithaca, N.Y.: Cornell University Press, 1998).

Plattner, Marc F., "Democratic Moment," in Larry Diamond and Marc F. Plattner, eds., *The Global Resurgence of Democracy*, 2nd ed. (Baltimore: Johns Hopkins University Press, 1996), pp. 36-48.

Plattner, Marc F., "Is Democracy in Decline?" *Journal of Democracy*, Vol. 26, Iss. 1(Jan. 2015), pp. 5-10.

Pye, Lucian W., *The Dynamics of Chinese Politics* (Cambridge, Mass.: Oelgeschalager, Gun & Hain, 1981).

Pye, Lucian W., "Factions and the Politics of Guanxi: Paradoxes in Chinese Administrative and Political Behavior," *The China Journal*, No. 34(Jul. 1995), pp. 35-53.

Ranney, Austin, *Governing: An Introduction to Political Science*, 3rd ed. (New York: Holt, Rinehart and Winston, 1982).

Rae, Douglas, *The Political Consequence of Electoral Laws* (New Haven: Yale University Press, 1967).

Rhodes, R. A. W., "The New Governance: Governing without Government," *Political Studies*, Vol. 44, Iss. 4(Sep. 1996), pp. 652-667.

Rokkan, Stein, *Citizens, Elections, Parties: Approaches to the Comparative Study of the Processes of Development* (New York: McKay, 1970).

Saich, Tony, "Negotiating the State: The Development of Social Organizations in China," *The China Quarterly*, No. 161(Mar. 2000), pp. 124-141.

Sargent, Lyman T., *Contemporary political ideologies: a comparative analysis* (Homewood, IL: Dorsey Press, 1972).

Sartori, Giovanni, *Parties and Party System: A Framework for Analysis* (New York: Cambridge University Press, 1976).

Schedler, Andreas, Larry Diamond and Marc F. Plattner, eds., *The Self-Restraining State: Power and Accountability in New Democracies* (Boulder and London: Lynne Rienner, 1999).

Schurmann, Franz, *Ideology and Organization in Communist China* (Berkeley: University of California Press, 1968).

Shambaugh, David, *China's Communist Party: Atrophy and Adaptation* (Washington, D.C.: Woodrow Wilson Center Press, 2008), pp. 41-102.

Shih, Victor C., "Contentious Elites in China: New Evidence and approaches," *Journal of East Asian Studies*, Vol. 16, No. 1(Mar. 2016), pp. 1-15.

Shirk, Susan L., *The Political Logic of Economic Reform in China* (Berkeley: University of California Press, 1993).

Solinger, Dorothy, "China's Urban Transients in the Transition from Socialism and the Collapse of the Communist 'Urban Public Goods Regime'," *Comparative Politics*, Vol. 27, No. 2(Jan. 1995), pp. 127-146.

Sorace, Christian, "'When one place is in trouble, help comes from all sides': Fragmented Authoritarianism in post-disaster reconstruction," in Kjeld Erik Brødsgaard, ed., *Chinese Politics as Fragmented Authoritarianism: Earthquakes, Energy and Environment* (New York: Routledge, 2017), pp. 135-155.

Stoker, Gerry, "Governance as theory: Five propositions," *International Social Science Journal*, Vol. 50, Iss., 155(Mar. 1998), pp. 17-28.

Svolik, Milan W., *The Politics of Authoritarian Rule* (New York: Cambridge University Press, 2012).

Stark, David, "Path Dependence and Privatization Strategies in East Central Europe," *East European Politics and Societies*, Vol. 6, No. 1(Dec. 1991), pp. 17-54.

Steinmo, Sven, Kathleen Thelen and Frank Longstreth, eds., *Structuring Politics: Historical Institutionalism in Comparative Analysis* (New York: Cambridge University Press, 1992).

Streek, Wolfgang and Kathleen Thelen, "Introduction: institutional change in advanced political economies," in Wolfgang Streek and Kathleen Thelen, eds., *Beyond Continuity: Institutional Change in Advanced Political Economies* (Oxford: Oxford University Press, 2005), pp. 1-39.

Su, Fubing and Dali L. Yang, "Political Institutions, Provincial Interests, and Resource Allocation in Reformist China," *Journal of Contemporary China*, Vol. 9, No. 24(Jul. 2000), pp. 215-230.

Tanner, Murry Scot, *The Politics of Lawmaking in Post-Mao China: Institutions, Processes and Democratic Prospects* (Oxford: Clarendon Press, 1999).

Teiwes, Frederick C., "The Paradoxical Post-Mao Transition: From Obeying the Leader to 'Normal Politics'," *The China Journal*, No. 34(Jul. 1995), pp. 55-94.

Teiwes, Frederick C., "Normal Politics with Chinese Characteristics," *The China Journal*, No. 45(Jan. 2001), pp. 69-82.

Townsend, James R. and Brantly Womack, *Politics in China* (Boston: Little, Brown, 1986).

The Commission on Global Governance (COR), *Our Global*

Neighborhood: Report of the Commission on Global Governance (Oxford, England; New York: Oxford University Press; 1995), http://www.gdrc.org/u-gov/global-neighbourhood/chap1.htm.

The White House, "Interim National Security Strategic Guidance," Mar. 3, 2021, https://www. whitehouse.gov/wp-content/uploads/2021/03/NSC-1v2.pdf.

Thelen, Kathleen, "Historical Institutionalism in Comparative Politics," *Annual Review of Politics Science*, Vol. 2(1999), pp. 369-401

Tsai, Wen-Hsuan and Wang Zhou, "Integrated Fragmentation and the Role of Leading Small Groups in Chinese Politics," *The China Journal*, No. 82(Mar. 2019), pp. 1-22.

Tucker, Robert C., "Towards a Comparative Politics of Movement Regimes," *American Politics Science Review*, Vol. 55, No. 2(Jun. 1961), pp. 281-289.

Unger, Jonathan, "'Bridges': Private Business, the Chinese Government and the Rise of New Association," *The China Quarterly*, No. 147 (Sep. 1996), pp. 795-819.

USCC, "USCC 2021 Annual Report," *U.S.-China Economic and Security Review Commission*, Nov. 2021, https://www.uscc.gov/sites/default/files/2021-11/2021_Annual_Report_to_Congress.pdf.

Wang, Chia-Chou, "Pioneering, Bandwagoning, and Resisting: the preferences and actions of Chinese provinces in the implementation of macroeconomic regulation and control policies," *Journal of Contemporary China*, Vol. 24, No. 92(2015), pp. 315-337.

Wang, Peng and Xia Yan, "Bureaucratic Slack in China: The Anti-corruption Campaign and the Decline of Patronage Networks in Developing Local Economies," *The China Quarterly*, Vol. 241(Sep. 2020), pp. 611-634.

Wang, Xiangwei, "Amid rash of suicides, it's time to boost morale of Chinese bureaucrats," *South China Morning Post*, Jun. 19, 2016, https://www.scmp.com/news/china/policies-politics/article/1977753/amid-rash-suicides-its-time-boost-morale-chinese.

Wang, Yueduan and Sijie Hou, "Breaking the Cycle? China's Attempt to Institutionalize Center-Local Relations," *Journal of Contemporary China*, Published online (Jan. 2022), https://www.tandfonline.com/doi/abs/10.1080/10670564.2022. 2030996?journalCode=cjcc20.

Weyland, Kurt, "Autocratic Diffusion and Cooperation: the impact of interests vs. ideology," *Democratization*, Vol. 24, Iss. 7(Apr. 2017), pp. 1235-1252.

Wu, Guoguang, "'Documentary Politics': Hypotheses, Process, and Case Studies," in Carol L. Hamrin and Suisheng Zhao, eds, *Decision-Making in Deng's China: Perspectives from Insiders* (New York: M. E. Sharpe, 1995), pp. 24-38.

Wu, Yu-Shan, "Rejuvenation of the Party-State: The Virtues and Limits of an Age-Based Political System," *Issues & Studies*, Vol. 51, No. 1(Mar. 2015), pp. 99-128.

Yahuda, Michael, "Political Generations in China," *The China Quarterly*, No. 80 (Dec. 1979), pp. 793-805.

Yan, Jiaqi, "The Nature of Chinese Authoritarianism," in Carol L. Hamrin and Suisheng Zhao, eds., *Decision-making in Deng's China: Perspectives from Insiders* (Armonk, NY: M. E. Sharpe, 1995).

Yeo, Yukyung, "Complementing the local discipline inspection commissions of the CCP: empowerment of the central inspection groups," *Journal of Contemporary China*, Vol. 25, No. 97(Jan. 2016), pp. 59-74.

Zhang, Yueran, "Political Competition and Two Modes of Taxing Private Homeownership: A Bourdieusian Analysis of the Contemporary

Chinese State," *Theory and Society*, Vol. 49, No. 3(Jun. 2020), pp. 669-707.

Zeng, Qingjie and Yujeong Yang, "Informal Networks as Safety Nets: The Role of Personal Ties in China's Anti-corruption Campaign," *China: An International Journal*, Vol. 15, No. 3(Aug. 2017), pp. 26-57.

國家圖書館出版品預行編目資料

從上而下的改革：習近平時期中共幹部
　監督與動員／張執中著. -- 初版. --
臺北市：五南圖書出版股份有限公司,
2022.02
　　面；　公分.
ISBN 978-626-317-656-0（平裝）

1.CST：政治改革
2.CST：中國大陸研究

574.1　　　　　　　　　　111002290

4P91

從上而下的改革：習近平
時期中共幹部監督與動員

作　　　者 ─ 張執中（202.5）

發 行 人 ─ 楊榮川

總 經 理 ─ 楊士清

總 編 輯 ─ 楊秀麗

副總編輯 ─ 劉靜芬

責任編輯 ─ 黃郁婷

封面設計 ─ 姚孝慈

出 版 者 ─ 五南圖書出版股份有限公司

地　　　址：106台北市大安區和平東路二段339號4樓

電　　　話：(02)2705-5066　　傳　真：(02)2706-610

網　　　址：https://www.wunan.com.tw

電子郵件：wunan@wunan.com.tw

劃撥帳號：01068953

戶　　　名：五南圖書出版股份有限公司

法律顧問　林勝安律師事務所　林勝安律師

出版日期　2022年2月初版一刷
　　　　　　2022年8月初版二刷

定　　　價　新臺幣380元